全媒体数字教材

智慧校园基础

ZHIHUI XIAOYUAN JICHU

李进生　林艳华　宋玲琪　黄　晋　汪萃萃　◎　著

朱志雄　◎　审

首都经济贸易大学出版社
Capital University of Economics and Business Press
·北　京·

图书在版编目（CIP）数据

智慧校园基础 / 李进生等著 . -- 北京 : 首都经济贸易大学出版社 , 2021.2

ISBN 978-7-5638-3194-4

Ⅰ . ①智… Ⅱ . ①李… Ⅲ . ①智能技术—应用—学校—管理—研究 Ⅳ . ① G47-39

中国版本图书馆 CIP 数据核字（2021）第 023255 号

智慧校园基础

朱志雄　审

李进生　林艳华　宋玲琪　黄　晋　汪萃萃　著

责任编辑　王玉荣　陈雪莲

封面设计　砚祥志远 · 激光照排 TEL: 010-65976003

出版发行　首都经济贸易大学出版社

地　　址　北京市朝阳区红庙（邮编 100026）

电　　话　（010）65976483　65065761　65071505（传真）

网　　址　http://www.sjmcb.com

E-mail　publish@cueb.edu.cn

经　　销　全国新华书店

照　　排　北京砚祥志远激光照排技术有限公司

印　　刷　北京玺诚印务有限公司

成品尺寸　170 毫米 ×240 毫米　1/16

字　　数　255 千字

印　　张　14.5

版　　次　2021 年 2 月第 1 版　2021 年 2 月第 1 次印刷

书　　号　ISBN 978-7-5638-3194-4

定　　价　68.00 元

序

教育的智慧与智慧校园

如何把知识传递给下一代，始终是文明社会面临的焦点问题。轴心时代的孔子、佛陀和苏格拉底，他们通过思考和辩论，把人生的智慧凝练成直到今天我们都耳熟能详的格言警句，这些真知灼见像投入水中的石子激起的涟漪一样，一圈一圈地传递开来。不过它们并没有像水波一样消失，而是通过语言和文字镌刻在人类文明史和心灵史上，我们至今仍需不断回首汲取这些先知们的智慧。

在工业革命之前，人类的识字率低得可怜，知识的传播永远在精英圈内进行。改变这一切的是学校的出现。组班教学和分科教学是学校教育的两大核心支撑，这两点使学校成功超越希腊的学园和东方的私塾，成为人类将知识传递给下一代的最高效的组织。如果我们把农业文明教育的基本模式概括为师徒制的话，那么工业文明学校教育的核心要素则是组班教学。师徒制的核心模式是师傅加徒弟，而组班教学的核心模式则是教师、学生加教材。学校既是文明的塑造者，也是文明的象征。学校在批量培养人才的同时，由于统编教材的“教”和针对标准化考试的“学”主导了教学，使得教师自然成为教学的中心，学生的个性很容易被统一化所淹没，加之教育的功利主义盛行，从而导致教育逐渐和先知们所追求的智慧渐行渐远。

我们正生活在托夫勒 20 世纪所预言的知识爆炸的时代，互联网上的信息每两年翻一番。环顾四周，我们没有淹没在托夫勒所担心的信息爆炸中，反而沉溺于移动时代的信息海洋不能自拔，人类一下子从信息匮乏的时代进入到信息餍足的时代。身处基于互联网的信息时代，学校会向何处去？教师还能拿着教科书，按部就班地向那些把信息穿戴在身上的学生传道授业解惑吗？ 20 年前，美国麻省理工学院的尼葛洛庞蒂教授在他那本著名的《数字化生存》中借派普特的一个故事“幽”了当代教育一“默”。

故事说如果让 19 世纪的医生通过时光隧道来到今天的手术室，他会茫然不知所措，但是，如果让一位 19 世纪的教师来到今天的教室，他会拿起教鞭，开始他的教学。

学校真的能以不变应万变吗？如果认真观察一下慕课、微课、翻转课堂的崛起，以及基于大数据的教学评价在学校的逐步应用，我们也许会得出另外一种答案。虽然仅仅过了 20 年，但尼葛洛庞帝的寓言却正在迅速被改写。

李进生教授与几位志同道合的同事们一起，在学校教育信息化领域耕耘很多年，他们亲历了中国近 20 年教育技术和信息化曲折而快速的发展历程，他们是杰出的实践者，更是冷静的思考者，这本《智慧校园基础》正是他们多年研究成果的结晶。我们期待着本书的出版能为智慧校园的建设和信息时代的教育提供有力的帮助！

单从凯[①]

2020 年 12 月 6 日于北京五棵松

① 单从凯，国家开放大学研究员，国家数字化学习资源中心主任，中国成人教育协会数字化学习专业委员会理事长，教育部职业教育信息化教学指导委员会委员。

前　言

随着现代科技的快速发展，各种新思想、新方法层出不穷，极大地改变了人类社会生活和工作的方方面面。在此背景下，信息技术与教育教学深度融合，其发展趋势已经清晰地呈现出数字化、智能化、个性化和社交化的特征，“智慧校园”作为信息技术在教育领域中的具体实践，既是信息技术实践探索的产物，也是信息技术实践发展的需要。目前，加快“智慧校园”的建设与应用步伐，发挥“智慧校园”的教育教学功能，既是“需求驱动”，也是“政策推进”；既有“条件支撑”，也有“技术保障”。可以说，“智慧校园”取代“传统校园”的教育教学模式，既是教育信息化发展的必然趋势，也是教育教学改革创新的必然要求。因此，以“智慧校园”为研究对象，以信息技术为研究视角，研究开发全媒体数字教材《智慧校园基础》，缘起于笔者对信息技术在“智慧校园”建设与应用中的作用日益彰显的关注与思考。

《智慧校园基础》一书分为以下五部分：第一，介绍了智慧校园的发展背景、基本内涵和主要特征，通过对数字校园现状的调查研究，分析了数字校园存在的问题及其原因，并通过对数字校园与智慧校园内在联系的剖析，提出了智慧校园是数字校园智慧化建设的产物的结论，在论述了智慧校园的作用和意义后，笔者对智慧校园建设提出了思考和建议；第二，阐述了智慧校园建设的总体目标，以及智慧校园的基本架构和核心内容；第三，介绍了智慧校园涉及使用的关键技术，即移动互联网技术、物联网技术、云计算技术、虚拟技术、大数据技术和人工智能技术，同时，对这些关键技术的概念、内涵和特征、作用以及在教育领域中的应用作了阐述；第四，论述了智慧校园的规划、设计与评价的相关内容；第五，介绍了智慧校园的实践探索情况和未来发展趋势。

本书主要面向中职学校、高职学院和应用型本科院校的教师和管理人员，作为他们的培训教材；也可以面向多媒体技术、网络技术和教育信息技术等专业的学生，作为他们学习智慧校园相关知识的辅导教材；还可以面向智慧校园建设和维护的工程技术人员，作为他们的参考用书。全书共五章，第一章由李进生撰写；第二章由黄晋撰写；第三章由林艳华撰写；第四章由宋玲琪撰写；第五章由汪苹苹撰写。全书由李进生统稿、朱志雄高级工程师审稿。

学习指南

《智慧校园基础》是一门全媒体数字教材，是基于信息技术与教育教学深度融合发展，新的学习媒体形式、呈现方式、使用手段不断涌现，传统的教育教学模式逐渐被取代，学习者既可以根据自身的学习特点和学习需求选择学习内容，又可以随时随地进行学习的背景下研究开发的。

眼睛和耳朵是人们获取知识和信息的主要感官通道。为了满足学习者自主学习的需要，根据教材内容的特点，同时考虑技术实现的可行性，本书将现代教育信息技术理论运用于学习媒体的选择、制作、呈现和传播实践，为学习者提供了两种学习形式，即听书学习和看书学习，研究制作了六种学习媒体，即音频教材、视频教材、微课讲解、名词解释、图表说明和字词读音。学习者可以根据自主学习的需要，选择适合自己的学习媒体，进行选择性或组合性的学习，有主有辅，相互配合，最大限度地发挥学习媒体的助学功能。这六种学习媒体分别介绍如下：

一是音频教材主媒体。根据音频文件的制作标准和规范要求，聘请既懂教育信息技术和教育教学规律，又是播音专业毕业的人员，以教材的章、节、目为单元，录制了音频教材主媒体，供学习者实现听书学习的需要。听书学习时，除了有文本朗读的声音外，还可以听到一些名词术语的解释或一些图表的说明，以及对一些多音字或多义词的界定。

二是视频教材主媒体。对教材的所有文本进行了数字化处理，并提供了微课讲解、名词解释、图表说明、字词读音等辅助媒体，以帮助学习者看书自学。

三是微课讲解辅助媒体。根据教材的知识点、技能点和关键词，特别是重点和难点，开发了一系列微课，并将它们链接到视频教材中，供学习者选择使用。

四是名词解释辅助媒体。对一些重要的名词术语进行了解释，并将它们链接到视频教材中。

五是图表说明辅助媒体。对一些重要的图表进行了说明，帮助学习者更好地理解图表的内涵。

六是字词读音辅助媒体。对一些多音字或多义词进行了界定，避免产生歧义。

我们的学习建议如下：

一是学习者要熟悉书中图标所代表的媒体类型及作用（可以参看“附A 全媒体数字教材《智慧校园基础》图标索引”）。

二是理解并掌握全媒体数字教材的学习帮助（可以参看“附C 全媒体数字教材《智慧校园基础》学习帮助”），并在此基础上，无论是听书学习，还是看书学习（二者择其一），学习前都应首先打开教材目录，按照教材目录索引，结合自身的实际情况和学习特点，选择章、节或目的内容进行学习（即我们所谓的目录树导航学习），并根据环境提供的网络条件和学习终端设备情况，选择移动端学习或固定端学习。对于微课讲解、名词解释、图表说明、字词读音等辅助媒体，在看书学习时可以自由选择（听书学习除外）。

目　录

1 绪论

学习目标

➢ 了解智慧校园的发展背景，学会从需求驱动、政策推进、条件支撑、技术保障四个方面分析智慧校园产生的原因。

➢ 理解并掌握智慧校园的定义，了解智慧校园的基本内涵和主要特征。

➢ 理解并掌握数字校园的定义，了解数字校园的发展现状和存在的问题，学会分析产生这些问题的原因。

➢ 理解并掌握数字校园与智慧校园的内在联系，理解智慧校园是数字校园智慧化建设的产物的含义。

➢ 理解智慧校园的主要作用和建设智慧校园的重要意义，理解并掌握智慧校园的发展需求和建设要求。

学习要求

本章包括五个部分：一是智慧校园的缘起；二是智慧校园的基本内涵与主要特征；三是数字校园的现状分析；四是数学校园智慧化建设；五是建设智慧校园的意义与思考。通过本章，学习者应该了解智慧校园产生与发展的社会背景，智慧校园的基本内涵和主要特征，数字校园的发展现状和存在的问题及其原因；理解数字校园与智慧校园的内在联系，以及智慧校园是数字校园智慧化建设的产物的含义；理解并掌握智慧校园、数字校园的定义，智慧校园的主要作用和建设智慧校园的重要意义，智慧校园的发展需求和建设要求，充分认识建设智慧校园的重要价值和必然要求，从而培养和激发学习本书的兴趣和动力。

1.1 智慧校园的缘起

随着信息化时代的来临，传统的生活方式与我们渐行渐远，智慧生活正向我们走来。作为智慧生活组成部分的智慧教育已成为促进教育教学改革创新、推动教育现代化的重要标志。智慧校园是信息技术与教育教学高度融合发展而产生的数字校园的高级发展阶段，其产生与发展的主要原因可以归纳为以下四个方面。

1.1.1 需求驱动

（1）智慧校园的产生与发展是由教育发展的内在需求推动的

校园内的一切活动都是围绕“教师的教”与“学生的学”两个方面展开的。教育的发展过程就是不断优化“教师的教与学生的学”的过程。在这种不断优化“教师的教与学生的学”的内在需求推动下，各级各类学校必然会不断地优化其学生在学习活动中所使用的学习工具和教师在教学活动中所使用的教学工具，以及教育管理者在管理过程中所使用的管理工具。这就类似于生产力与生产工具的关系，我们通过优化生产工具来提高生产力。在这样的关系下，教育者对教育信息化的建设提出了更高的要求，希望依托教育信息化的提升实现教育的现代化建设。随着移动互联网、大数据、云计算、物联网、人工智能、5G、VR/AR、区块链等新一代信息技术逐步融合于教育实施的全过程，教育教学不断进行改革与创新，并深深影响和推动着数字校园建设理念与内涵的演变，促使其向智慧校园建设转换。

（2）智慧校园建设是我国现阶段教育信息化建设发展的必然要求

我国数字校园建设经过十多年的理论研究和实践探索，对教育的发展起到了革命性的推动作用。按照信息化发展的规律，联合国教育、科学及文化组织（简称“联合国教科文组织”）把信息技术应用于教育的过程分为起步、应用、融合、创新四个阶段。目前，我国教育信息化建设在取得一系列成果的同时，也衍生和带来了一些新现象和新问题，这就需要我们进一步开展研究分析与融合创新。基于这样的背景，如何进行智慧校园的理论研究和顶层设计？如何运用新兴技术构建智慧学习支持环境？如何将信息技术、智能技术深度融入教育教学全过程？如何利用信息技术、智能技术加快推动人才培养模式和教学方法的改革？如何构建泛在、灵活、智能的教育教学新环境？如何统筹建设智能化校园，逐步实现一体化、智能化的教学、管理与服务？这些问题就成为我国教育主管部门和各级各类学校亟待研究和解决的工作任务。

1.1.2 政策推进

从 2010 年开始，国家高度重视教育信息化的建设与应用。时任总书记胡锦涛同志 2010 年在全国教育工作会议上明确提出，“要以教育信息化带动教育现代化，把教育信息化纳入国家信息化发展整体战略”。2015 年，习近平总书记在给国际教育信息化大会贺信中指出，“中国坚持不懈推进教育信息化，努力以信息化为手段扩大优质教育资源覆盖面”。总书记的指示和要求，把教育信息化的战略地位提升到了前所未有的高度，使教育信息化进入一个崭新的发展阶段。2017 年 1 月 10 日，在《国务院关于印发国家教育事业发展“十三五”规划的通知》（国发〔2017〕4 号）中明确指出，“支持各级各类学校建设智慧校园，综合利用互联网、大数据、人工智能和虚拟现实技术探索未来教育教学新模式”。随后不久，教育部颁发了《教育部关于进一步推进职业教育信息化发展的指导意见》（教职成〔2017〕4 号）等文件，从不同角度提出了智慧教育和智慧校园建设的目标和要求。2018 年 6 月 7 日，中国国家标准化管理委员会发布了国家标准文件《智慧校园总体架构（GB/T 36342—2018）》，它标志着智慧校园建设的正式实施。

梳理我国教育信息化特别是我国职业教育信息化的发展历程，我们发现，从 2010 年起，党和政府为加快推进我国教育信息化事业的发展，制定和出台了一系列重要的文件政策，这其中就包含下列综合性和专门性文件：

✧ 2010 年 7 月 29 日，中共中央、国务院颁发了《国家中长期教育改革和发展规划纲要（2010—2020 年）》（中发〔2010〕12 号）。

✧ 2012 年 3 月 13 日，教育部颁发了《教育信息化十年发展规划（2011—2020 年）》（教技〔2012〕5 号）。

✧ 2012 年 5 月 4 日，教育部颁发了《教育部关于加快推进职业教育信息化发展的意见》（教职成〔2012〕5 号）。

✧ 2016 年 6 月 7 日，教育部颁发了《教育信息化“十三五”规划》（教技〔2016〕2 号）。

✧ 2017 年 8 月 31 日，教育部颁发了《教育部关于进一步推进职业教育信息化发展的指导意见》（教职成〔2017〕4 号）。

✧ 2018 年 4 月 13 日，教育部颁发了《教育信息化 2.0 行动计划》（教技〔2018〕6 号）。

✧ 2018 年 6 月 7 日，中国国家标准化管理委员会发布了国家标准文件《智慧校园总体架构（GB/T 36342—2018）》。

✧ 2020 年 6 月 16 日，教育部发布《职业院校数字校园规范》的通知（教职成函〔2020〕3 号）。

过去 10 年，在党中央、国务院以及教育部文件政策的指引下，各地方政府和教育主管部门加强组织、协调、落实和监管，教育信息化的战略部署和建设工作得到有效实施，基础设施建设进一步加强，管理规范和技术标准不断健全，数字资源的开发和应用持续深入，资源与管理平台建设扎实推进，教师信息化的意识和能力显著增强。正是在党和政府相关政策的大力推进下，我国校园信息化已从“数字校园”建设阶段正式迈向“智慧校园”发展阶段。

1.1.3 条件支撑

2010年发布的《国家中长期教育改革和发展规划纲要（2010—2020 年）》文件中，提出了“推进数字化校园建设”；在《教育信息化十年发展规划（2011—2020 年）》（2012）文件中，提出了针对中小学、职业院校、普通高校的数字校园建设目标与要求。由此，国内各级各类学校教育信息化及数字校园建设开始进入加速发展阶段。2015 年，教育部正式发布《职业院校数字校园建设规范》，为职业院校数字校园规范化发展提供了基本依据。2018 年，在教育部印发的《教育信息化 2.0 行动计划》中，再一次提出，“促进数字校园建设全面普及”，“落实《职业院校数字校园建设规范》，发布中小学、高等学校数字校园建设规范，推动实现各级各类学校数字校园全覆盖。将网络教学环境纳入学校办学条件建设标准，并将数字教育资源列入中小学教材配备要求范围。加强职业院校、高等学校虚拟仿真实训教学环境建设，以服务信息化教学需要。推动各地以区域为单位统筹建立数字校园专门保障队伍，彻底解决学校运维保障力量薄弱问题”。

总的来说，过去的10年，在教育主管部门的大力推动下，我国各级各类学校的教育信息化和数字校园建设取得了长足的发展。以职业院校为例，按照《职业院校数字校园建设规范》要求，当前我国职业院校数字校园建设已经具备了以下几方面的基础。

①数字校园的信息化组织结构和保障体系建设初步成型。

②数字校园的规划与设计、建设、应用、管理、推广、维护、评价与反馈等项目运行流程初步实现规范化。

③教师的信息化职业能力提升很大，学生的信息化学习、交流和实践能力得到了普遍提升。

④学校的通用性基础资源已经解决了“有无”问题，数字图书馆基本普及，当前资源工作的重点开始由“建好”朝“用好”的方向转变，仿真实训资源、数字化场馆资源建设等，正在成为当前资源建设的热点。

⑤学校已经开始建设以“校务管理”为核心的管理信息系统，虽然遇到了业务流程、使用习惯与管理信息系统不匹配的问题，但是学校与数字校园建设商正在协同解决。

⑥教学资源库、网络教学系统已经比较普及，但是专业建设、实习实训、校企合作、产教融合、社会服务的信息化支撑系统还需要进一步创新发展，与此同时，如何让相关信息系统得到有效应用并产生较好的应用效果也是需要进一步解决的核心问题之一。

⑦在校园网络、数据中心机房、网络信息服务、网络管理与安全、多媒体教室、数字广播、数字安防等基础设施建设和校园一卡通的应用等方面，都形成了较好的基础，但是一些偏远地区的职业院校的基础设施建设状态还不够理想。

⑧当前职业院校数字校园建设遇到的最大问题就是，面对前期采购或开发的各类系统怎样进行应用服务集成和数据融合。从技术和行业实践的角度来看，这将是职业院校数字校园进一步发展的最大瓶颈与障碍，需要投入较大经费和力量加以克服。

总而言之，职业院校现有的数字校园建设状态，构成了我国职业院校数字校园向智慧校园逐步发展的重要条件基础。需要指出的是，我国各类学校智慧校园建设，必然存在一个基于已有数字校园，通过智慧化建设向智慧校园发展的过程。数字校园必然会在今后一个相当长的时间内与智慧校园并存发展，诚如《教育信息化2.0行动计划》中涉及的关键词是“数字校园”，而不是用“智慧校园”直接取代“数字校园”一样。

1.1.4 技术保障

进入21世纪以来，各种新兴信息技术迅猛发展，移动互联网、物联网、云计算、虚拟现实、大数据、人工智能等技术快速融入人类社会的方方面面，对各级各类教育的教、学、管的方式和理念变革产生了重大而深远的影响。这些新兴技术将“智慧”的理念渗透到教育领域，使得智慧校园成为教育信息化发展的必然选择。

移动互联网技术是移动通信技术和互联网技术的结合，它是智慧校园建设的基础条件之一。该技术可以保证各种移动终端设备在智慧校园环境下互联互通，有效突破校园中有线网络的限制，使得师生能够随时随地获取资源与服务。

物联网技术旨在通过各类前端信息传感器，和现有的互联网相互衔接，是实现实时智能化识别、定位、跟踪、监控和管理的一种网络技术。物联网在教学管理方面主要作用于智慧教室、自动考勤管理等；在校园生活方面，其作用范围主要包括智慧图书馆、智能浴室管理、智能宿舍管理、智能食堂管理；而在安全防卫方面，物联网发挥的作用则更为重要，它能够通过传感设备对学校情况进行全方位的掌控，当发现安全问题时能自动报警。

云计算技术，简单地讲，是一种基于互联网的超级计算模式，它将计算机资源汇集起来，进行统一的管理和协同合作，以便提供更好的数据存储和网络计算服务，它具有通用性、虚拟化、可扩展性、按需服务等特点，为智慧校园在基础设施、平台、应用三个层次提供全新的服务模式。

虚拟技术是以计算机仿真技术、人机接口技术及传感技术等为基础发展起来的一种新兴技术。它是利用计算机对复杂数据进行可视化操作与交互的一种全新方式，具有沉浸性、交互性和构想性等特点，在智慧校园中能有效地营造出一种沉浸式的教学环境，提供形象生动的教学内容，提高学生掌握知识、技能的效率，优化教学过程。

大数据是指信息传播过程中生成的大量数据的集合和信息资产。随着校园各种数据的积累，相关工作者不得不从海量数据中深入挖掘用户数据，分析、发现问题，并进行优化，以可视化的形式呈现，从而对校园进行智慧化管理与决策。其中如何利用好这些数据，是智慧校园智慧化的关键体现。

人工智能（AI）是对人类智能的模拟、延伸和扩展。AI 智能分析技术可应用于校园监控视频中，减轻常规检查、排除等工作给工作人员带来的沉重负担。智能代理和智能教学系统的应用，为教学过程的个性化、交互性奠定了技术基础。

1.2 智慧校园的基本内涵与主要特征

1.2.1 智慧校园的概念

1990 年，美国克莱蒙特大学的教授凯尼斯・格林主持的一项名为“信息化校园计划”的大型科研项目，首次提出数字化校园的概念，打开了信息技术进入校园并用于学校管理的大门。

1998 年 1 月 31 日，美国时任副总统戈尔在美国加利福尼亚科学中心发表了题为“数字地球：21 世纪认识地球的方式”的演讲之后，“数字地球”“数字城市”“数字校园”等概念随互联网的深入发展和应用而越来越为人们所熟悉。

2009 年 1 月，IBM 总裁兼首席执行官彭明盛在奥巴马就任美国总统的第一次美国工商业领袖圆桌会上提出了“智慧地球”的新理念，主要包括在六大领域建立智慧行动方案：智慧电力、智慧医疗、智慧城市、智慧交通、智慧供应链、智慧银行。IBM 对“智慧地球”的良好愿景是：借助新一代信息技术（如传感技术、物联网技术、移动通信技术、大数据分析、3D 打印等）的强力支持，让地球上所有东西实现被感知化、互联化和智能化（instrumented，interconnected and infused with intelligence）。智慧校园中的“智慧”，就来源于 Smarter Planet 中的“Smart”。

在我国，最早提出智慧校园建设的是南京邮电大学教授宗平，他是在 2010 年发表的《智慧校园设计方法的研究》论文中提出的。2010 年，浙江大学在学校的信息化“十二五”规划中，正式引入“智慧型校园”的概念，提出“充分利用先进的感知、协同、控制等信息化技术大力优化基础资源配置，全面推进学校智慧型校园的建设”，实现“绿色节能型、平安和谐型、科学决策型、服务便捷型”校园的建设目标。该建设项目分为三个阶段，历时5年完成。2012年3月，教育部印发《教育信息化十年发展规划(2011—2020年)》，在该文件中，开始提到“建设智能化教学环境”和“智能化的网络资源”的概念和建设要求。

2017年之前，在教育信息化的各类政策文件中，针对校园信息化，主要采用的是“数字校园”的概念。2017年发布的《国家教育事业发展“十三五”规划》，首次明确提出“支持各级各类学校建设智慧校园，综合利用互联网、大数据、人工智能和虚拟现实技术探索未来教育教学新模式”。2017年之后，在后续关于教育发展的系列总体规划性文件中，“智慧校园”这一名词概念、发展要求、建设要求等开始频繁出现。由此，在国家教育信息化层面，确立了我国校园教育信息化开始从“数字校园”阶段逐步走向“智慧校园”阶段。

在2018年6月7日发布并于2019年1月1日正式实施的中华人民共和国国家标准《智慧校园总体架构(GB/T 36342—2018)》中，第一次对“智慧校园”这一概念进行了国家标准层面的定义，即：智慧校园(smart campus)是物理空间和信息空间有机衔接，使任何人在任何时间、任何地点都能便捷地获取资源和服务。智慧校园是数字校园的进一步发展和提升，是教育信息化的更高级形态。智慧校园的概念定义如图1–1所示。

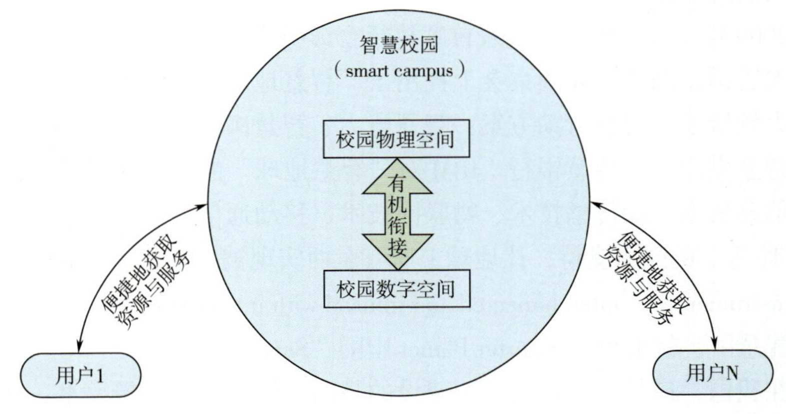

图1–1　智慧校园的概念定义图

以上国家标准层面上的智慧校园定义的核心要点包括以下几点。

①智慧校园要实现“物理空间和信息空间有机衔接”，也就是说智慧校园的各类应用必须向物理空间进行扩展。这是智慧校园区别于传统数字

校园的一个根本要点。

②智慧校园强调“任何人、任何时间、任何地点”，也就是强调了智慧校园必须能提供“泛在”服务的建设要求。当前国内数字校园建设的状态离提供“泛在”服务还存在较大的距离。

③智慧校园强调“便捷地”获取资源和服务，其中“便捷”二字也是相对于当前数字校园的状态而言的。要实现资源和服务的“便捷”获取，就需要用到移动应用、物联网、云计算、虚拟技术、大数据、人工智能等新兴技术，使整个校园信息化体系具有智能、智慧化的服务形成与输出能力，从而实现资源和服务获取的“便捷”性。

实现智慧校园“便捷地获取资源和服务”的概念如图 1-2 所示。

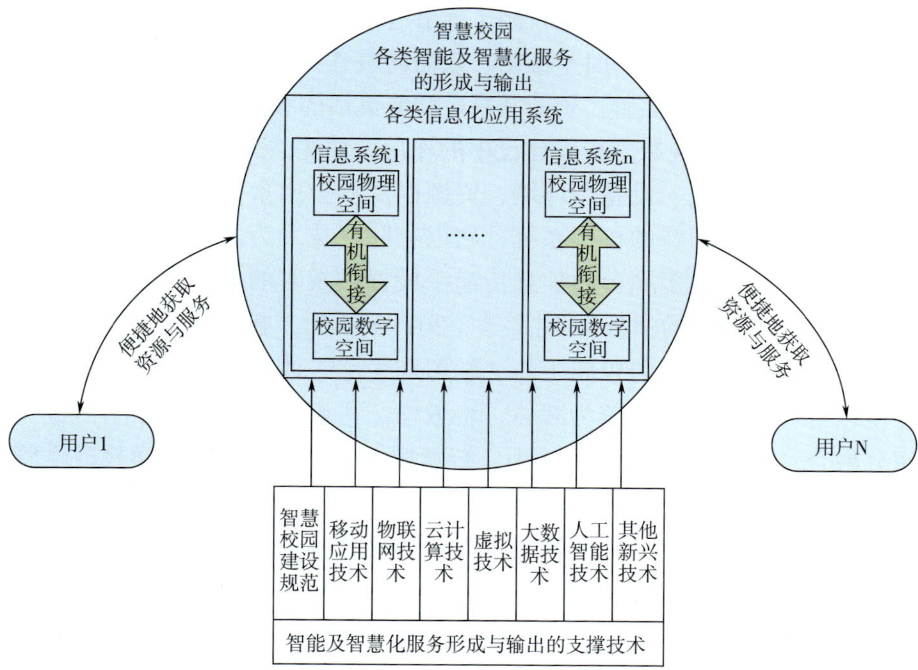

图 1-2　实现智慧校园“便捷地获取资源和服务”的概念图

在智慧校园的上述定义中，没有强调智慧校园中的数据、资源或服务的共享特性，这是因为智慧校园是在数字校园基础上的进一步发展，传统数字校园以资源与服务共享为目标，作为数字校园的继承与发展，智慧校园本身就应该首先实现资源与服务的共享，“共享”依然是智慧校园得以存在、建设与发展的根本性基础。

1.2.2 智慧校园的基本内涵

智慧校园是支持教育共同体开展教育活动的智能化空间和条件，其构建应以教育共同体为中心，在先进的学习、教学和管理理论指导下，利用各种技术智能感知教学、学习与管理情境，识别教育主体特征，为教育活动的开展提供合适的资源、工具和服务，有效促进教育共同体的智慧生成[①]。

在国家标准《智慧校园总体架构（GB/T 36342—2018）》正式发布之前，很多学者在理论研究方面，从多个角度对智慧校园的内涵进行了解读。黄荣怀（2009）从数字校园的建设进程角度提出数字校园的“四代”建设观，他认为第四代数字校园（智慧校园）能够有效支持教与学，丰富学校的校园文化，真正拓展学校的时空维度，以面向服务为基本理念，基于新型通信网络技术构建流程完善、资源共享、智能灵活的教育教学环境。有研究者强调物联网技术在智慧校园建设中的作用，如沈洁等（2011）认为，智慧校园是一种将人、设备、环境、资源以及社会因素，在信息化背景下有机整合的一种独特的校园系统，它以物联网技术为基础，以信息的相关性为核心，通过多平台的信息传递手段提供及时的双向交流平台，简单说，就是更智能的学校；周彤等（2011）认为，智慧校园是以物联网技术为基础的智慧化的校园工作、学习和生活一体化环境，这个一体化环境以各种应用服务系统为载体，将教学、科研、管理和校园生活进行充分融合；李春若（2012）认为，智慧校园是物联网技术在学校教学管理、公共安全、后勤保障中的具体应用，为学校构建了智能化的学习和生活环境。还有研究者认为智慧校园是各种技术的综合应用，如陈翠珠等（2012）认为，智慧校园是充分利用信息化相关技术，通过监测、分析、融合、智能响应的方式，综合学校各职能部门，融合优化现有资源，提供质量更高的教学、更好的服务，构建绿色环境、和谐校园，以保证学校教育的持续发展。

基于2017年之后发布的国家及教育部教育信息化相关综合及专项文件，以及《智慧校园总体架构（GB/T 36342—2018）》，当前阶段智慧校园的内涵可以理解如下。

---

① 祝智庭，贺斌．智慧教育：教育信息化的新境界［J］．电化教育研究，2012，33（12）：5-13.

①良好的网络、硬件设施基础构建了智慧校园运行的基础环境。

②持续发展的现代信息化应用技术为校园带来了各式各样针对性更强和使用更便捷、更高效的应用，并且实现了各类应用的高度集成与融合。

③移动应用、物联网、云计算、虚拟技术、大数据、人工智能等新兴技术让校园信息化应用从线状运行向网状运行发展，为智慧校园能够实现其个性化、智能化目标提供技术保障。

④全体师生的信息化能力与素养提升是保障智慧校园技术能够得以应用并不断发展的基本条件，智慧校园的实现不仅基于技术的进步，还需要人的进步。

⑤智慧校园的出现是长期发展的结果，它还将长期发展下去，因此保障智慧校园运行发展的稳定和持续尤为重要，这不仅要求学校有优良的技术和合格的使用者，还要求学校务必将智慧校园运行的机制体制建设纳入智慧校园建设之中。

智慧校园的实施应秉承信息技术与教育教学深度融合的理念，注重学生信息化能力和素养的全面提升，提高教师信息化教学能力与素养，促进学校改革与发展目标的实现。同时，智慧校园不仅仅是信息化技术系统的建设，更重要的是突出机制创新，重视学校信息化组织结构与体系的构建。组织结构与体系是智慧校园的有机组成部分，是智慧校园顺利实施、平稳运行和持续发展的保障，至少包括信息化领导力、信息化组织机构、信息化政策与规范、信息化人力资源、信息化建设与应用机制、运维管理体系和安全保障体系等七个方面。

1.2.3 智慧校园的主要特征

基于国家教育发展相关文件中对智慧教育、智慧校园建设的总体及具体要求，以及国家标准《智慧校园总体架构（GB/T 36342—2018）》中对智慧校园的定义，智慧校园相对于传统的数字校园而言具有感知化、融合化、泛在化、大数据化、个性服务、便捷获取、深度参与、分析预知等主要特征。智慧校园的这些主要特征之间，存在着以下的相互作用与支撑关系（如图 1–3 所示）。

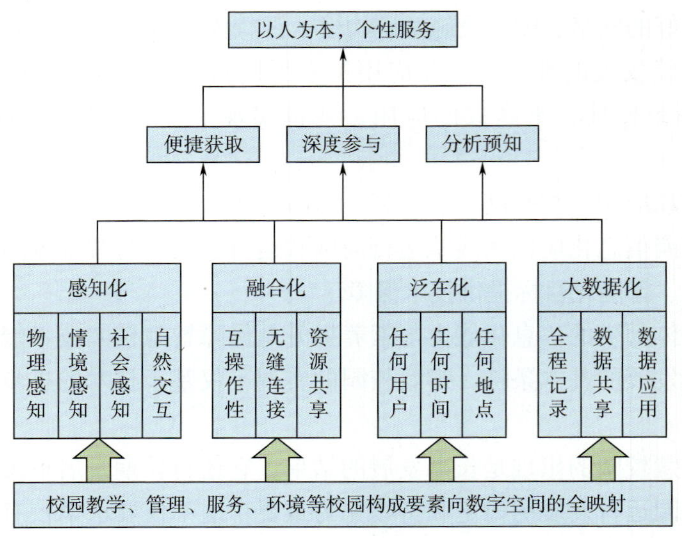

图 1-3　智慧校园的主要特征与相互关系

智慧校园的主要特征主要表现在以下几个方面。

（1）感知化

智能感知是智慧校园的教育环境的基本特征，主要指通过整合二维码（Quick Response Code，简称 QRCode）、射频识别（Radio Frequency Identification，简称 RFID）、人体识别系统（Human Recognition System，简称 HRS）等技术的各种传感器、嵌入式设备，对教育环境进行物理感知、情境感知、社会感知，并实现自然交互。

物理感知主要是指对教育活动的位置信息和环境信息进行智能感知，如温度、空气、声音、光线等；情境感知是从物理环境或信息系统中获取教育情境信息，识别所需的各种原始数据，从而构建出情境模型、学习者模型、活动模型、领域知识模型和时空模型，并通过一定的推理机制进行情境推理，为教育活动的开展推送教育资源、联系学习伙伴、提供活动建议等；社会感知包括感知学习者与教育者的社会关系，感知不同学习者的学习与交往需求等；自然交互是指利用多种感官及肢体语言开展人机互动，如语音、姿势、表情识别等，实现智能化的人机交互。

（2）融合化

智慧校园中从环境（如教室、实验室等）、资源（如图书、教师、课件等）到应用（如教学、管理、服务、办公等）等全部的校园信息化系统，需要建立基于以大数据为中心的应用系统集成与数据融合，最大限度地降低信息孤岛、资源孤岛现象的产生。这一集成与融合化，需要将异构的服务系统做统一化处理，实现一站式服务、数据共享、系统互通互用，从而实现不同资源、服务、应用系统之间的互操作、无缝连接与资源共享，包括各类终端设备与智慧校园平台的泛在连接和服务会话。

（3）泛在化

智慧校园的教育环境应是一种泛在的教育环境，能够支持教育共同体在任何时间、任何地点以任何方式进行无缝教学、学习与管理，同时为其提供无处不在的教育支持服务。泛在教育环境不是以某个个体（如传统学习中的教师）为核心的运转，而是点到点、平面化的教育“泛在”互联。泛在教育环境的构建需要泛在网络的支撑，以实现网络空间和物理空间的无缝对接。师生在进行教学与学习活动时，可以通过合适的终端设备与网络进行连接，从而畅通无阻地享受个性化的教育支持服务。在智慧校园中的校园管理、校园服务等领域，也将实现服务的泛在获取。

（4）大数据化

“智慧校园”使得校园网络体系内的联网实体不断增多，传统的数据架构已无法满足数据处理要求，大数据技术更易实现对获取的各类体量数据形成实时、快速而有效的价值分析。大数据的设计理念使得数据之间的关联性越来越强，通过利用数据（元数据）和解析学（数据的含义）获取的信息展开自动分析和深度挖掘，形成对之前、当下、未来教育更有价值的分析结果，充分体现校园的“智慧”特色。

校园大数据运行体系以校园大数据中心为核心运行基础，数据的形成与应用过程包括数据采集更新、数据组织整理、数据生成共享、数据挖掘利用、决策支持服务等。在智慧校园中，智慧校园的各类应用系统都可以全程记录各个用户的历史数据，便于数据挖掘和深入分析，做出科学合理的评价、建议并推送相应的服务。

（5）深度参与

将智慧校园作为一个实体对象，用户的深度参与包含多个层面的含义。用户可以通过统一身份认证和单点登录，访问和使用智慧校园系统中的很多应用系统；用户在使用某一应用系统的时候，可以获取该系统形成的资源与服务，包括该系统通过系统互操作从其他多个应用系统调取资源和数据所形成的服务，同样，用户在本系统中所形成的操作结果和记录，反过来也将影响或服务于其他应用系统；用户在智慧校园环境下，不仅仅是通过信息化环境与其他用户进行资源与服务共享，更多的是能够获取大量由智慧校园系统自身智能化、智慧化生成的资源与服务，这一生成的结果往往与用户在智慧校园中留下的历史信息和使用记录直接相关；智慧校园是物理空间与信息空间的有机衔接，因此，用户可以通过智慧校园的相关应用了解特定区域或范围物理空间的状况，反之，也可以通过信息空间去影响或改变物理空间的状态。由此可见，用户在智慧校园中的参与深度，远远超过了在数字校园中的资源与服务共享。

（6）个性服务

在大数据、智能分析、数据挖掘等技术的支持下，为每个学习者和教育者提供个性化的教育环境将是未来智慧校园教育环境发展的重要方向。在教育活动开展过程中，智慧校园的教育环境通过感知物理位置和环境信息，记录教育者与学习者长期教学、学习过程中形成的认知风格、知识背景和个性偏好，从而为其提供个性化的教育资源、工具和服务。在校园的日常管理、教师发展、生活服务领域，针对不同部门、不同岗位、不同项目建设的参与者，也可以提供针对性的个性服务。

例如，根据每个学习者的学习阶段和学习进度，为其制订个性化的学习计划，推送合适的学习资源和建议；根据教师的成长数据，自动推送其下一步发展所需的教科研信息；根据校园来访人员所处的校园位置，推送与其所在位置相关的导航及公共服务设施信息；根据食堂菜品反馈信息，为厨师提供消费反馈以及建议信息等。

（7）便捷获取

智慧校园系统强调“便捷地获取”。“便捷”二字相对于数字校园而言，强调的是，如果想获取的某一项资源或服务，在数字校园模式下可能会很麻烦，但在智慧校园模式下则很便捷。为了实现便捷获取，需要从智慧校园整体的设计和各信息系统的具体实现上落实大量整体和细节上的工作。大数据中心是实现便捷获取的根本保障，各信息系统与大数据中心的有效对接是便捷获取的必要条件，各信息系统自身应用服务设计科学、适用且具有智慧化的服务形成与输出能力是便捷获取的局部实现，基于应用服务集成的人机交互环境、一站式服务、网络信息与数据共享、系统互通互用是便捷获取的具体呈现，使用各类终端设备泛在获取资源与服务是便捷获取的时空要求。对于智慧校园的用户而言，便捷获取是其“智慧化”感受的最直接来源。

（8）分析预知

智慧校园系统的预知性是指无须教育者、学习者、管理者的有意识干涉，相关系统就能够提前预知并提供教学、管理、活动所需的资源、工具和服务，以及对自动判断和触发的失衡性问题和情况随时进行提醒或自动调整，从而达到动态平衡、解决相关问题的目的。

例如，智慧校园的教育环境可以记录学生的考试过程，如每道习题的解题思路、作答时间和作答结果，从而预测学生的学习困扰，为其提供合适的学习建议并帮助教师制订下一阶段的教学计划；通过跟踪每个学习者的面部表情、学习持续时间和学习行为，利用情感计算等方法，感知学生的学习情绪及心理状态，预测即将产生的学习危机和心理问题，为教师和管理者提供合理的解决方案；在校园安全管理领域，发现特定区域人员超常或过度聚集时，能够自动启动监控与疏导机制等。

1.3 数字校园的现状分析

1.3.1 数字校园的定义

在国家标准《智慧校园总体架构（GB/T 36342—2018）》中对数字校园（digit campus）的定义是：在传统校园基础上构建一个数字空间，实现从环境（如教室、实验室等）、资源（如图书、教师、课件等）到应用（如教学、管理、服务、办公等）等全部数字化，从而为资源和服务共享提供有效支撑。这一数字化的映射关系，如图 1–4 所示。

（1）数字校园的核心内容

以上国家标准中定义的数字校园，其核心包括以下几方面内容。

①在传统校园基础上构建一个数字空间。数字校园是基于传统校园的校园环境、教学资源、教育工作而形成的，数字校园建设需求应基于传统校

园的各类教育教学及服务活动需求而形成，不能脱离传统校园的运行与服务需求。

②从环境、资源到应用等全部数字化。完整的数字校园，应该是能够将传统校园的全部环境、资源和应用都映射到数字空间，但是，从数字校园现有的行业发展状态来看，很少有学校的数字校园建设达到了这一状态。

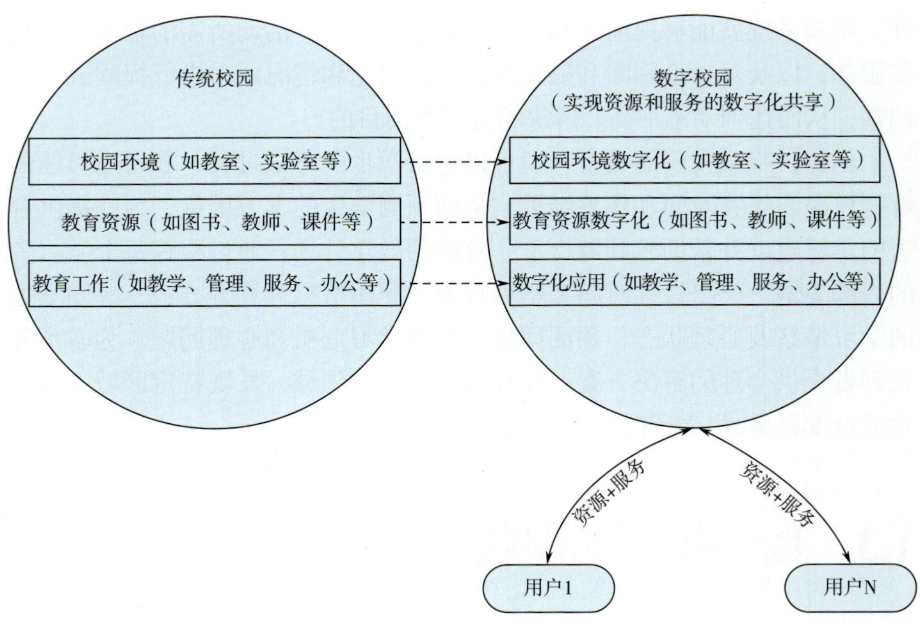

图 1-4　数字校园的定义图

③为资源和服务共享提供有效支撑。数字校园的核心词是“共享”，借助信息化系统实现“人←→机←→人”之间的数据、资源、服务共享，以达到实现人与人之间资源与服务共享，提升校园综合运行效能的目的。

（2）职业院校数字校园的内涵

在教育部《职业院校数字校园建设规范（2015）》中，对职业院校数字校园也进行了定义，即数字校园是指以网络为基础，利用信息技术将学校的主要信息资源数字化，并实现网络化的信息产生、管理、传播和使用方式，从而形成信息化、智能化的校园环境。职业院校数字校园的内涵如下。

①良好的网络、通信和信息技术的普及应用是建设数字校园环境的

基础。

②基于网络的数字化信息与知识的产生、管理、传播和使用方式是数字校园的基本特征。

③数字化与网络化渗透在学校教学、科研、管理、公共服务、学校文化生活以及对外服务等各个方面。

④根本目标在于创新人才培养、科学研究、教育管理、文化传承和社会服务的模式，促进职业教育教学的改革发展，提高学校的办学水平，从而适应教育现代化的要求。

职业院校数字校园建设的核心是支持职业教育教学模式和管理服务体系的技术系统。为了保障技术系统的顺利建设和有效应用，还需构建相应的组织结构与体系。数字校园为学生、教师、管理人员和校外人员等提供集成的数字化教学、数字化科研、数字化管理、数字化公共服务、数字化文化生活、数字化社会服务和数字化决策支持服务，同时，促进学生和教师信息化职业素养的全面发展。上述建设内容及其之间的关系如图 1–5 所示。

1.3.2 数字校园的现状调查——以武汉市中等职业学校为例

（1）调查背景

以教育信息化带动教育现代化，是各国教育发展的战略选择。《国家中长期教育改革和发展规划纲要（2010—2020 年）》把加快教育信息化发展进程作为实现未来教育改革发展目标的重要保障条件之一。《教育信息化“十三五”发展规划》明确指出：“支持各级各类学校建设智慧校园，综合利用互联网、大数据、人工智能和虚拟现实技术探索未来教育教学新模式。”在国家不断加强教育信息化建设与应用的背景下，各省、市、地区及学校纷纷制定教育信息化发展规划，以促进教育信息化的高效发展。湖北省教育厅于 2014 年 8 月发布了《湖北省教育信息化发展规划（2014—2020 年）》，提出“到 2020 年，省内所有职业学校全面建成数字校园”的发展任务。武汉市教育局于 2020 年 1 月发布了《武汉市创建国家“智慧教育示范区”实施方案》，方案提到“武汉市到 2022 年，建立网络化、数字化、智能化、个性化、终身化的教育体系”，“全面推进星级智慧校园和智慧教室建设，构建以学习者为中心的智慧校园生态，为创新大数据支持下教学方式、教学过程和教学评价，实施精准学习分析和教学干预，

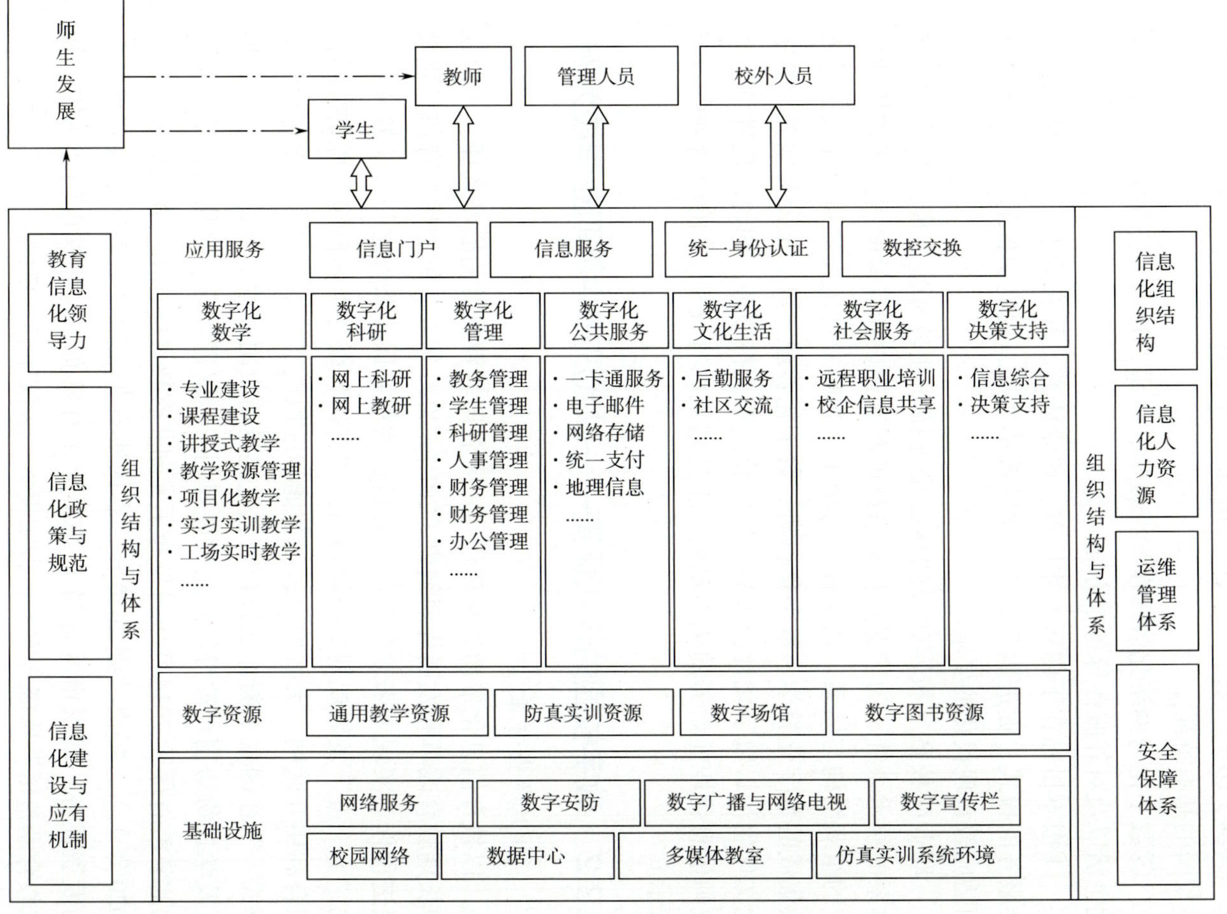

图 1–5　职业院校数字校园的组成及其支撑的数字化服务

实现课堂教学结构重组提供基础条件支撑。推进创客教室、虚拟仿真实验室、STEAM 教室等智能化教学环境建设”。该建设方案明确了武汉市教育信息化未来的具体发展方向与任务。

武汉市教育信息化建设经过十多年的理论研究与实践探索，其中等职业学校数字校园的建设与应用取得了令人瞩目的成绩。但也不讳言，由于发展不平衡，数字校园的建设与应用也存在诸多问题。为了更好地了解武汉市中等职业学校数字校园的发展状况，发现其存在的问题，分析其中的原因，有必要开展一次客观有效的现状调查，获得真实可靠的数据信息，以助推武汉市中等职业教育信息化健康科学发展。

（2）调查对象

武汉市中职学校的调查对象分为两类：一类是中职学校；另一类是中职学校的教师和学生。调查对象具体情况如下。

①中等职业学校。调查武汉市中等职业教育学校 48 所（共分发 48 份学校问卷）。学校问卷用来对各个学校信息化现状进行整体调研。每个学校限填 1 份。

②教师和学生。对教师和学生采用分层抽样调查。每所学校按教师专业抽取各专业教师人数的 10% 作为调查对象，适当兼顾性别和年龄。每所学校按学生年级和专业抽取各年级各专业学生总人数的 5% 作为调查对象，适当兼顾性别。

（3）调查内容

对武汉市中等职业学校信息化规划管理与保障情况、信息化基础设施与支撑平台情况、信息化教学环境建设与应用情况、信息化教学资源建设与应用情况、信息化校园管理系统建设与应用情况、信息化校园服务系统建设与应用情况、师生信息技术应用能力现状、信息安全体系情况八个方面开展调查。

（4）调查结论

在统计分析调查数据的基础上，按照学校教育信息化的不同维度、不同层次，对武汉市 48 所中等职业学校数字校园的建设与应用水平进行了测算，得出如下结论。

①总体来看，国家级重点学校的职业教育信息化整体发展水平最高，一般学校的发展水平最低。

②从数据统计的结果来看，国家级重点学校、省级重点学校、市级重

点学校、一般学校信息化发展水平存在着差异：省级重点学校与国家级重点学校在信息化管理与规划方面存在着较大差距；市级重点学校与国家级重点学校、省级重点学校在信息化资源建设与应用、信息化规划与管理两方面上存在着差距；一般学校与重点学校相比则基础较为薄弱，各个方面均存在一定差距。

③从数据分析的情况来看，国家级重点学校在校园信息化建设与应用各个层面都处于领先位置且发展较为均衡；省级重点学校应着重加强信息化规划与管理方面的建设；市级重点学校应着重加强信息化资源建设与应用、信息化规划与管理两方面的建设；一般学校则应该先把信息化基础建设作为教育信息化的工作重点。

1.3.3 数字校园存在的问题

基于对武汉市中等职业学校教育信息化工作的调研与分析，从武汉市中等职业学校数字校园建设与应用水平的整体状况来看，我们发现普遍存在以下问题。

①从数字校园总体要求看，学校在组织结构与管理体系方面存在配套保障体系水平低下的问题；在建设过程中普遍存在实施过程规范化程度不足的问题。

②从师生发展的要求看，在学生发展方面存在学生主动参与度较低的问题；在教师发展方面存在深度和广度不足的问题。

③从数字资源建设要求看，在通用性基础资源、仿真实训资源方面学校已形成了一定的数量积累，但是资源的质量、资源教学服务的应用深度和广度以及共享能力有待提升，缺乏"一项建设成果多专业或多领域应用"的多维应用能力；仅有少数中等职业学校启动了数字化场馆资源建设；数字图书馆资源建设基本普及，但是还没有实现与校内数字化教学资源的融合应用。

④从众多应用服务的要求看，在应用服务集成方面学校目前建设情况较差，很难做到无缝连接，信息孤岛现象严重；在决策支持应用服务方面存在决策及信息综合服务数据、信息、集成化、个性化有限，应用场景和终端设备类型有限等问题；在网络教学服务方面，学校已经开始普及网络教学服务，但是各类网络教学系统并存，数据与资源共享能力较差；在实习实训教学服务方面，学校过去几年已经开始强化此类应用的建设，但实训教学数据与其他信息系统进行数据融合的不多；在产教融合服务、工场

实时教学服务、校企共享信息服务方面，中等职业学校目前尚处于起步阶段，建设程度较低；在远程职业培训服务方面，学校逐步开始强化此类应用的建设，但信息系统集成与培训资源的缺乏是当前主要问题；在教学资源管理与共享服务方面，学校虽已经普及教学资源管理与共享服务，但是多种资源共享应用系统并存，数据与资源的共享能力较差；在校务管理应用服务方面，当前最大的问题是学校管理体系与所开发或采购的软件系统的匹配问题，其次就是这些管理系统与其他校园应用系统的应用服务集成的问题。总的来讲，仍旧是信息孤岛现象比较严重。

⑤从学校信息化基础设施建设的要求看，学校经过多年的信息化基础设施建设，都具备了一定的建设基础且发展势头较好，但是随着信息化基础设施建设的不断深入和发展，学校信息化人力资源、运维管理体系的配套建设工作并没有跟上校园信息化硬件建设的水平。

1.3.4 原因分析

我们从武汉市中等职业学校信息化发展现状的调查结果，分析中等职业学校数字校园建设与应用中普遍存在的问题，可以总结出如下主要原因。

①学校管理者对校园信息化工作的认知和相关知识的了解不全面。

②学校缺乏校园信息化顶层设计，项目管理能力也有待提升。

③大量传统校园活动还没有向数字空间数字化发展，面向学生的针对性服务也较少。

④资源建设缺乏顶层设计和整体规划，与资源教学服务相配套的应用系统创新与融合应用水平较差，资源孤岛现象严重。

⑤受整体信息化经费投入的制约，学校很多时候只能以信息化覆盖面为主，缺少重点投入、重点建设、重点使用的进一步安排。

⑥软件系统应用、数据与资源融合能力不足。

⑦校园信息化建设的历史成果不少，但多为异构系统，在这一历史过程中没有大数据中心的概念及技术实现。

⑧学校信息化建设中应用服务集成建设程度不够，信息孤岛、资源孤岛削弱了应用本身的效用。

⑨对实习实训、校企合作、产教融合等方面信息化服务的认知水平较低，重视程度不高，导致人力物力投入不足，发展明显滞后。

⑩学校领导和教师对信息化管理的系统化认知和参与需求分析的素养

有待提升。

1.4 数字校园智慧化建设

1.4.1 数字校园与智慧校园的内在联系

数字校园与智慧校园之间的内在联系，本质上是传统校园、数字校园、智慧校园三者之间的联系。这是因为，数字校园是在传统校园基础上构建的一个数字空间；而智慧校园是数字校园的进一步发展和提升，提升的核心要点是要建立校园“物理空间”与“信息空间”的有机衔接。因此，无论是数字校园还是智慧校园，都不能够脱离传统校园而存在。

（1）关联性

传统校园、数字校园、智慧校园三者之间的关系，可以用图 1–6 来表示。

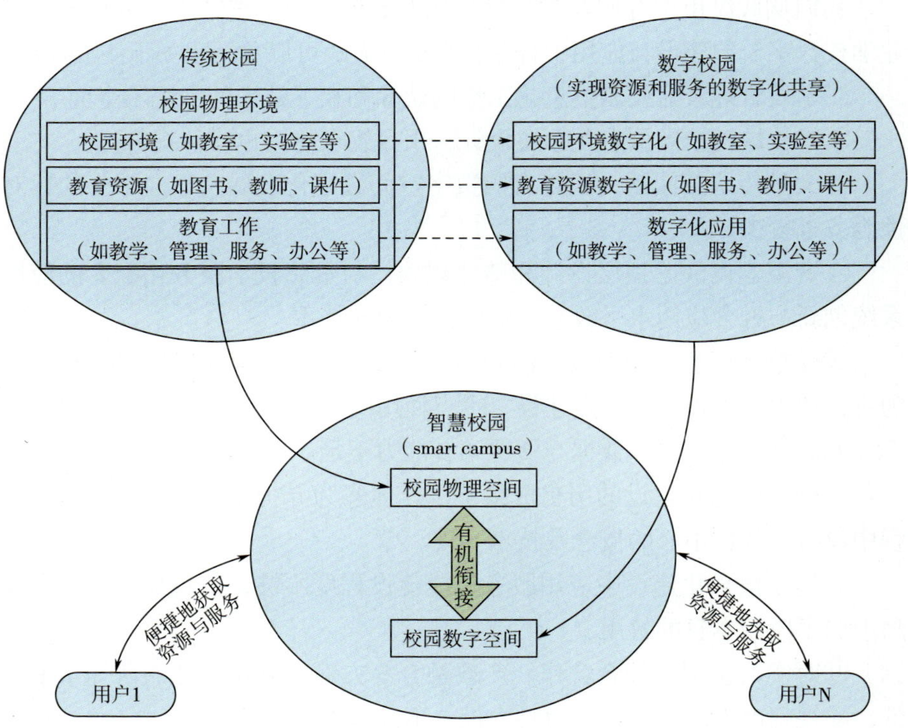

图 1–6　智慧校园与数字校园的内在联系

图 1–6 的核心意思可以用“智慧校园 = 数字校园 + 校园物理空间信息化”这一简单的“公式”来表达，亦即智慧校园与数字校园之间的关系。传统校园的教育环境、教育资源、教育工作等向数字空间进行映射，实现了相应的校园教育环境数字化、教育资源数字化以及各类数字化工作的应用，从而形成了“数字校园”这一概念及信息空间。这个时候，再对校园物理环境进行信息化并与数字校园进行有机衔接，就构成了“智慧校园”。

（2）不同点

数字校园以传统信息技术为基础，重点是将学校的主要信息资源和业务流程数字化，为资源和服务共享提供有效支撑。智慧校园以现代信息技术为基础，如物联网、云计算、虚拟现实、大数据、人工智能等新兴技术，重点是将数字化信息资源和应用系统进行物联化、集成化和智慧化升级，以形成感知化、泛在化、个性化、可分析预知的教学、管理与生活服务。

我们将数字校园和智慧校园之间的区别总结如表 1–1 所示。

表 1–1　数字校园与智慧校园的区别

区别点	数字校园	智慧校园
建设目标与重点	为资源和服务共享提供有效支撑	任何人在任何时间、任何地点都能便捷地获取资源和服务
校园环境数字化的范围	实现从环境（如教室、实验室等）、资源（如图书、教师、课件等）到应用（如教学、管理、服务等）等全部数字化	扩展并实现物理空间数字化，并与信息空间有机衔接
数字环境的感知能力	不以感知能力建设为重点，少量数字校园具有一些初步的感知应用	感知能力建设是重点建设内容，包括物理感知、情境感知、社会感知、自然交互等
数字环境的融合能力	1. 不同信息系统的基础设施资源相对独立应用，共享与融合状态差； 2. 采用应用服务集成的模式进行各类软件系统的集成，信息孤岛现象比较严重； 3. 能够融入数字化环境的终端设备类型有限	1. 实现校园信息化基础设施资源的共享与共用； 2. 不同资源、服务和平台之间互联互通，资源数据共享，具有互操作性； 3. 各类终端设备可以无缝接入并获得持续性的服务会话

续表

区别点	数字校园	智慧校园
数字环境的泛在化	很多资源和服务的获取，都需要人工干预，实现不了泛在化	通过智能及智慧化服务形成和输出能力，实现泛在、便捷地获取资源与服务
数字环境的大数据化	以基础性的数据交换服务为主，不具备校园大数据体系运行的技术与应用基础	建立校园大数据中心，实现各类数据的全程记录、按需共享与按需应用
面向用户的服务特点	提供统一化、标准化的用户服务	提供以人为本的个性服务，包括：便捷获取、深度参与、分析预知、动态平衡等

1.4.2 数字校园智慧化建设

智慧校园以数字校园为基础，实现从基于互联网的人与人的信息交流互动转变为基于物联网的人与物、物与物的信息交流互动。集成化和智能化是实现数字校园“智慧化”建设的核心。集成化是指将异构的服务系统做统一化处理，实现一站式服务、数据共享、系统互通互用。智慧化是利用物联网、云计算、虚拟现实、大数据、人工智能等新兴技术，对教学环境、教学资源、校园管理、校园服务等“物”进行智能化升级，实现泛在、个性化、自适应的教学、管理与生活服务。

以各类学校信息化实际需求为基础，以国家教育信息化发展规划为导向，各类学校信息化建设都会逐步以数字校园建设为过程、以智慧校园建设为最终目标进行校园信息化体系的规划、建设与应用。目前，怎样基于学校已有的数字校园建设基础，实现向智慧校园的逐步发展，不断缩小校园信息系统与智慧校园要求之间的差距，就是数字校园智慧化建设需要研究的核心问题。数字校园智慧化建设的基本思路，如图 1–7 所示。

实现数字校园智慧化建设，其核心工作包括对数字校园已有系统的智慧化升级改造，并根据发展的需要，规划、设计和建设好智慧化信息系统，以及对各类信息系统进行集成与整合等三方面的内容。这些智慧化建设工作，都应该在符合学校智慧校园建设规范的基础上，利用物联网、移动应用、云计算、虚拟现实、大数据、人工智能等新兴技术，开展建设与应用实践。

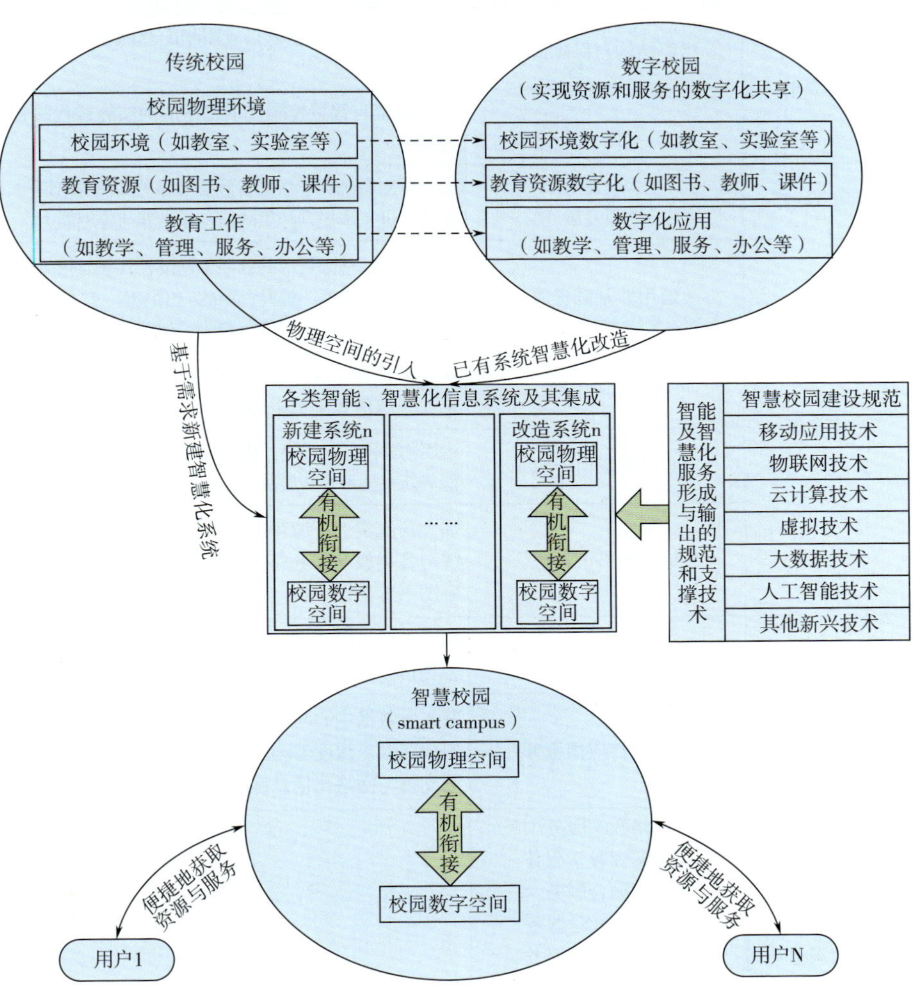

图 1–7　数字校园智慧化建设的基本路径

以职业院校数字校园智慧化建设为例，基于《职业院校数字校园建设规范（2015）》所形成的建设内容，可以采用如表 1–2 所列的建设措施。

表 1–2　数字校园智慧化建设的措施建议

《职业院校数字校园建设规范（2015）》中的建设内容		数字校园智慧化建设的参考措施
总体要求	组织结构与保障体系	建设和智慧校园建设与应用相配套的组织机构与保障体系
	实施过程	建立健全与智慧校园要求相适应的实施过程的管理规范
师生发展	学生发展 教师发展	加强针对教师和学生的智慧校园相关知识的培训与普及，进一步提升师生的信息化素养与应用能力
数字资源	通用性基础资源	加强通用性基础资源的数字化建设、共享与相关应用系统的互操作，提升资源的应用深度、广度，实现同一资源在不同系统、专业、领域的多维应用
	仿真实训资源	运用云计算、虚拟现实、大数据、人工智能等技术，开展仿真实训资源建设与应用
	数字化场馆资源	运用物联网、云计算、虚拟现实、大数据、人工智能等新兴技术，开展数字化场馆资源建设与应用
	数字图书馆资源	加大仿真实训资源建设力度，实现数字图书馆系统与各类教学服务应用无缝集成，并开展智能数字图书馆建设
应用服务	应用服务的集成	建立大数据中心，基于大数据中心开展智慧校园各类信息系统的顶层规划与设计
	决策支持应用服务	基于大数据中心与应用服务集成，建立用户能够便捷获取、深度参与、分析预知、动态平衡的决策支持与网络化信息综合服务体系
	网络教学服务 实习实训教学服务 产教融合服务 工场实时教学服务 校企共享信息服务 远程职业培训服务 资源管理与共享服务 教学管理服务 学生管理服务 教科研管理服务 人力资源管理服务 办公自动化服务 财务管理服务 设备资产管理服务 后勤服务	基于大数据中心，实现各应用系统之间数据融合与应用系统集成，同时强化各应用系统的感知化、泛在化、智能化建设，强化各类用户的智能化人机交互环境建设

续表

《职业院校数字校园建设规范（2015）》中的建设内容		数字校园智慧化建设的参考措施
应用服务	校园一卡通服务	基于人工智能的多种形式的身份识别和认证机制，实现一卡通的“虚拟”化应用
基础设施	校园网络 数据中心 网络信息服务 网络管理与网络安全	将已有数据中心机房升级为校园云数据中心；建立智能化的网络管理与工具体系；将校园网络安全提高为校园信息安全建设；将校园各类信息系统的综合布线系统、无线网络、网络设备进行一体化融合、管理与共享应用；建立物联网管理平台，对物联网设备设施、数据交换和资源共享进行管理
	多媒体教室	将多媒体教室改造升级为智慧教室，以及新建智慧教室
	仿真实训系统环境	基于大数据中心，实现与相关应用系统之间的数据融合，同时进一步提升仿真实训的仿真水平与智能化水平
	数字广播与网络电视系统	将相对独立的基础设施资源纳入智慧校园基础设施进行管理、共享与综合应用，同时发展智能化的专项服务，构成智慧校园服务的重要组成部分
	数字安防系统	大量运用移动应用、物联网、云计算、虚拟现实、大数据和人工智能等技术，进行数字安防系统的建设，并与大数据中心对接，构成智慧校园服务的重要组成部分

目前，《职业院校数字校园建设规范（2015）》已经在职业院校及数字校园建设服务行业得到了较好的普及。在《教育信息化2.0（2018）》的“数字校园规范行动”中，专门指出了“促进数字校园建设全面普及。落实《职业院校数字校园建设规范》，发布中小学、高等学校数字校园建设规范，推动实现各级各类学校数字校园全覆盖”。因此，针对中小学、高等学校的数字校园智慧化建设的参考措施，完全可以采用类似的方法进行研究与建设。

1.5 智慧校园建设的意义和思考

1.5.1 智慧校园的主要作用

在教育部《职业院校数字校园建设规范（2015）》中，对职业院校数字校园的主要作用进行了全面、细化的阐述。智慧校园是数字校园的进一步发展和提升，是教育信息化的更高级形态。因此，比照《职业院校数字校园建设规范（2015）》中的内容，我们对智慧校园进行了认真研究，对其主要作用阐述如下。

（1）有利于人才培养质量的提高

构建人人互通、人机互动的数字智能学习空间，推动教学模式变革，提高人才培养质量，体现在：支持教师面向校内开展混合式教学，提高教学质量，面向校外提供在线教学、服务企业培训和终身学习服务；促进优质教育资源的交流与共享，支持教师利用信息技术开展教学，提高教学的效果和质量；开展虚拟仿真实训，既可以使学生达到实际操作训练和教学导训的目的，又可以大幅度减少昂贵设备的投入，减少实操耗材，提升实操实训安全系数，有利于培养学生岗位职业技能；引导学生适应信息化环境，提高数字时代所需的信息化思维能力，养成信息化行为方式，了解信息化交往规则，发展信息化职业能力。

（2）有利于教师教研科研和双师素质提升

搭建智能化在线协同工作平台，提升教研科研与双师素质和能力，体现在：支持教师网络研修，提供在线培训，支持教师足不出校即可远程进修，开展终身学习，保证专业能力与双师素质的可持续发展；支持在线教研科研，提高研究效率，加速科技创新的步伐，提升职业院校自主创新的能力；构建在线协同机制，支持职业院校与企业、政府和其他院校开展协同创新，促进产、学、研一体化。

（3）有利于管理效率和决策水平的提高

提供基于大数据中心的信息和数据的集成与分析服务，有利于管理效率和决策水平的提高，体现在：促进校务实现全流程管理，面向师生员工提供一站式校务管理服务，提高服务水平和效率；整合各种分散的应用系统，实现统一身份认证，建成学校公共数据库，打破因不同管理软件而形成的“信息孤岛”困局，实现各类基础数据的共享和交换；支持网上协同办公，促进决策信息和反馈信息快速在决策层与执行层之间流动，实现扁平化管理，促进校务公开。

（4）有利于校园公共服务和文化生活品质的提升

建立智慧校园服务体系，形成虚拟校园社区，提升校园文化与生活品质，促进优秀文化的传承，体现在：支持学生组成网上社区，鼓励学生反思并分享不同的观点，倡导师生平等，创设开放、民主的文化氛围；提供网络公共服务和正版软件服务，营造诚信和自律的文化氛围；汇聚互联网上的数字化图书馆、档案馆、博物馆、艺术馆等，发展师生人文素养；引入数字化、智能化的生活、医疗、娱乐、保安等服务，提升校园公共服务水平。

（5）有利于推动职业院校教学服务对社会开放

建设职业院校智能化社会服务体系，推动职业院校对社会开放，体现在：支持职业教育与产业紧密结合，促进行业企业参与职业院校的教育教学，或者职业院校开办特色专业产业，相互支持，相互促进，集人才培养、科学研究、技术服务于一体；支持职业院校优质特色教育资源突破校园界限，服务更大范围的职业群体，促进本行业本地区终身学习体系和学习型社会的形成；获取产业行业需求，推介毕业生源，促进职业院校人才培养和产业人才需求的顺畅对接；支持职业院校向社会开放，提升院校的社会影响力，促进职业教育优秀文化的社会传承。

（6）有利于教育内涵的拓展和办学空间的扩大

依托现代信息技术特别是互联网技术，新兴职业正在改变着传统职业的“工作方式”和“工作空间”，随之产生的是职业教育办学模式的革命性变革。基于网络的跨越学校、企业和社会的办学模式，是提高人才培养质量，建立现代职业教育体系的重要途径和方向。

1.5.2 建设智慧校园的重要意义

（1）促进教育教学的改革与创新

新兴技术的迅速发展给人们的工作和生活带来了前所未有的变化，也为教育的发展注入了新的动力。在新兴技术的推动下，智慧学习环境应运而生，重新塑造了学校的学习形态[①]，智慧校园作为智慧教育发生的重要场所，将会被赋予承担引领教育创新与变革的重任。

在智慧校园支持下，学校教育不再是简单地将技术作为干预手段或是辅助工具，而是在智慧校园所创设的智慧教育环境下，应用网络化的思维与教学工具，颠覆传统的学校结构与教学流程，打造全新的学校教育生态。在互联网化的教育环境支撑下，政策、教师、课程、课堂、学习等要素都会发生相应改变，学校的教育教学以学生发展为中心，通过整合课内外、校内外优质教育资源，广泛和深入地开展各种创新教学实践活动，形成“连接式教育”，推动学校传统教学的流程再造和学校教育系统的结构性变革。各种新媒体和新技术的应用，使教学环境从原来的封闭教室逐步演变为自由开放的网络化教学时空，让教学不再受传统课堂组织方式的限制，促进了学生的个性化、差异化发展。

（2）促进学校办学能力的增强

智慧校园不仅在促进学校课程与教学方式的变革方面具有巨大优势，在学校管理方面同样发挥着不可比拟的积极作用。基于智慧校园的学校管理就是将现有的教育管理信息系统进行统一规范、数据共享，同时通过大数据分析和可视化技术，使教育管理信息系统实现业务管理、动态监测、教育监管、决策分析等业务的智能化、自动化，进一步实现学校教育管理从传统的“机控人管”模式向“智慧管控”方向发展。

智慧管理凭借大数据技术的优势，从大量师生的教学场景和学生学习轨迹中获得海量数据，同时对获取的数据进行深度挖掘和分析，发现数据背后隐藏的关联规律，并将这些规律运用于现实教育管理工作实践，为管理人员和决策者提供及时、全面、准确的数据支持，为科学的教育管理与决策提供依据。

（3）实现校园资源的全方位共享与智慧化应用

①基础设施资源共享与智慧化应用。在智慧校园建设与应用中，实现对基础设施资源的广泛共享和对计算机网络及其基础设施的高效利用，具有十分重要的潜在应用价值。借助于物联网技术的支持，使万物互联互通，实现对物体高效地控制和反馈。借助云计算技术的支持，通过租用云服务

① 黄荣怀 . 智慧学习环境重塑校园学习生态［EB/OL］.［2014-06-12］.http://www.ict.ed u.cn/forum/huiyi/n20140612_13981.shtm1.

器、存储器和网络硬件，可以降低学校对于网络基础设施的建设投入。

②数据资源共享与智慧化应用。当前，各级各类学校的信息化，即数字校园的建设与应用难尽人意。学校各部门各自为政，数据不一致、格式不统一，不具备数据整合与大数据挖掘基础，难以为教学尤其是个性化教学提供支撑，兼容性与可扩充性也不够，造成极大的投资浪费。智慧校园可以将网络上所有设备与系统连到一起，实现不同类型、不同大小数据的传输功能。未来的校园基础网络应该是实现了光纤到户的有线网络和无缝覆盖的无线网络的结合，统一的数据平台不但可以避免数据孤岛和数据分散，更重要的是可以实现大数据挖掘和可视化。

③教学资源共享与智慧化应用。随着智慧校园建设的持续深化，数字资源的重构方式不断涌现出新的思路与方法。在重构数字资源的过程中，可通过自建、引进、合作等方式开发具有专业课程资源、校本特色课程资源、实习实训资源以及以创新创业活动等为主题的数字资源。

（4）推进实施国家大数据战略，加快数字中国建设

我国很多地市提出或者开始推进智慧城市建设。在智慧城市建设中，要求“围绕促进教育公平、提高教育质量和满足市民终身学习需求，建设并完善教育信息化基础设施，构建利用信息化手段扩大优质教育资源覆盖面的有效机制，推进优质教育资源共享与服务”。2017 年 12 月，习近平主席发表了《实施国家大数据战略加快建设数字中国》的重要讲话，要求“推进教育、就业、社保、医药卫生、住房、交通等领域大数据普及应用”。学校不仅是城市的一个重要组成部分，也是国家的重要组成部分；教育数据是区域大数据、国家大数据的一个重要组成部分，也是数字中国的一个重要组成部分。因此，智慧校园的建设，为实施智慧城市、国家大数据、数字中国的建设提供了教育数据支持与服务。

1.5.3　智慧校园建设的思考与建议

开展智慧校园建设，是推动教育信息化深入发展的需要，也是促进数字校园提档升级的必然要求。因此，我们的思考与建议如下。

①各级各类学校的智慧校园建设是在“需求驱动＋政策推进”模式下推动发展的。当前智慧校园的建设，不仅是校园教育信息化建设的需要，也是国家总体信息化发展的需要。

②经过 2010—2020 年 10 年的教育信息化建设，我国中小学、职业院

校和普通高校在数字校园建设方面已经取得了很大的成绩。这些综合性建设成绩既包括信息化系统和资源，也包括信息化组织机构与保障体系、规范和标准体系等，由此构成了后续智慧校园发展的重要基础。

③智慧校园需要实现物理空间和信息空间有机衔接，并且具有感知化、融合化、泛在化、大数据化、个性服务、便捷获取、深度参与、分析预知等重要特征。初期的智慧校园很难具备这些特征，真正意义上的智慧校园需要经过一个长期的探索、建设、应用与完善过程，不可能一蹴而就。

④数字校园的核心是为校园的资源和服务共享提供有效支撑。数字校园与智慧校园无论从建设目标、主要特征、应用模式，还是从总体架构、应用体系、支撑技术等来讲，都有着非常大的差别。这两者虽然都是校园信息化建设的一种综合性成果体现，但是也不能随便给校园贴上一个“智慧校园”的标签，定义所建设的校园就是智慧校园。

⑤智慧校园是数字校园的发展和提升。学校通过对数字校园进行智慧化建设，可以逐步将数字校园发展、提升为智慧校园，但是这一智慧化建设必然需要若干年的时间。因此，接下来的10年，必然是“数字校园”和“智慧校园”两个概念长期并存的历史阶段，大家不能因为智慧校园概念的“新”而否定掉“数字校园”这个“老”概念，即便在教育部《教育信息化2.0行动计划》（2018）这一纲领性文件中，依然重点强调的是数字校园的建设。

⑥智慧校园的建设应该首先制定智慧校园的建设规范和标准体系，以及建设智慧校园的大数据中心，并在此基础上，再对数字校园已有的系统进行智慧化改造升级，以及规划、设计和建设新的智慧化信息系统，然后对各类信息系统开展集成与整合。移动应用、物联网、云计算、虚拟现实、大数据、人工智能等新兴技术是智慧校园得以实现的工具和手段。在开展智慧校园建设的过程中，应该充分发挥各类技术的作用和优势，同时也要避免陷入“脱离实际需求，盲目追求技术”的“唯技术论”误区。

本章小结

本章介绍了智慧校园产生与发展的社会背景、条件支撑和技术保障；论述了智慧校园概念的含义、智慧校园的基本内涵和主要特征；提出了数字校园的定义，并通过对数字校园发展现状的调查，厘清了数字校园的发展现状和存在的问题，以及问题产生的原因。在此基础上，研究了数字校园与智慧校园的内在联系，得出了智慧校园是数字校园智慧化建设的产物的结论。最后，分析了智慧校园的主要作用，以及建设智慧校园的重要意义，提出了对建设智慧校园的思考和建议。

关键词

智慧校园；数字校园；智慧化建设；需求驱动；内涵；特征

思考与练习

1. 智慧校园产生与发展的社会背景是什么？如何理解“需求驱动”和“政策推进”的意义和作用？目前，推动智慧校园建设发展具备了哪些有利条件和技术基础？

2. 如何理解智慧校园概念的含义？

3. 智慧校园的基本内涵和主要特征是什么？

4. 数字校园的定义是什么？发展现状如何？存在哪些问题？问题产生的原因是什么？

5. 如何理解数字校园与智慧校园的内在联系？

6. 为什么说智慧校园是数字校园智慧化建设的产物？

7. 智慧校园的主要作用有哪些？建设智慧校园的重要意义是什么？

8. 对建设智慧校园的思考与建议是什么？

2
智慧校园的基本架构和核心内容

学习目标

➢ 了解智慧校园建设的总体目标。

➢ 了解并掌握智慧校园的基本架构。

➢ 准确理解并熟练掌握智慧校园基本架构的基础设施层、支撑平台层、应用平台层、应用终端层、信息安全体系和条件保障体系的基本组成和主要功能。

➢ 理解并掌握智慧校园的核心内容。

➢ 熟悉智慧教育的基本含义和主要特征。

➢ 准确理解智慧校园的教学环境和教学资源、智慧校园的管理和服务、智慧校园的信息安全和条件保障的主要内容和基本要求。

学习要求

本章内容包括三个部分：一是智慧校园建设的总体目标；二是智慧校园的基本架构；三是智慧校园的核心内容。通过学习本章内容，学习者应了解智慧校园建设的总体目标；了解并掌握智慧校园的基本架构和核心内容；准确理解并熟练掌握智慧校园基本架构的基础设施层、支撑平台层、应用平台层、应用终端层、信息安全体系和条件保障体系的基本组成和主要功能；熟悉智慧教育的基本含义和主要特征；准确理解智慧校园的教学环境和教学资源、智慧校园的管理和服务、智慧校园的信息安全和条件保障的主要内容和基本要求。

2.1 智慧校园建设的总体目标

《教育信息化十年发展规划》提出了教育信息化的发展目标，这一目标涵盖了学校信息化的发展目标。具体到智慧校园的建设目标或发展目标，是构建一个智能、灵活、高效运转的信息化体系，包括智慧校园环境和实现智慧教学、协同办公以及基于大数据的决策系统等。

智慧校园具有以下三个特征：

第一，将人、设备、自然和社会各因素互联互通，并使他们之间互动的方式更智能化，进而使他们之间的任何互动都有助于促进人、信息系统、设施环境三者之间数据的交互融合，使校园的运转能够实现智能化的感知、衡量和调度。

第二，对校园中人、财、物和学、研、管业务过程中的信息实现快速、准确获取，通过综合数据分析为管理改进和业务流程再造提供数据支持，推动学校进行制度创新、管理创新，以实现决策科学化和管理规范化。

第三，通过应用服务的集成与融合，实现校园的信息获取、信息共享和信息服务，从而推进智慧化的教学、智慧化的科研、智慧化的管理、智慧化的生活以及智慧化的服务的实现进程。

智慧校园建设的最终目标就是实现教育信息化和智能化。因此智慧校园的建设和发展要能够适应新时期网络技术的发展、社会的需要，以及学校管理、教学改革等方面的需要。

2.2 智慧校园的基本架构

2.2.1 简介

2018 年 6 月 27 日，国家市场监督管理总局、国家标准委公布了国家标准文件《智慧校园总体架构》（GBT 36342—2018）。该文件对如何部署智慧校园的基本架构，如何实现智慧教学环境，如何构建智慧教学资源，如何部署智慧管理环境，如何构建智慧服务环境等进行了明确规范。

智慧校园基本架构具体如图 2–1 所示，分为基础设施层、支撑平台层、应用平台层、应用终端层和信息安全体系等。

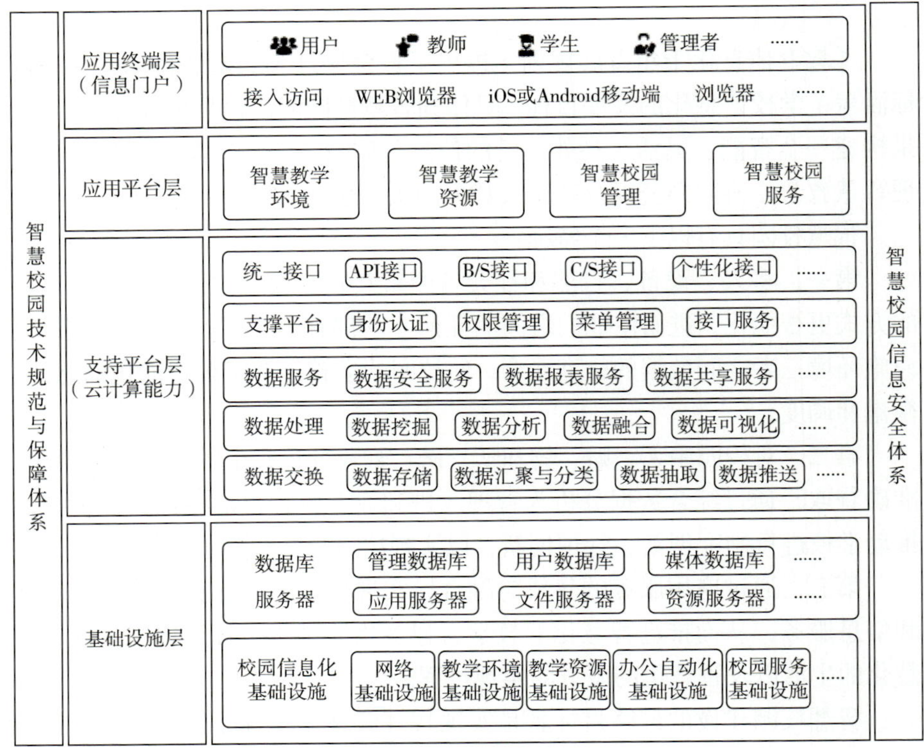

图 2–1　智慧校园的基本架构

2.2.2　基础设施层

基础设施层是智慧校园平台的基础设施保障，提供异构通信网络广泛的物联感知和海量数据汇集存储，为智慧校园的各种应用提供基础支持，为大数据挖掘、分析提供数据支撑，包括校园信息化基础设施、数据库与服务器等。

基础设施建设需要实现资源的集中化、规模化，实现对各类异构软硬件基础资源的兼容性和资源的动态流转，同时对静态、固定的硬件资源进行调度，形成资源池。

（1）数据中心机房

校园网络数据中心由数据中心机房、安装在中心机房的服务器、网络核心设备、存储子系统、不间断电源（UPS）、空调、安防设备等构成。

（2）数据库与服务器

数据库与服务器是智慧校园服务的数据汇集存储系统，配置管理数据库、用户数据库、媒体数据库、备份数据库等和与之相对应的应用服务器、文件服务器、资源服务器和备份服务器等①。

（3）网络通信系统

网络通信系统包括互联网接入，如有线接入、无线接入等。网络通信系统建设的目标是建设一个实用、高速、运行稳定可靠以及安全可控的校园网络，为学校的资源共享、教育教学、职业训练、学校管理和网络文化生活等校园信息化应用和服务提供满足服务质量要求的网络支撑环境。

（4）感知系统与物联网技术设施

感知系统包括物理环境感知、活动情境感知、设备感知和人员身份感知等。在职业院校中，感知系统与物联网技术设施的建设与应用可在以下几个方面促进校园智慧化的发展。

①在教学方面，应逐步在课堂及实习实训环境中布设感知设备，为智慧教室、新型实习实训环境的建设奠定信息采集、管理或控制的基础。

②在安防方面，应在校园重点及敏感区域布设感知设备，以对感知范围内的人员、设备、车辆、事件等各类重点信息进行监控和监测，逐步形成智慧化的校园管理与服务环境。

③在节能方面，应对学校的水电气等能源消耗控制部位部署感知设备，可实现远程自动监测和实时控制，并逐步形成校园智慧节能体系。

④在管理方面，各类感知设备所产生的数据可以通过有线网络和无线网络进行传输，并由校级物联网管理平台进行管理，且能按需与其他系统实现数据交换和共享。

（5）各类信息化应用专属基础设施

在学校的智慧教学环境、智慧教学资源、智慧校园管理、智慧校园服务体系的建设过程中，所发展的很多具体信息化应用往往需要配套专属基础设施。在进行各类信息化应用专属基础设施建设的时候，应遵循以下基

---

① 引自《智慧校园总体架构（GBT36342—2018）》。

本原则。

①优先使用校园网络数据中心的计算资源，以便于学校计算资源的统一管理与综合应用。

②优先使用已有的校园网络通信资源，对于需要新增和扩展的网络通信设施，也需要并入校园网络通信资源体系。

③对于与物联网应用相关的信息化系统，在信息化系统规划设计时，应考虑已有的校园感知系统与物联网设施的有效利用，对于新增和扩展的感知系统与物联网设施，应并入校园感知系统和物联网设施体系。

④对于需要公共终端资源的信息化系统，在信息化系统规划设计时，应考虑校园已有公共终端设备与设施的有效利用，对于新增和扩展的公共终端设备与设施，应并入校园公共终端资源体系。

智慧校园与数字校园在基础设施层上的差异对比见表 2–1。

表 2–1　智慧校园与数字校园在基础设施层上的差异对比说明表

校园信息化的核心构成体系		数字校园	智慧校园
基础设施层	数据中心机房、数据库与服务器	由于历史发展原因，很多应用系统的计算与存储资源都相对独立，没有实现资源共享	采用云计算技术进行计算资源、存储资源管理与应用，以及提供智能化运维服务支持
	网络通信系统	在学校建立了校园网的同时，还建立了很多相对独立的信息化应用的专属设施和网络通信设施，通信资源没有实现整合	将各类信息化应用的专属基础设施通信资源融合到整个智慧校园的网络通信体系，进行通信资源共享应用
	感知系统与物联网设施	少量应用系统发展了物联网感知应用	大量进行感知系统及物联网设施的建设，并与校园网络及软件系统融为一体进行应用，并建设物联网管理平台，对物联网设备设施、数据交换和资源共享进行管理

2.2.3 支撑平台层

智慧校园支撑平台层是体现智慧校园云计算及其服务能力的核心层，为智慧校园的各类应用服务提供驱动和支撑。通过支撑平台层，要能够解决信息孤岛问题，实现智慧校园各类应用服务的集成以及数据融合综合应用，包括统一身份认证、统一信息门户、统一数据标准、决策支持服务、一卡通应用服务、基于数据形成的档案服务等。

为实现智慧校园支撑平台层的建设，学校应进行校园大数据中心系统的规划与持续建设。校园大数据中心所提供的核心服务，通常包括以下几个部分。

（1）数据交换

数据交换单元是在基础设施层数据库与服务器的基础上扩展已有的应用，包括数据存储、数据汇聚与分类、数据抽取与数据推送等功能模块。

（2）数据处理

数据处理单元包括数据挖掘、数据分析、数据融合和数据可视化等功能模块。

（3）数据服务

数据服务单元包括数据安全服务、数据报表服务、数据共享服务等功能模块。

（4）支撑平台

支撑平台单元包括统一身份认证、权限管理、菜单管理和接口服务等功能模块。

（5）统一接口

统一接口单元是智慧校园实现安全性、开放性、可管理性和可移植性的中间件，如 API 接口、B/S 接口、C/S 接口和个性化接口等。

基于大数据中心，学校各类应用系统与已经部署且开放接口的国家核心系统、上级通用系统在用户、数据、业务处理上能高度融合，实现无缝对接。

智慧校园与数字校园在支撑平台上的差异对比见表 2–2。

表 2–2　智慧校园与数字校园在支撑平台层上的差异对比说明表

校园信息化的核心构成体系		数字校园	智慧校园
支撑平台层	支撑平台层与大数据中心	通过综合信息门户、统一身份认证和数据交换服务等，实现应用服务集成	建设校园大数据中心，以此为基础实现智慧校园各类应用服务的集成以及数据融合综合应用

2.2.4 应用平台层

应用平台层是智慧校园应用与服务的内容体现，在支撑平台层的基础上，构建智慧校园的环境、资源、管理和服务等应用，为师生员工及社会公众提供泛在的服务。应用平台层包括智慧教学环境、智慧教学资源、智慧校园管理、智慧校园服务四大部分，具体见图 2–2。①

图 2–2　智慧校园的应用平台层

2.2.5 应用终端层

应用终端层是接入访问的信息门户，访问者通过统一认证的平台门户，用各种浏览器及移动终端安全访问，随时随地共享平台服务和资源，包括用户和接入访问两个方面。

用户：是指教师、学生、管理者和操作员等使用群体。

接入访问：是指用户可以通过计算机网页浏览器或移动终端系统接入访问。

智慧校园与数字校园在应用终端层上的差异对比见表 2–3。

① 引自《智慧校园总体架构（GBT36342—2018）》.

表 2–3　智慧校园与数字校园在应用终端层上的差异对比说明表

校园信息化的核心构成体系		数字校园	智慧校园
应用终端层	各类应用终端：台式机、笔记本电脑、手机、户外大屏、PAD、电子白板、手写输入设备、云桌面、多媒体试听设备、智能电视机、多媒体教学一体机、工业手持机、VR 设备、POS 机	应用终端的类型较少，并且大量应用终端分属于不同的应用系统	应用终端类型丰富，基于网络通信资源的共享与软件支持，可以实现校内各类应用终端的“一机多用”

2.2.6　信息安全体系

信息安全体系是贯穿智慧校园总体框架多个层面的安全保障系统。智慧校园信息安全体系包含智慧校园安全管理体系、智慧校园安全技术防护体系、智慧校园安全运维体系，其中安全技术防护体系又包括物理安全、网络安全、主机安全、应用安全和数据安全等。智慧校园安全体系不低于 GB/T 22240—2008 规定的三级要求。

2.2.7　条件保障体系

智慧校园的保障体系包括教育信息化领导力，信息化组织机构与人力资源，信息化政策、规范与机制，信息化项目建设与运维管理，以及信息化安全保障体系等方面，是智慧校园顺利实施、平稳运行和持续发展的保障，也称之为可持续发展保障体系，见图 2–3。

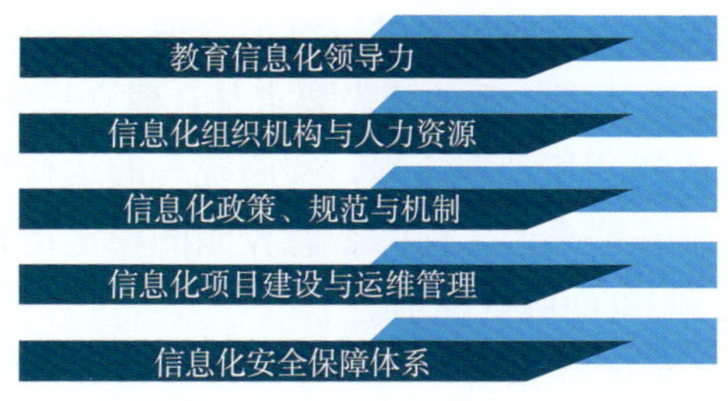

图 2–3　智慧校园的保障体系

（1）教育信息化领导力

教育信息化领导力是指校级领导的信息化相关能力与素养，主要由信息化价值的认知能力、信息化工作的调控能力和信息化绩效的评估能力三部分构成。校级领导通过对信息化工作施加影响力，让信息化建设满足本校的需要，促进信息化要素充分发挥作用，支持学校的教学创新和管理改革。

（2）信息化组织机构与人力资源

学校应当组建高效的信息化组织机构，以适应信息化引发的学校教学模式创新和业务流程再造等带来的变革需要，保障智慧校园的实现。信息化组织机构由学校信息化领导小组、负责信息化工作的校级领导、单独设置的中层管理机构（信息化办公室或教育信息中心）、学校业务部门以及监理与评价小组组成。

（3）信息化政策、规范与机制

学校应制定信息化战略规划，战略规划既包括 3 ~ 5 年的中长期规划，也包括基于中长期规划所分解形成的短期规划与计划（每年、每学期规划）。

学校应制定智慧校园规划与建设机制、信息化建设管理规范、信息化应用激励政策、用户信息化岗位规范、信息化应用管理规章、人员培训制度、经费保障机制、研究与发展机制等系列校级政策、规范与机制，并且符合基础设施建设准则、应用服务建设准则、教育信息化标准与规范。

（4）信息化项目建设与运维管理

智慧校园及其下属各个子项目的建设与实施过程，都应分为“规划与设计、建设与部署、管理与维护、应用与推广”四个阶段，在四个阶段循环进行的过程中应始终有效果评价，并将其结果反馈给各个阶段加以改进，即“评价与改进”。

智慧校园运维管理是指针对智慧校园各系统采取相关的管理办法和技术手段，对运行环境和业务系统等进行维护管理，保障智慧校园稳定运转的工作。智慧校园运维管理体系的建设要求是：建立运维管理的组织机构，制定科学有序的规章制度和管理流程，实施统一的运行维护规范，应用运维管理工具搭建运维管理平台，保障智慧校园的稳定运转。运维管理体系的建设应遵循 ITIL 和 ISO20000 标准。

（5）信息化安全保障体系

智慧校园安全保障体系是指为实现智慧校园安全保障的目标所制定的方针政策、组织结构、规章制度、流程规范和技术手段的总和，涵盖网络系统安全、计算机系统安全和信息安全等范畴。

2.3 智慧校园的核心内容

2.3.1 智慧教学环境

智慧教学环境可以是实体的教学环境，也可以是虚拟的教学环境或虚实相结合的混合教学环境。职业院校在智慧教学环境中，重点可进行多媒体及智慧教室建设、资源共享与网络教学应用体系建设、实习实训环境智慧化建设、远程职业培训体系建设等。

按照《智慧校园总体架构（GBT36342—2018）》文件所示，智慧教学环境的总体架构如图 2-4 所示，包含基础设施层、支撑平台层、应用平台层、

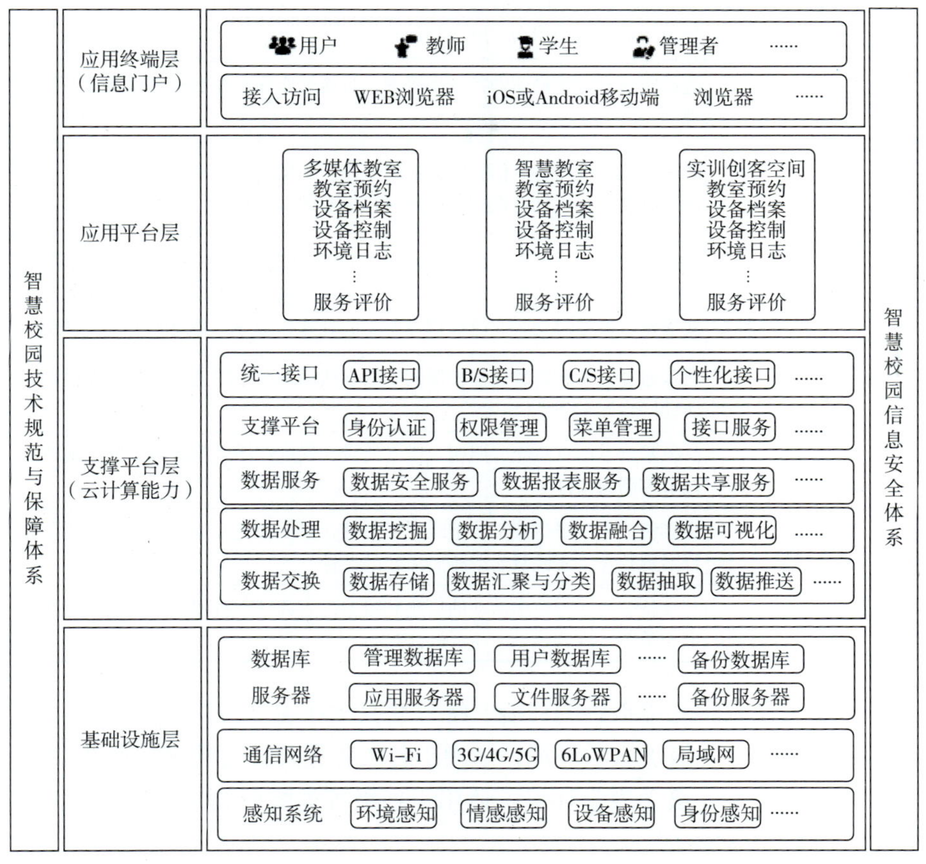

图 2-4　独立部署的智慧教学环境体系结构

应用终端层、信息安全体系和技术规范与保障体系。作为独立部署的智慧教学环境，其总体架构与智慧校园的总体架构除应用平台层之外，其他模块完全相同。

（1）智慧教学环境所能提供的功能与分级标准

智慧教学环境是集智能化感知、智能化控制、智能化管理、智能化互动反馈、智能化数据分析、智能化视窗等功能于一体，支持教学、科研活动的现实空间与虚拟空间融合的环境。按照国家智慧校园建设框架标准，智慧教学环境所能提供的功能如表 2–4 所示。

表 2–4　智慧教学环境建设内容

功　能	要　求
智能感知	能够实现对环境内所有装备（软硬件设备）及状态的信息采集，对环境指标及活动情境的识别，感知和记录
智能控制	能够实现对教学设备的控制和管理，且能够实现对控制权过程及效果的监视
智能管理	能够实现环境内各类信息或数据的生成、采集、汇聚和推送，便于对环境内所有装备（软硬件设备）、环境指标及教学活动进行管理
互动反映	具备受众通过互联网在任何地方，任何地点都能根据权限许可加入的条件，支持教师和学生活动过程中的全方位交互，包括课程通知、课程互动、在线答疑、课程讨论区交流和获取所需的资源和服务，并及时进行信息反馈
跨越扩展	具备通过互联网跨越远程扩展同步教学活动环境空间或跨越构建虚拟教学活动同步课堂条件
环境条件检测与调节	具备基于室内自然光、照明、空气质量、温度计湿度等环境数据实现智能调节控制的条件
虚拟现实与增强现实	宜具备仿真、虚拟现实或增强现实系统，强化视觉、听觉及触觉等效果进行案例教学，实验教学或科研活动的条件
分析决策	宜具备综合运用教学活动的信息和数据，为数据分析和决策提供支持的环境与条件

根据智慧教学环境提供的功能，将智慧教学环境分为以下三级。

①基础型（一级）教学环境：适用于各级各类院校的常规教学活动。

②拓展型（二级）教学环境：适用于各级各类院校的常规教学、案例教学及远程教学活动。

③高级型（三级）教学环境：适用于各级各类院校的常规教学、远程

教学、实践实训教学活动和课堂教学管理决策分析等。

智慧教学环境分级标准如表 2–5 所示。

表 2–5　智慧教学环境的分级标准

功能	基础型（一级）	拓展型（二级）	高级型（三级）
智能感知	必选	必选	必选
智能控制	必选	必选	必选
智能管理	必选	必选	必选
互动反映	—	必选	必选
跨域拓展	—	必选	必选
环境条件监测与调节	可选	可选	可选
虚拟现实与增强现实	—	—	可选
分析决策	—	—	可选

（2）智慧教学环境应用平台层建设内容

智慧教学环境应用平台层建设内容主要包含多媒体与智慧教室建设、创客实训教学环境建设、教学资源共享与网络教学服务应用、实习实训教学服务应用、产教融合服务应用、远程职业培训服务等内容。

①智慧教室。智慧教室是为教学活动提供智慧应用服务的教室空间及其软硬件装备的总和。学校可以在现有基础上将多媒体教室升级成智慧教室，或者新建智慧教室。相对于传统的多媒体教室，智慧教室通过物联网感知系统实现了物与物、物与人的泛在连接，实现了对各类对象的智慧化识别、跟踪、监控和管理，实现了教学活动开展的智慧化。学校智慧教室的建设可在以下各方面逐步形成智慧化建设特色：

第一，基础设施系统包括物理空间、桌椅装置、供配电、通风空调、灯光照明等子系统。

第二，网络感知系统包括网络接入、射频识别、人体识别等子系统。

第三，可视管理系统包括中控、能耗、监控等子系统。

第四，增强现实系统包括交互演示、视频会议、穿戴设备等子系统。

第五，实时记录系统包括课程录播、电子学档、课堂应答等子系统。

第六，泛在技术系统包括云端服务和移动终端等子系统。

学校在智慧教室实际工程建设项目中，可根据自身需求和经费情况有所取舍，但应该做好智慧教室的可继承性、可持续性建设规划。

②教学资源共享与网络教学服务。教学资源共享与网络教学服务旨在实现校内及校与校之间数字教学资源充分共享、有效应用，一般包含数字教学资源中心、网络课程管理与共享服务、校际资源与课程共享服务、基于共享资源的网络教学服务，以及针对数字资源、网络课程及网络教学的评价服务等。

在具体实现上，教学资源共享与网络教学服务应融入职业院校日常教学及专业建设的各类教学服务类信息系统之中，并且能够通过校内云服务模式或数据融合模式实现教学资源、网络课程在不同教学服务类信息系统中的共享，避免出现教学资源和网络课程资源的“孤岛”化建设。

通过教学大数据分析等方法可以提前预知学习者潜在的学习需求，学习者通过资源订阅和智能推送的方式第一时间获取最新的学习资源，实现了教与学的立体沟通与交流，提供了个性化学习支撑条件，形成了智慧化的在线教学环境。

根据教育部职业院校教学发展的相关政策要求，教学资源共享与网络教学服务应在以下领域逐步加以深入应用：学校的公共基础课教学建设与发展、德育及素质教育建设与发展、专业建设资源管理与共享服务、在线开放课程建设与教学服务、专业建设指导委员会信息化服务、名师及大师工作室网络教学空间、现代学徒制网络化服务体系建设、校企合作实训基地服务体系建设、顶岗实习远程教学服务体系建设、校企合作订单班网络教学服务、技能高考网络教学与资源服务、技能大赛资源共享与教学服务、双创教育资源共享与教学服务、面向师生的网络学习空间人人通建设等。

以上各类教学服务类信息系统，可以由学校建设统一平台供各专业、教学单位或业务部门使用，也可以由各重点专业根据自己项目的建设要求，独立进行建设。建设的教学服务信息系统，应实现与学校大数据中心应用系统的集成。

③实习实训教学信息化。学校及各重点建设专业，能够有效利用互联网、物联网、移动通信网实现学生实习实训教学服务，为参加实习实训学生提供在线学习、考核、交流平台；利用三网联动技术实现实习实训教学活动过程监控、信息管理以及在线远程观摩示范等，包括实习实训考勤管理、实习实训人员管理、实习实训项目管理、实习实训设备管理、实习实训教学管理和实习实训评价评估等。

仿真实训系统环境是利用计算机虚拟现实技术、仪器设备、模型，以及利用场地、环境的布置，通过仿真实验软件、仿真实训软件和仿真实习软件等仿真实训教学资源模拟出真实的工作环境、工作程序和动作要求，支持模拟生产、教学实训和考核鉴定等教学活动。

学校在重点专业及专业群的建设中，可根据自身需求进行不同类型的仿真实训系统环境的建设。

④远程职业培训服务。学校应建立远程职业培训服务体系，为非职业院校学员职业技能的持续提升提供在线学习服务，支持职业院校开展社区终身学习、高新技术培训、公益性培训、专业提升拓展型培训、岗位资格认证型培训、培训与学历（位）结合型培训等活动，通过数据分析挖掘可实时掌控培训开展情况和培训结果，为每一位学习者建立对应的学习档案，为职业培训服务工作提供智慧化的决策支持服务，最终使职业院校有效履行其社会服务职能。

学校在建立远程职业培训服务体系时，可以采用建立校一级远程职业培训系统来实现，也可以在具有相关应用服务的教学资源共享与网络教学服务系统中实现。

（3）智慧校园与数字校园在教学环境信息化上的差异

智慧校园与数字校园在教学环境信息化上的差异如表 2–6 所示。

表 2–6　智慧校园与数字校园教学环境信息化的差异

<table>
<tr><th colspan="2">校园信息化的核心构成体系</th><th>数字校园</th><th>智慧校园</th></tr>
<tr><td rowspan="3">教学环境信息化</td><td>多媒体教室或智慧教室</td><td>以多媒体教室建设为主</td><td>重点建设基于物联网、云服务、虚拟技术、大数据技术的智慧教室，并逐步实现人工智能化</td></tr>
<tr><td>各类教学资源共享与网络教学服务系统</td><td rowspan="2">1. 实现了基于基础互联网和移动互联网的教学应用，部分实现了云资源共享与教学服务；
2. 在实训教学环境建设中，物联网和虚拟技术开始得到了普遍应用；
3. 不同网络教学平台之间、不同实训教学环境之间的数据融合与综合应用状态较差</td><td rowspan="2">综合移动技术、云资源服务、虚拟技术、大数据和人工智能技术，构建新型教学模式，重构教学流程，并开展教学过程监测、学情分析和学业水平诊断，建立基于大数据的多维度综合性智能评价，精准评估教与学的绩效，实现因材施教</td></tr>
<tr><td>实习实训教学服务，包括数字化技能教室、虚拟仿真实训室、互动体验室等仿真实训环境建设</td></tr>
</table>

（4）案例分析

①案例一：以智慧教室为主体的智慧教学环境建设案例。武汉某中等职业学校，在建设多间多媒体智慧教室的基础上，给每一间教室都安装摄像头、传感器等感知监控设备，可以对上课全过程进行督查，同时建设智能控制中台，可对设备运行情况和故障进行实时处理和排查，通过智能管理后台可对教室中教学设备的工作状态以及各项指标的信息进行持续的升级和更新。

因此，该学校的智慧教学环境属于第一级，即基础型智慧教学环境，可以进行常规的教学活动。有些基础型校园还可以根据教室内的环境情况进行智能调节。比如：空气湿度较低，智能开启加湿器；室内温度较高，智能开启冷风等。

②案例二：以网络教学分析平台为主体的智慧教学环境建设案例。武汉某高等职业院校，在智慧教室建设基础上，建设了网络教学及分析平台来辅助课堂教学，教师和学生可不局限于教室环境开展教学活动，包括在线进行答疑、开展讨论、测试并在线批阅作业等互动活动；同时借助虚拟仿真软件、同屏教学管理系统等同步课堂环境进行教学互动，在平台上所产生的教学过程都可转化为数据自动存储和汇聚到教学数据分析中心，通过教学数据分析可形成学习情况分析报表，为教学决策提供数据支撑。

因此，该学校的智慧教学环境建设属于第二级，即拓展型智慧教学环境，该学校除了可以进行常规教学活动外，还可以进行案例教学及远程教学。

③案例三：以智能实训为主体的智慧教学环境建设案例。武汉某本科院校，在智慧教室、智慧教学软件平台的建设基础上，提出可视化智慧校园平台的建设思路，基于校园物理环境，以真实校园整体为基础，利用网络技术完成了校园的可视化地理信息系统空间位置的搭建；实现了校园室内外一体化地图＋2.5D虚拟仿真＋VR全景漫游多维度的虚拟展示和呈现，并在此基础上完成了校园更加具象立体的物理网络线路、校园AP（Access Point，无线接入点）设备、无线接入点设备、汇聚交换机、多媒体教室、标准化考场等数据可视化；结合可视化位置服务平台，实现基于空间位置的可视化消防巡更、可视化安防巡查、可视化视频调阅、三维可视化地下管网等应用的打造。

因此，该本科院校的智慧教学环境建设属于第三级，即高级型智慧教学环境，该学校除了可以进行常规教学活动、远程教学外，还可以进行实践实训教学和课堂教学管理决策分析等。

2.3.2 智慧校园的教学资源

智慧教学资源是智慧校园的重要功能单元，使用者可以通过多种接入方式访问资源管理平台，并搜索、浏览或下载所需资源。智慧教学资源总体架构如图 2–5 所示，分为基础设施层、支撑平台层、应用平台层、应用终端和信息安全体系五部分。其总体架构与智慧校园的总体架构除应用平台层之外，其他模块完全相同。

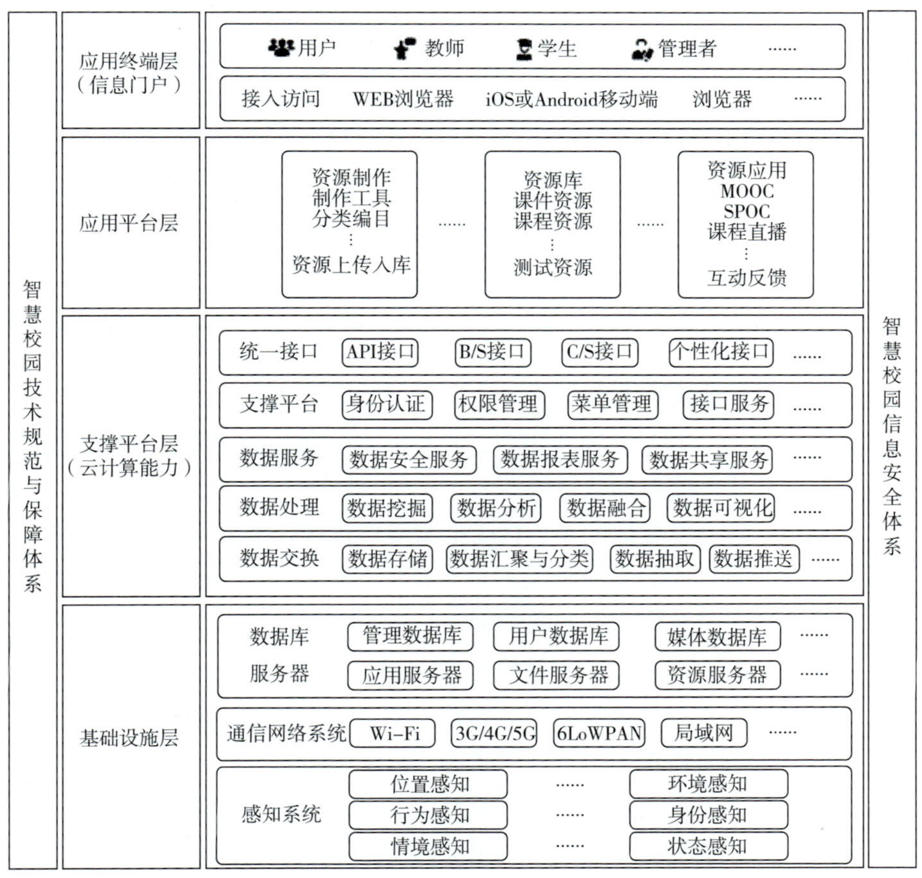

图 2–5 独立部署的智慧教学资源架构

本节主要介绍智慧校园资源的应用平台层建设内容，智慧教学资源应用层包括资源制作、资源库、资源应用等应用单元，这些应用单元需在各类教学服务类信息系统中进行功能性实现。

（1）教学资源的分类

智慧教学资源分类如表 2–7 所示。

表 2–7　智慧教学资源的分类

分类标准	类　型
内容形式	教学素材、教学课件、网络课程、虚拟仿真系统、教育游戏、教学案例、数字图书、数字教材、教学工具和学习网站，共计十大类
来源	校本资源、引进资源、开放资源、国家公共教育资源
媒体类型	文字、图片、视频、音频、动画（2D、3D）、应用、综合
CELTS 分类	媒体素材、试题、试卷、课件、案例、文献资料、网络课程、常见问题解答和资源目录索引九大类
生产方式	预设型学习资源、生成型学习资源

（2）教学资源的来源

①开放资源：基于非商业用途，执行开放资源版权要求，借助网络信息技术自由使用和修改的数字资源。

②引进资源：学校以购买、接受捐赠等形式从校外引入的教学资源。

③校本资源：学校自主开发的具有自主版权的资源，包括学校自主建设或与企业等单位合作研发的教学资源。

（3）教学资源建设与应用的原则与要求

①开放资源的应用原则：一是提倡对开放资源进行有目的的再加工，使之完全符合教学需求；二是版权清晰、来源明确。

②引进资源的实施原则：一是确认是否存在开放性资源；二是联合相关职业院校，实施联合引进，以降低引进成本；三是将引进资源计划纳入院校资源建设整体规划，防止盲目引进、跟风引进；四是从实际需求出发，有效利用资金，优先引进解决教学中进不去、看不见、动不了和高危险、

高耗能、高污染的实践性教学资源。

③校本资源的建设原则：一是确认是否存在开放资源、引进资源。二是确认校本资源具有一定的应用群体、一定的应用寿命；三是确认具有日常维护、可持续开发的资金支持；四是确认可以组织科学、高效的开发团队；五是进行有效的教学设计并采用主流技术；六是制定资源建设、应用标准及推广方案。

（4）通用性基础资源

①通用性基础资源的分类。本标准所界定的通用性基础资源是指CELTS-41.1 2002-09 中所说的教育资源，其含义为以数字信号在互联网上进行传输的教育信息。通用性基础资源有九类：媒体素材、试题、试卷、课件、案例、文献资料、网络课程、常见问题解答和资源目录索引。

第一，媒体素材：是传播教学信息的基本材料单元，可分为五种：文本类素材、图形/图像类素材、音频类素材、视频类素材和动画类素材。

第二，试题：是测试中使用的问题、选项、正确答案、得分点和输出结果等的集合。

第三，试卷：是用于进行多种类型测试的典型成套试题。

第四，课件：是对一个或几个知识点实施相对完整教学的用于教育、教学的软件，根据运行平台划分，可分为网络版的课件和单机运行的课件，网络版的课件能在标准浏览器中运行，并且能通过网络教学环境被大家共享，单机运行的课件可通过网络下载后在本地计算机上运行。

第五，案例：是指由各种媒体元素组合表现的有现实指导意义和教学意义的代表性事件或现象。

第六，文献资料：是指有关教育方面的政策、法规、条例、规章制度，对重大事件的记录、重要文章、书籍等。

第七，网络课程：是通过网络表现的教学内容及实施的教学活动的总和，它包括两个组成部分，即按一定的教学目标、教学策略组织起来的教学内容和网络教学支撑环境。

第八，常见问题解答：是针对某一具体领域最常出现的问题给出全面的解答。

第九，资源目录索引：是列出某一领域中相关的网络资源地址链接和非网络资源的索引。

②通用基础资源的制作与应用。通用基础资源制作包括实时生成资源和课下加工制作资源两个方面。

第一，资源实时生成：可以实现实时生成资源及其即时分类编目；实时生成资源具备同步上传存入资源数据库的条件。

第二，资源加工制作：根据教学设计需求，建立完备的编辑、加工的工具库、素材库；对加工制作的资源设置即时分类编目；为加工制作的资源提供同步上传存入资源数据库的条件。

通用基础资源应用包括资源访问和在线学习两个方面。资源访问的具体要求包括：一是根据权限支持用户在不同操作系统平台以及主流浏览器等进行访问管理，用户无需安装插件即可通过浏览器访问平台的资源；二是具有移动端 APP 功能；三是开放权限，为用户提供统一的检索目录，促进资源交易交换，提高资源流通效率；四是根据权限，支持用户对需求资源的实时浏览、下载支持视频无插件播放。在线学习的具体要求包括：一是在线课程，即支持 MOOC 大规模在线课程和 SPOC 小规模限制性在线课程应用模式等；二是现场直播，即实时生成资源支持网络或微信现场同步直播；三是互动反馈，即支持在线讨论、辅导、答疑和相互评价。

（5）仿真实训资源

广义来说，一切可用于职业教育教学实践环节的数字化资源均可成为仿真实训资源。仿真实训资源更多表现为专业类资源，体现职业院校的教学要求。提倡构建基于互联网的仿真实训资源，以便大范围共享应用。根据实践环节的不同，仿真实训资源可以分为仿真实验软件、仿真实训软件和仿真实习软件。

①仿真实验软件。仿真实验软件是指将多媒体技术应用于实验环节中，以期达到观察现象、学会方法、自主操作的效果，其主要教学目的是验证理论、巩固知识、培养兴趣以及培养分析问题与解决问题的能力。软件的技术实现应以多媒体为主，使实验对象变静为动，变平面为立体，变抽象的符号、图纸、文字为具有真实感的三维实物。

②仿真实训软件。仿真实训软件是指应用于职业技能训练过程的软件，以达到熟悉操作、技能养成的目的。仿真实训软件可支持学生对实训环境

（包括工具、设备、实训场所、企业生产流程与数据）进行认知，以二维动画、三维可视化控制技术与三维建模渲染为主，注重交互性；实训项目可针对专业/工种的核心技能而设计，根据训练核心技能的需要，设置若干个任务、模块（单元），按照技能点层层展开。

③仿真实习软件。仿真实习软件指用于生产性实习中的仿真软件，主要目的是缓解下厂实习难的问题。仿真实习软件能支持学生对真实的生产环境，包括对工具、设备、生产环境、企业生产流程与数据进行认知。

（6）智慧校园与数字校园在教学资源信息化上的差异

智慧校园与数字校园在教学资源信息化上的差异见表 2–8。

表 2–8　智慧校园与数字校园在教学资源信息化上的差异

校园信息化的核心构成体系		数字校园	智慧校园
教学资源信息化	通用性基础资源	普遍使用通用性基础资源，包括媒体素材、试题、试卷、课件、案例、文献资料、网络课程、常见问题解答和资源目录索引	1. 注重使用虚拟技术进行资源的开发与应用； 2. 各类仿真实训资源及应用向智能化教学服务发展； 3. 普遍实现各类数字资源应用状态的智能化分析与推送
	仿真实训资源，包括仿真实验软件、仿真实训软件、仿真实习软件等	有一定的仿真实训资源的开发和使用基础	

2.3.3　智慧校园管理

智慧校园管理可以作为智慧校园总体架构的一部分进行构建，也可以独立进行部署，进行独立部署的智慧校园管理总体架构如图 2–6 所示，主要包括基础设施层、支撑平台层、应用平台层、应用终端层以及信息安全体系等。其总体架构与智慧校园的总体架构除应用平台层之外，其他模块完全相同。

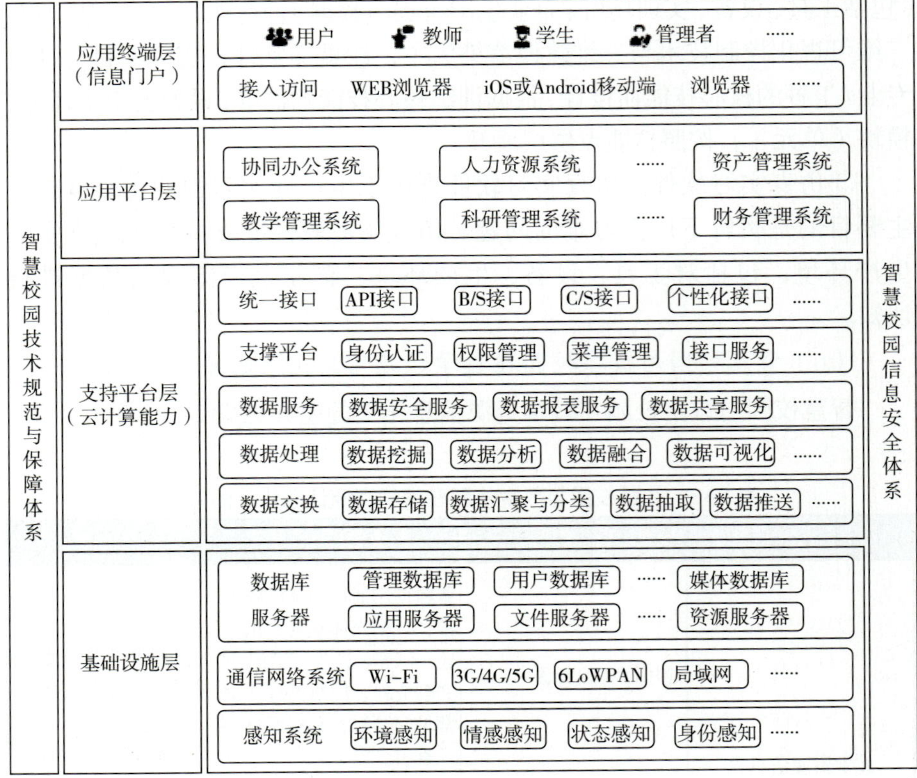

图 2-6 独立部署的智慧校园管理架构

（1）智慧校园管理应用平台层建设内容

智慧校园管理应用平台层是智慧校园管理与服务的内容体现，在支撑平台层的基础上，构建智慧教学资源管理与服务等应用，为在线用户提供支撑服务。对于不同的学校类型，智慧校园管理有着不同的应用与侧重点。对于职业院校而言，应用平台层各类系统主要提供以下九个方面的服务。

①决策支持应用服务。学校的决策支持服务体系（示意图见图 2-7），应基于智慧校园的支撑平台层即大数据中心进行建设。决策支持服务体系的建设目标是面向职业院校决策层、各业务部门、教学单位甚至教师，通过校园数据沉淀和大数据服务，及时动态提供办学理念、办学条件、管理状态、师资队伍、教学质量、科研水平、后勤保障、学生风貌等各方面的现状数据，并能够进行在线数据分析和图形呈现，为学校的发展决策、管理与教学工作提供有力的动态数据支撑。同时，也可以为学生、教职员工

以及校外人员提供快捷的网络信息综合服务。

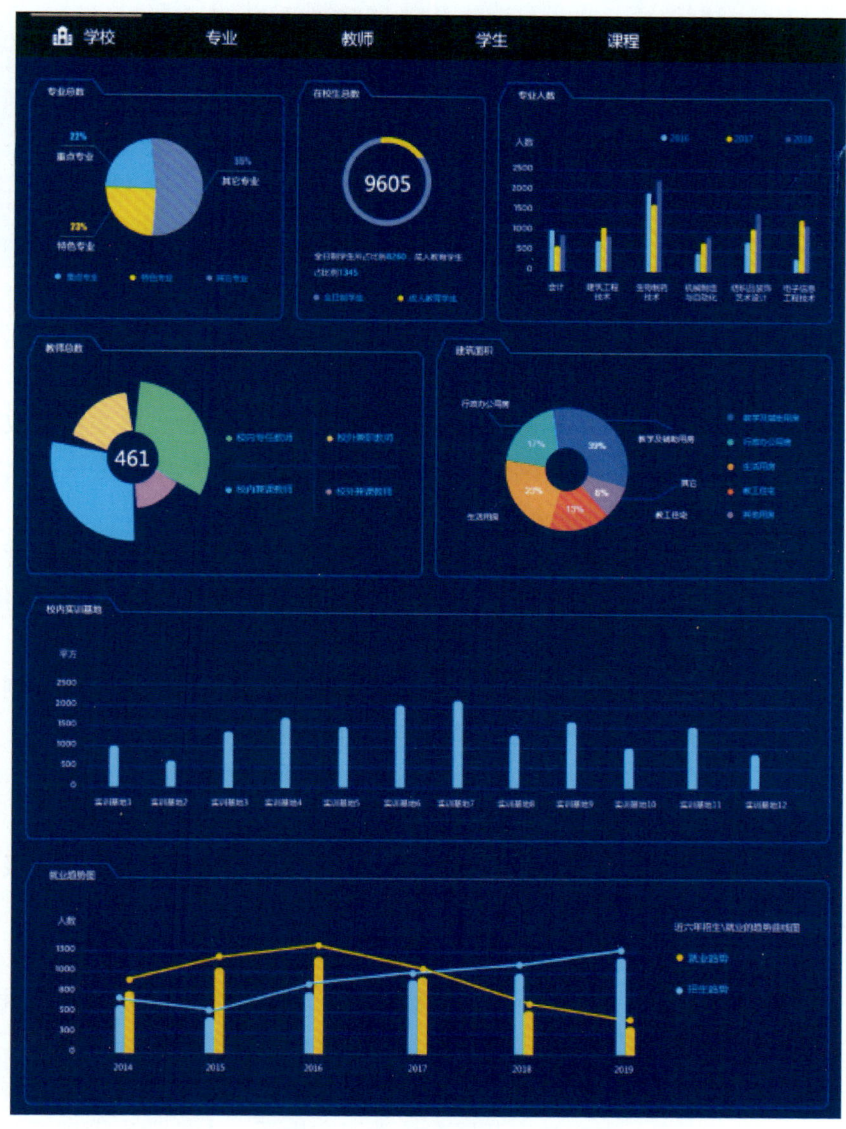

图 2-7　决策支持信息综合服务应用示意图

职业院校决策支持服务体系的建设，应有效落实教育部在职业院校管理水平提升、职业院校教学工作诊断与改进等两方面的建设工作要求。决策支持信息综合服务的核心功能见图 2-8。

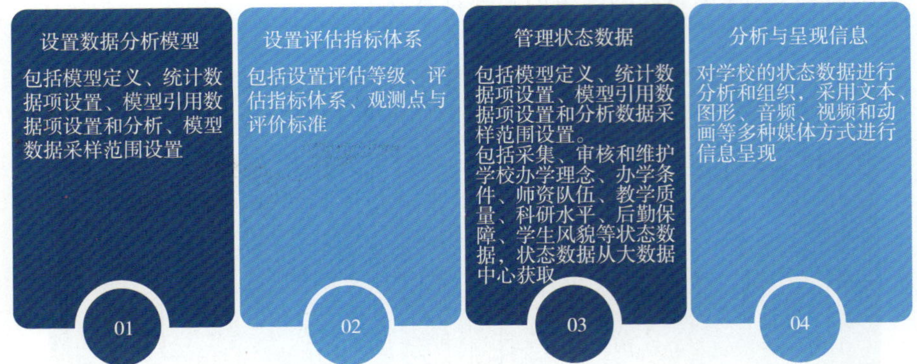

图 2–8　决策支持信息综合服务的核心功能

学校决策支持服务中心可以与智慧校园运维管理平台、各类校园数字通信服务（含数字广播服务、网络电视服务、数字宣传服务、数字会议系统）、数字安防系统的中央控制环境一起，进行融合性规划与建设。

②教学管理服务。教学管理服务通过信息管理和过程管理对教学管理工作中的主要教学活动进行信息化支持，实现教学管理的规范化和科学化。教学管理系统包括教师指南、学生指南、教务管理等模块。

依据学校教务管理的体制不同，教学管理服务分为学年制、学分制和学年学分制三种类型。教学管理服务的功能设计具体如下：

第一，支持教学管理过程的主要环节，包括教学计划、教学任务、排课选课、考试、成绩、毕业审查和教学评价等。

第二，支持校级及其下级单位之间，如校、系部（专业）等的多级管理模式。

第三，教学管理服务的类型应与教学管理模式相匹配。

第四，应具备教务公告、专业信息、培养方案，课程信息、教学过程、教室资源、SRT. 学生三助和表格下载与数据统计等功能模块。

③学生管理服务。学生管理服务以学生招生、入学、在校、就业、离校的全过程为线索，支持学生开展在校学习和生活，支持学生管理部门开展各项管理工作。通过实时采集的学生各方面状态数据和分析模型，可形成学生个性化档案，便于学校开展学生管理工作。

学生管理服务的功能设计具体如下：

第一，招生阶段的管理应涵盖不同类型学生招生过程中的主要环节，包括招生计划、报名、入学考试、录取等。

第二，入学阶段的管理应实现新生入学过程中各个环节的管理，包括新生信息、新生分班、新生注册等。

第三，在校阶段的学生管理应实现对学生在校（包括学生校外实习）期间的学习、生活等各类信息的管理，包括学生宿舍、评奖评优、违纪处分、奖助贷、保险理赔、学生档案、辅导员考核、综合素质测评、心理健康咨询等方面。

第四，就业阶段的管理应实现毕业流程和相关毕业信息的管理，此外应为毕业生和就业单位建立一座信息桥梁，包括就业单位、招聘会、毕业去向、就业情况等信息的管理。

第五，离校管理实现毕业生离校各个环节在线办理及校友管理。

④教科研管理服务。教科研管理服务针对学校日常科研活动的各个环节进行管理，整合学校教科研相关资源，为从事教科研的教师和学生提供教科研资源调度和信息服务支持，为学校教科研管理部门提供教科研管理决策支持。教科研管理服务的功能设计具体如下：

第一，对校内教科研机构（包括实体机构与非实体机构）及校外联合研究机构的筹划、申请、申报、审核等进行管理。

第二，对校内教科研人员及校外教科研专家的信息进行管理。

第三，对教科研项目从项目申报、项目立项、项目中期检查到项目结项的全流程进行管理。

第四，对教科研项目的经费预算、经费到账、报销支出、经费决算进行管理。

第五，对刊物论文、会议论文、著作成果、专利成果、鉴定成果、获奖成果等教科研成果进行管理。

第六，对论文、专利、著作、作品、鉴定成果、报奖成果等进行获奖情况的管理。

第七，对各类教科研活动的管理。

第八，对教科研人员的工作建立量化指标并进行考核。

⑤人力资源管理服务。人力资源管理服务以教职工为核心，整合学校各部门的人力资源信息，为人力资源管理部门和教职工提供信息化管理和服务。通过数据挖掘和分析，为学校教职员工形成电子档案，为人力资源管理部门提供各类直观的学校人力资源情况统计报表。

人力资源管理服务的功能设计具体如下：

第一，实现招聘管理，支持制订招聘计划、报名、应聘考核与审批的管理。

第二，实现入职基本流程的管理。

第三，对校内教职工、校外兼职人员、校外兼课、临时人员等人员的基本信息进行管理，对校内教职工的年度考核情况、进修培训信息、获奖信息、职业资格证书、劳资信息、职称与专业能力等进行管理。

第四，实现离职基本流程的管理。

第五，实现面向学校教职员工的在线校本培训，包括培训课程的建设、在线自主学习、在线培训、考核与评价。

第六，对党组织信息、党员信息、党费信息、党校培训信息等进行管理。

⑥办公自动化服务。办公自动化服务以表单或文档流转方式进行相关工作流程的执行，完成业务知识的积累和储存，为非固化业务工作的开展、非结构化信息的共享提供支撑，面向职业院校日常管理中办公室的业务提供信息化的支持。通过办公流程引擎运行可将学校日常办公业务固化为在线办公模式，工作过程和结果一目了然，可追溯性强，提高了日常办公的时效性。

办公自动化服务的功能设计具体如下：

第一，支持对公文流转过程中的收文、发文、督办、请示报告等进行管理。

第二，支持对会议安排信息、会议室信息等进行管理。

第三，支持对车辆申请、审批、计划、调度、派车过程的管理。

第四，支持对单位的用印进行申请、审批、登记，实行规范化管理。

第五，支持对来访人员的接待信息进行管理。

第六，根据学校自身情况，支持对新闻动态内容分类，并对不同类别的新闻指定相应的人员进行管理。

第七，提供统一的通信平台，实现通信录、电子邮件、短信、即时通信工具的集成。

⑦财务管理服务。财务管理服务将学校财务管理、监督、控制、服务融为一体，为学校各级财务人员、财务主管、学生、教师和学校领导提供信息化财务环境。财务管理服务的功能设计具体如下：

第一，支持对学校内部日常凭证、账簿的管理。

第二，对经费自给率、资产负债率、人员支出占事业支出的比率、公用支出占事业支出的比率等账务信息进行分析。

第三，对学校各部门的报销、资产、负债、工资、项目经费等总账在会计期间内进行分类核算。

第四，对学生的收发费用进行管理。

第五，对学校教职工的工资计算、代发等进行管理。

第六，对学校的报销信息、报销的审核流程进行管理。

⑧设备资产管理服务。设备资产管理服务支持管理学校各类设备和资产，使设备和资产资源更好地服务于学校的教学、科研、管理、服务、校园文化生活。通过物联网感知系统和大数据分析手段可直观呈现学校设备资产运维管理状态，可实现学校设备资产管理智慧化。

设备资产管理服务的功能设计具体如下：

第一，对学校多媒体教室、实验室、数字化技能教室、虚拟仿真实训室、大场景虚拟仿真实训室、互动体验室、会议室、运动场馆等的仪器设备、人员等进行信息化管理。

第二，对学校设备购置审批、设备购置合同以及大型设备和低值易耗品进行信息化管理。

第三，对学校教学用房、科研用房、办公用房、生活用房等进行信息化管理。

第四，对学校的各类用地进行信息化管理。

第五，对学校的专利、著作权、商标权、非专利技术、信誉、土地使用权等无形资产进行信息化管理。

⑨学校后勤服务。学校后勤服务针对学校后勤相关工作的管理和服务提供信息化支持，以保障学校的教学、科研、管理等工作顺利进行。可通过物联网感知设备实时采集各项后勤管理对象的运维数据，并进行数据挖掘与分析，提供各类预警和统计功能，使学校后勤管理工作便捷化、智慧化。

学校后勤服务的功能设计具体如下：

第一，提供物业信息的管理、查询与统计服务。

第二，提供修缮信息的管理、查询与统计服务。

第三，提供饮食信息的管理、查询与统计服务。

（2）智慧校园管理分级标准

智慧校园管理可以按照学校所建设的业务内容进行分类，大体分为三类（三级），分别为基础型、拓展型和高级型。具体分类标准见表 2–9。

表 2-9　智慧校园管理的分级及业务内容

业务内容	基础型（一级）	拓展型（二级）	高级型（三级）
办公自动化服务	必选	必选	必选
人力资源管理服务	可选	可选	必选
财务管理服务	可选	必选	必选
设备资产管理服务	可选	可选	必选
学校后勤服务			
档案管理服务			
教学管理服务	可选	必选	必选
教科研管理服务	—	必选	必选
学生管理服务			

各级各类院校智慧校园管理应达到以下要求：

①基础教育学校应不低于基础型要求。

②中等职业教育学校应不低于拓展型要求。

③高等教育院校应不低于高级型要求。

（3）智慧校园与数字校园在学校管理信息化上的差异

智慧校园与数字校园在学校管理信息化上的差异见表 2-10。

表 2-10　智慧校园与数字校园在学校管理信息化上的差异

<table>
<tr><th colspan="2">校园信息化的核心构成体系</th><th>数字校园</th><th>智慧校园</th></tr>
<tr><td rowspan="11">学校管理信息化</td><td>决策支持信息综合服务</td><td rowspan="11">基本实现了基于基础互联网及移动互联网的管理信息化应用，但是，人工参与数据录入、采集、管理和分析的比重较大，信息孤岛状态比较严重</td><td rowspan="11">1. 基于大数据中心解决了信息孤岛问题；
2. 实现了管理数据采集、管理、分析、应用和预测的智能化；
3. 能够为各管理岗位及教师个人、校内学生、校外人员等各类对象提供个性化的大数据服务与智能化服务支持</td></tr>
<tr><td>决策支持服务中心</td></tr>
<tr><td>教学管理服务</td></tr>
<tr><td>学生管理服务</td></tr>
<tr><td>教科研管理服务</td></tr>
<tr><td>人力资源管理服务</td></tr>
<tr><td>办公自动化服务</td></tr>
<tr><td>财务管理服务</td></tr>
<tr><td>设备资产管理服务</td></tr>
<tr><td>后勤信息管理服务</td></tr>
<tr><td>校企合作服务</td></tr>
</table>

2.3.4 智慧校园的服务

智慧校园的服务是指以信息技术为手段，为教学提供基于互联网的智慧校园公共服务支撑体系，它可以作为智慧校园总体架构的一部分进行构建，也可以独立进行部署。进行独立部署的智慧校园服务总体框架如图 2-9 所示，分为基础设施层、支撑平台层、应用平台层、应用终端层和信息安全体系、条件保障体系等。其总体架构与智慧校园的总体架构除应用平台层之外，其他模块完全相同。

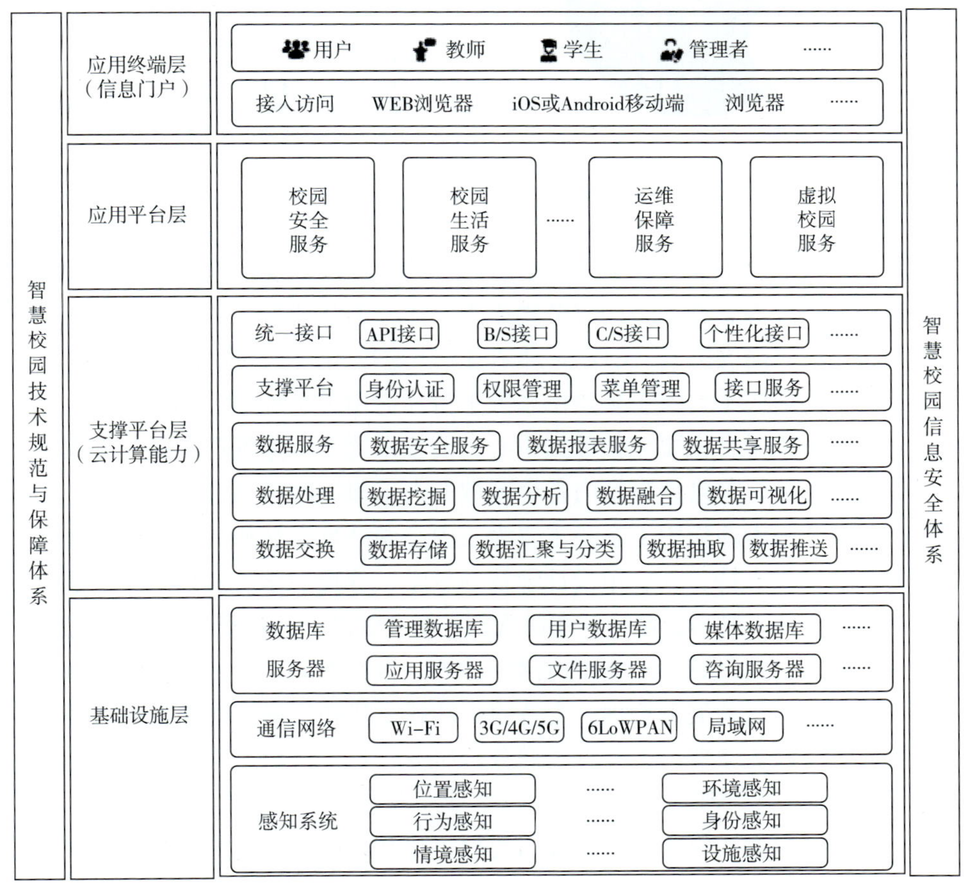

图 2-9 独立部署的智慧校园的服务架构

（1）智慧校园服务应用平台层建设内容

智慧校园服务的应用平台层是智慧校园服务的具体内容体现，在支撑平台层的基础上，构建智慧校园服务体系的管理和服务等应用，为在线用户提供支撑服务。对于职业院校而言，常见的智慧校园可以包括以下服务（见图 2–10）。

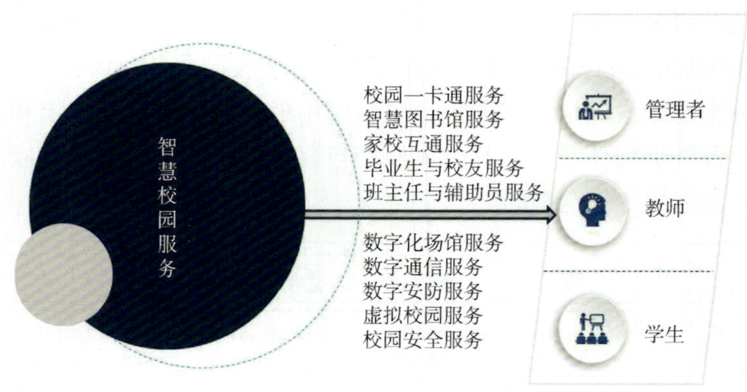

图 2–10　智慧校园服务建设内容

①校园一卡通服务。校园一卡通服务将校内用户身份识别、校内小额金融结算、校务管理、金融服务集成为一体，为学校潜在的信息化应用建立关联或集成提供接口，实现“一卡在手，走遍校园，一卡通用，一卡多用”。校园一卡通应用平台层主要是由系统平台和应用子系统两大部分组成。校园一卡通系统平台主要包括数据中心，前置系统，卡务管理和第三方业务接口四个部分，与延伸在校内各个区域的人工服务网点和自助服务设施相对接。校园一卡通应用子系统主要为校内小额结算交易和具备身份认证需求的系统提供支持，其应用设计学校的教学、管理、学习、科研、生活的各个方面，其主要功能包括：注册管理、缴费管理、迎新离校、门禁管理、水（电）管理、餐饮服务、校内消费、乘车、自助查询、图书、医疗、上机、考勤、洗衣、运动健身管理、支持银行转账、代扣代缴、财务报销认证、手机充值、电话缴费、校园电子商务等服务，具备持卡人分级权限管理、持卡人信息黑名单管理、财务管理、各类分析报表等功能。

校园一卡通，应基于智慧校园的数字化基础设施与支撑平台进行规划设计与部署。同时，在校园一卡通建设的过程中扩展建设和形成的计算资源、网络通信、感知系统、物联网技术设施、终端设备等资源，都应纳入学校智慧校园基础设施资源进行统筹管理与应用。校园一卡通应重点发展基于人工智能的多种形式的身份识别和认证机制，如人脸识别等，从而实现一卡通的“虚拟”化应用。

②智慧图书馆服务。智慧图书馆是一种以数字化、网络化、智能化的信息科学为基本手段，具有更加高效和便利特点的图书馆运行模式，它最本真的追求是用最绿色的方式和数字化的手段来实现阅读。图书馆的智慧服务通常是指在合适的时间、合适的地点以合适的方式向读者提供其所需的资源或服务（如图 2-11 所示），是图书馆、智能化设备、云计算和物联网的一个有机结合体，整个过程是以一种自动的、人性化的、交互式的和个性化的方式提供，读者只需提出服务请求，或输入查询指令，系统就能通过历史信息、聚类信息或其他数据分析感知读者的需求并提供相应服务，通过物联网技术来实现智慧化的服务和管理。

图 2-11　智慧图书馆服务

智慧图书馆系统模块包含出入口一卡通门禁认证器、读者自助借阅系统、馆员工作站读取器、便携式馆藏点检器、智能流通标签转换连接工作站、读者自助还书系统、手机移动图书馆、智能安全监测系统、应用服务器及校园借阅信息提示器。整个图书馆射频识别智能馆藏系统应用软件包括：射频识别图书标签、借阅信息提示系统、智能安全检测系统、便携式馆藏点检系统、标签转换系统、管员工作站、自助还书系统、电子阅览室认证系统。

智慧图书馆服务应具备以下四个基本特征，见图 2-12。

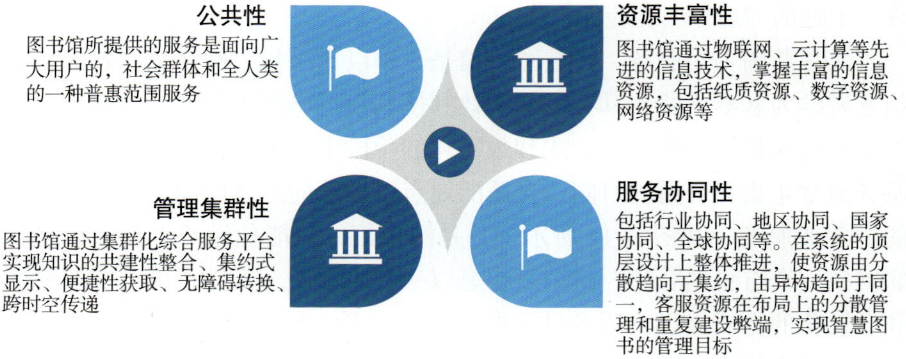

图 2-12　智慧图书馆服务的四个基本特征

智慧图书馆系统的组成及功能如表 2-11 所示。

表 2-11　智慧图书馆系统的组成

序号	组成部分	功能描述
1	射频识别图书标签	每一本书的信息可以存储在高品质及大容量的芯片数据存储空间中，这些数据可以不经过任何直接接触：射频识别图书标签稳定，可以使用 10 年以上；温度、光线不会对其使用产生影响，即使标签脏污、表面磨损也不会对使用造成影响。标签可写入的信息包括图书身份（ID 号码），图书信息（书名、书号等），所属图书馆身份，所属书架信息，借阅者信息，借阅日期及更多其他内容
2	借阅信息提示系统	使用一卡通认证可快速查询图书借阅时间信息，设备可独立工作，可在校园各处部署
3	智能安全检测系统	使用一卡通进行人员出入门禁的安全认证，同时检测是否有遗漏处理的系统图书带出；具有声音、灯光提示报警功能
4	便携式馆藏点检系统	支持图书快速查找、顺架功能；支持盘点业务的快速数据采集；具备数据备份和恢复功能，可离线工作
5	标签转换系统	条码信息扫描与射频识别标签信息写入同时自动完成；无线移动方式的设计使标签转换作业能在各书架前完成；支持可选的标签数据加密
6	馆员工作站	在线设备的实时监控管理；为读者提供更多更好的增值服务；辅助业务处理；提供条码处理兼容功能
7	自助还书系统	读者可自主还书，可在校园各处特别是在教学楼处部署，还书便捷；提供 7x24 小时还书服务功能，人性化的操作提示，可打印还书凭条
8	电子阅览室认证系统	使用一卡通认证，可实现快速认证登记，实现电子化管理

③家校互通服务。家校互通服务，为学生家长提供在线了解学生在校轨迹的记录，实现家校互联和互动数据记录的保存、挖掘和应用等服务。家校互通服务的功能设计具体如下：

第一，提供统一的通信平台，实现通信录、短信、即时通信工具的集成。

第二，提供向家长推送学校通知公告、学生出入学校、日常学习情况、日常生活情况等信息的功能。

第三，通过智能手机平台、短信平台，实现家长与教师间互动交流的功能。

第四，运用家长与学校沟通平台，接受入学、选择专业咨询，提供家庭教育咨询功能，为家长提供指导和建议。

第五，提供家长查询学生在校情况的功能，如课表、成绩、奖惩、考勤、消费等。

④毕业生与校友服务。毕业生与校友服务，是以应届毕业生与往届毕业生为服务对象，提供就业信息服务、就业与岗前培训服务。基于毕业生与校友服务平台，在为校友提供交流与协作发展的公共信息服务的同时，对毕业生及校友的就业信息进行采集与管理，实现面向毕业生的就业信息跟踪与分析应用，促进学校教学能力与水平的提升。学校的学生管理系统应与毕业生与校友服务平台进行对接，以形成毕业生完整的数字化档案。

⑤班主任与辅导员服务。为学校班主任、辅导员的日常工作提供在线学习、师生互动、学生活动组织、心理辅导与咨询、日常工作交流、团员活动等方面的信息化支撑环境。

⑥数字化场馆服务。数字化场馆的建设，可以作为学校智慧校园及重点专业特色化的建设内容与项目。数字化场馆的建设，可以采用学校自建的模式，也可以采用社会（行业企业）构建、学校引入应用的模式。各学校可以基于教育部《职业院校数字校园建设规范（2015）》中的相关要求，按需进行数字化场馆及配套数字化场馆资源的建设。数字化场馆服务如图 2–13 所示。

⑦数字通信服务。学校需基于智慧校园的数字化基础设施与支撑平台，进行数字化通信服务体系的建设。另一方面，学校在进行数字化通信服务体系建设的过程中，扩展建设和形成的计算资源、网络通信、感知系统、

物联网技术设施资源等，都应纳入学校智慧校园基础设施资源进行统筹管理与应用。可以提供的数字化通信包括以下四项服务：

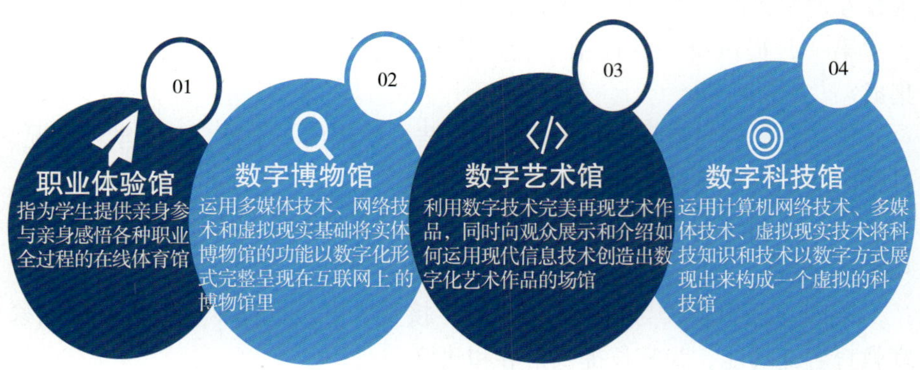

图 2-13　数字化场馆服务

第一，数字广播服务。数字广播系统具有数字化的单向、双向及多向音频扩声系统，数字广播系统除了用于正常的节目广播之外，还要具有分区广播、消防报警、紧急呼叫报警和其他紧急广播的功能。

第二，网络电视服务。以机顶盒、电视或电脑为终端设备，在校园通信系统基础上集流媒体和数据通信于一体，形成校园电视台综合平台，向校园提供包括数字电视直播等交互式服务。

第三，数字宣传服务。由数字宣传平台主机和分布在学校不同地点或区域的终端组成；通过数字宣传平台的主机，可以管理学校的数字化宣传资源库，并可以有序管理和控制各类宣传资源在不同区域、不同类型终端上的播放；数字宣传系统所能播放的宣传资料包括所有常见的多媒体文件类型，播放终端类型包括视频终端、音频终端、声光电效果与场景等。

第四，数字会议服务。会务自动化管理系统集计算机、通信、自动控制、多媒体、图像、音响等技术于一体，将会议报到、发言、表决、翻译、摄像、音响、显示、网络接入等各自独立的子系统有机地连接成一体，由中央控制计算机根据会议议程协调各子系统工作。

⑧数字安防服务。数字安防技术系统是以校园网为传输平台，建设基于 IP 协议，实现对校园视频监控、入侵报警、出入控制、电子巡更、电子监考、消防报警、紧急呼叫（求助）报警、紧急广播系统的统一管理和控制，

形成全方位的、立体式校园安全防范系统，具体见图 2–14。

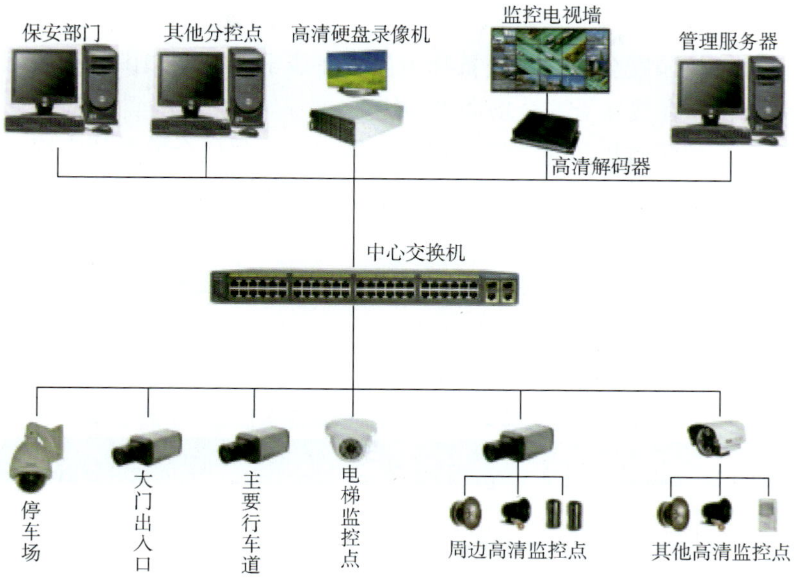

保安部门
其他分控点
高清硬盘录像机
监控电视墙
管理服务器
高清解码器
中心交换机
停车场
大门出入口
主要行车道
电梯监控点
周边高清监控点
其他高清监控点

图 2–14　数字安防服务

⑨虚拟校园服务。基于地理信息系统技术、虚拟现实技术、宽带网络技术、多媒体技术、计算机图形学等高新技术，以真实校园整体（校园布局设计、交通、景观、教学及生活环境、建筑物内外、人文）为蓝本，将校园地理空间信息和其属性信息相结合，构建形成三维可视化的逼真校园环境和景观，为校园展示和校园导航提供支持，具体如图 2–15 所示。

图 2–15　虚拟校园服务

⑩校园安全教育服务。为全体教职员工和在校学生，提供在线安全知

识学习、点播相关安全节目和在线接受安全培训等服务支持，具体包括以下建设内容：

第一，校园安全教育。具备师生员工在线学习安全知识、点播相关安全教育节目和在线接受安全培训等功能。

第二，校园监控。建立校园重要区域、重点部位全覆盖的音视频或视频监控系统及可视化报警系统，具备实时的人员预警管控、车辆预警管控、应急指挥及应急方案等功能。

（2）智慧校园与数字校园在校园服务信息化上的差异

智慧校园与数字校园在校园服务信息化上的差异见表 2–12。

表 2–12　智慧校园与数字校园在校园服务信息化上的差异

<table>
<tr><th colspan="2">校园信息化的核心构成体系</th><th>数字校园</th><th>智慧校园</th></tr>
<tr><td rowspan="5">校园服务信息化</td><td>数字场馆服务，包括数字图书馆服务、职业体验馆服务、数字博物馆服务、数字艺术馆服务、数字科技馆服务等</td><td rowspan="5">在数字校园的发展过程中，校园服务信息化系统建设与应用较少，系统之间的网络通信、数据资源、内容资源共享度不高，智能化程度低</td><td rowspan="5">重视校园服务信息化体系的建设，通过各类新兴技术实现所有校园生活与服务场景向智慧校园线上场景的映射，实现“线下＋线下”一体化生活与服务</td></tr>
<tr><td>校园生活服务，包括校园一卡通服务、家校互通服务、校园文化与后勤服务以及个性化服务等</td></tr>
<tr><td>校园安全服务，包括校园安全教育、校园监控等</td></tr>
<tr><td>运维保障服务，包括日常巡视、现场技术保障、维修保养等</td></tr>
<tr><td>虚拟校园服务</td></tr>
</table>

2.3.5 智慧校园的信息安全

信息安全体系是贯穿智慧校园总体框架多个层面的安全保障系统。智慧校园信息安全体系包含智慧校园安全管理体系、智慧校园安全技术防护体系、智慧校园安全运维体系，其中安全技术防护体系又包括物理安全、网络安全、主机安全、应用安全和数据安全等。智慧校园安全体系不低于GB/T 22240—2008规定的三级要求。

（1）安全技术防护体系的组成

①物理安全：是指从校园网络的物理连接层面进行物理的隔离和保护，包含环境安全和设备安全等部分。

②网络安全：按照信息等级保护的原则，进行逻辑安全区域的划分和防护，包含结构安全、访问控制、安全审计、边界完整性检查、入侵防范、恶意代码防护以及网络设备要求等部分。

③主机安全：信息系统的计算机服务器等部署在安全的物理环境和网络环境。

④应用安全：对智慧校园的各应用系统如科研系统、门户网站、招生系统、校园一卡通系统、教务系统、财务系统等进行技术防护，使之免受攻击。

⑤数据安全：数据安全包括多个层次，如制度安全、技术安全、运算安全、存储安全、传输安全、产品和服务安全等。数据安全防护系统保障数据的保密性、完整性和可用性，按照信息系统安全保护等级，可对数据安全从三面进行保障——对敏感数据进行加密、保障数据传输安全和建立安全分级身份认证。

（2）信息安全防护架构与防护措施要求

①结构安全保障：包括信息网络分域分级，按用户业务划分安全域，并根据安全域支撑的业务，通过有效的路由控制、带宽控制，保障关键业务对网络资源的需求。

②网络行为审计：包括提供可视化管理，对信息网络关键节点上的业务访问进行深度识别与全面审计，提供基于用户、访问行为、系统资源等的监控措施，提升信息网络的透明度。

③边界完整性保护：系统具备与第三方终端系统整合的功能，对非法接入的终端进行识别与阻断。

④攻击和入侵防范：提供基于应用的入侵防范，在实现对攻击行为深度检测的同时，通过应用识别来锁定真实的应用， 并以此为基础进行深度的攻击分析，准确、快捷地定位攻击的类型。

⑤恶意代码防护：提供基于流的病毒过滤技术，具有病毒检测性能，在边界为用户提供恶意代码过滤的同时，有效保障业务的工作连续性。

⑥远程数据安全传输：采用虚拟装用网络技术对远程访问的数据包实施机密性和完整性保护，防止数据在传输过程中被窃取和篡改。

⑦网络安全防护：包括内网防护功能、外网防护功能、VPN 访问控制。

⑧应用访问控制。部署的防火墙设备还根据具体的应用类型来配置访问控制策略，针对用户多业务的特点，区分不同的业务类型，确定外网终端可进行的具体应用，杜绝非法的访问，保障业务访问的合规性。

⑨数据安全防护：数据中心出口针对具体应用，部署入侵防御系统，对访问数据包的内容进行深度检测，提升对攻击检测的准确性。

⑩移动访问安全防护：具备移动身份认证、移动数据安全传输、移动应用控制等功能。

智慧校园信息安全防护架构如图 2–16 所示。

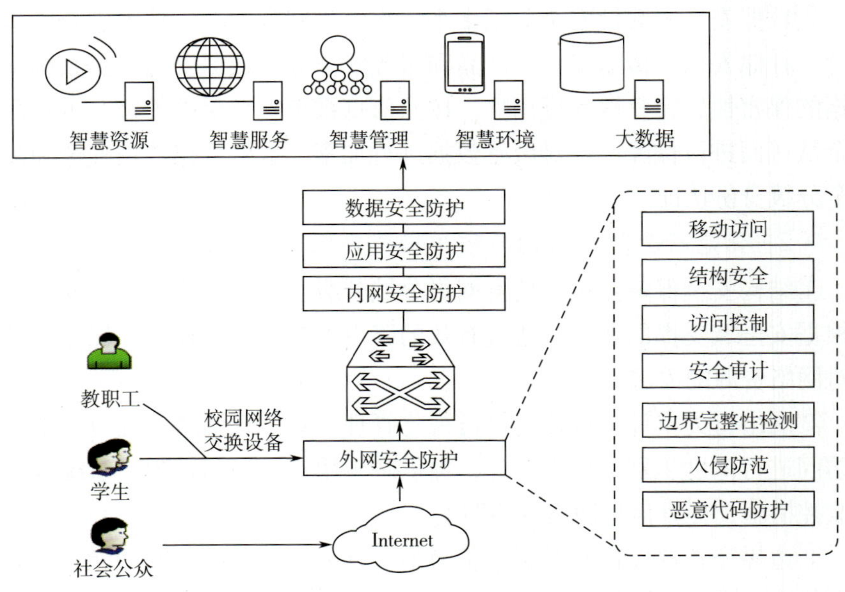

图 2–16　智慧校园信息安全防护架构

（3）智慧校园与数字校园在校园信息系统安全上的差异

智慧校园与数字校园在校园信息系统安全上的差异如表 2–13 所示。

表 2–13　智慧校园与数字校园在校园信息系统安全上的差异

校园信息化的核心构成体系	数字校园	智慧校园
校园信息系统安全	以网络系统安全、计算机系统安全为关注点	全面强化了信息系统的数据安全和应用安全

2.3.6　智慧校园的条件保障

智慧校园的条件保障体系是智慧校园的保障条件，是智慧校园顺利实施、平稳运行和持续发展的前提，也是智慧校园建设的一个重要组成部分。智慧校园的条件保障体系包括智慧校园的技术规范与保障体系，涉及智慧校园的信息化领导力、信息化组织机构、信息化人力资源、信息化政策与规范、信息化建设与应用机制、运维管理体系、安全保障体系等方面，如图 2–17 所示。

（1）信息化领导力

信息化领导力是指校级领导的信息化相关能力与素养，主要由信息化价值的认知能力、信息化工作的调控能力和信息化绩效的评估能力等三部分构成。校级领导通过对信息化工作施加影响力，促进信息化要素充分发挥作用，支持学校的教学创新和管理改革，让信息化建设满足本校的需要。

（2）信息化组织机构

学校应当组建高效的信息化组织机构，以适应信息化引发的学校教学模式创新和业务流程再造等带来的变革需要，保障智慧校园的实施。信息化组织机构由学校网络安全与信息化工作领导小组、学校首席信息官（CIO）、网络安全和信息化工作行政职能处室、数字校园技术部门、学校业务部门以及监理与评价小组组成。

①网络安全与信息化工作领导小组。网络安全与信息化工作领导小组负责制定学校信息化及数字校园的有关政策、制度和规划，研究决定学校信息化及数字校园建设、管理、实施工作中的重大事项，统筹、协调全校信息化及数字校园工作。

②学校首席信息官。学校首席信息官是负责信息化工作的专职领导，其主要职责是明确学校整体信息化发展战略，领导制定数字校园规划和标准，推进信息化环境下的组织体制改革，提升全体师生员工以信息化为新动力持续提升学校核心竞争力的战略共识，协调各个部门的信息化建设与应用。

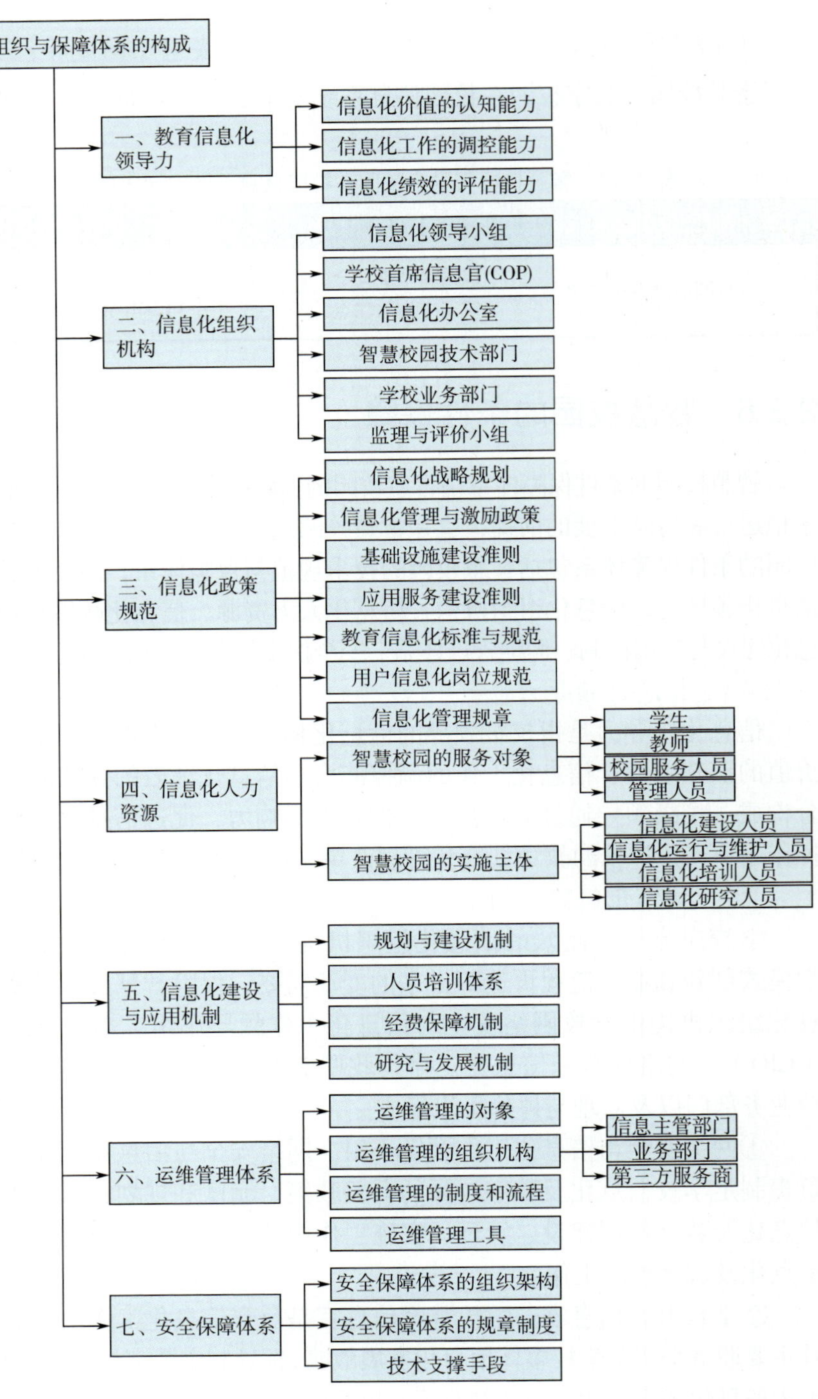

图 2-17　智慧校园的条件保障体系

③网络安全和信息化工作行政职能处室。这是网络安全和信息化常设行政职能机构，负责制定数字校园规划和标准，监控规划的执行，协调学校各部门之间的工作，评价实施效果，协调校内部门与校外机构之间的关系。

④数字校园技术部门。这是建设与运行的主要承担者，负责数字校园规划的实施，包括数字校园建设、运行维护、用户服务与培训，以及数字资源建设、现代教育技术培训等，针对外购系统还需负责和外部机构的协调与合作。

⑤学校业务部门。学校业务部门负责提出业务系统的需求、制定信息化政策、推进业务系统的应用，在业务部门应该设有信息化主管领导和专职信息化人员。

⑥监理与评价小组。监理与评价小组负责技术系统和组织体系建设与应用的监控和评价，协调与校外聘请的专业化机构和相关专家的关系，在数字校园建设与应用的各个阶段提供持续跟踪服务，并将获取的评价意见和建议反馈至相关部门。

（3）信息化政策与规范

①信息化管理与激励政策。应当制定相应的信息化激励政策，鼓励教职员工利用信息技术创新教育教学模式。

②基础设施建设准则。基础设施需符合相关国际和国内标准，并满足智慧校园整体建设、不断扩展、稳定运行的需要，在具体设计中要以应用为驱动、以需求为导向。

③应用服务建设准则。要求：系统的功能设计满足业务部门的需求，符合本校智慧校园规划的要求；系统的技术路线符合本校智慧校园整体技术架构要求；系统的数据结构符合本校智慧校园规范；与相关业务系统接口符合本校智慧校园规范；系统的技术文档齐全规范。

④教育信息化技术与数据标准。在制定本校智慧校园规范时应遵循国家与行业相关标准，包括GB/T 20518—2006、JY/T 1005—2012、JY/T 1006—2012、JY/T 0381—2007、JY/T 0383—2007、CELTS—22、CELTS—24 和 CELTS—3 等。

⑤用户信息化岗位规范。用户信息化岗位规范包括：学校定期对教职员工进行信息化能力考核，考核通过者获得上岗资格；教职员工定期参加智慧校园的培训，增强信息化应用的意识，掌握相关信息系统的操作技

能，提升信息化环境下的业务能力；教职员工定期参加信息化规章制度的宣讲培训，提高信息系统使用的规范性、安全性和保密意识；教职员工定期参加部门之间信息化应用交流活动，增强全校信息资源共享的意识与能力。

⑥信息化管理规章。信息化管理规章是指智慧校园建设与运行过程中应遵循的规章制度，涉及数字校园各个参与主体的职责划分及评价办法。

（4）信息化人力资源

信息化人力资源是数字校园的活动主体，包括两个方面的人员，即智慧校园的服务对象和实施主体。

智慧校园的服务对象包括学生、教师和管理人员，通过持续的应用和培训，使他们的信息化能力分别达到一定的要求。

智慧校园的实施主体包括信息化建设人员、信息化运行与维护人员、信息化培训人员和信息化研究人员，他们的信息化能力分别要求如下。

①信息化建设人员的基本要求，包括将学校智慧校园规划转化为技术方案的能力，信息技术系统顶层设计、需求分析、软件开发的能力，落实规范与规章制度的能力，团队协作与协调能力，技术系统应用效果评价的能力。

②信息化运行与维护人员的基本要求，包括技术系统问题解答与咨询能力，解决技术系统运行故障能力，沟通交流能力。

③信息化培训人员的基本要求，包括进行信息化意识和规范培训的能力，进行信息化基本技能培训的能力，针对应用软件使用培训的能力，结合业务模式的变革促进用户发展的能力，组织实施各类培训工作的能力。

④信息化研究人员的基本要求，包括进行智慧校园规划与设计的能力，起草智慧校园规范与规章的能力，将智慧校园研究的成果转化为实施建议与措施的能力，进行智慧校园评价的能力。

（5）信息化建设与应用机制

信息化建设与应用机制主要包括规划与建设机制、人员培训体系、经费保障机制、研究与发展机制。

①规划与建设机制是指智慧校园的规划与建设是以项目为单元进行的，从项目的规划设计到开发过程都应该提供管理保障机制，具体内容包括以下几个方面：

第一，项目管理流程强调计划与过程管理，应合理制订计划、严格执行计划，抓好立项管理、项目计划、需求管理、质量管理、项目结题等重点环节，以确保技术系统的建设质量和效率。

第二，项目建设过程应制定并遵循统一的项目管理规范。

第三，对于学校自主开发的项目，需要遵循信息技术系统设计和开发规范，主要包括系统选型、软件工程规范、系统设计规范、开发环境规范、软件开发规范和系统测试规范。

第四，在智慧校园建设过程中应当引进监理机制。项目监理方在项目的投资决策、招标、设计、项目管理与实施和评价验收全过程中，对项目的投资、计划、质量等多个方面，在事前、事中、事后进行全方位严格控制，重点进行质量控制、进度控制、变更控制、文档控制和安全控制等。

②人员培训是指在学校内实施，用以更新教职员工信息技术知识和技能，提升其信息技术环境下工作（包括教学、科研、管理、服务等）能力的学习活动。人员培训体系应包括以下三个方面：

第一，培训管理体系包括培训制度、培训政策、管理人员培训职责、培训信息搜集反馈与管理、培训评估体系、培训预算及费用管理、培训绩效考核管理等一系列与培训相关的制度。

第二，培训内容体系涉及信息化意识、信息化伦理、信息化知识、信息化技能，以及借助信息技术完成业务的能力等。

第三，培训实施体系应包含确保学校培训制度实施，并通过培训活动的组织和落实、跟踪和评估、改善和提高，实现培训价值的一整套控制流程。

③经费保障机制是指院校建立的、确保智慧校园实施过程中有长期持续的经费投入的制度形式。建立经费保障机制时应考虑以下因素：

第一，应设立常态化的智慧校园建设与应用专项资金，形成制度化的可持续经费投入机制。

第二，应统筹考虑硬件经费和软件经费、系统软件经费和应用软件经费、教学平台经费和教学资源经费、建设经费和运行维护经费、系统建设经费和人员发展经费的合理比例，确保数字校园建设与应用形成良性循环过程。

第三，应加强经费投入的效益分析，形成项目应用效果的长期跟踪办法，建立专门的项目评估与审计制度。

④学校应建立针对智慧校园的研究与发展机制，内容包括以下几方面：

第一，校内有专职人员或专门机构针对本校智慧校园的建设与应用开展规划与设计、规范与规章、人员素质提升、实施建议与措施、效果评价等方面的研究。

第二，校本研究与校外专家指导相结合的机制。

第三，中等职业学校、高等职业院校和本科院校之间的常态交流机制。

第四，校内技术部门、业务部门与校外技术系统提供方的常态交流机制。

（6）运维管理体系

智慧校园的运维管理是指针对智慧校园各系统采取相关的管理办法和技术手段，对运行环境和业务系统等进行维护管理，保障智慧校园稳定运转的工作。运维管理、运维管理体系、运维管理体系的建设目标三者之间的关系如图 2-18 所示。

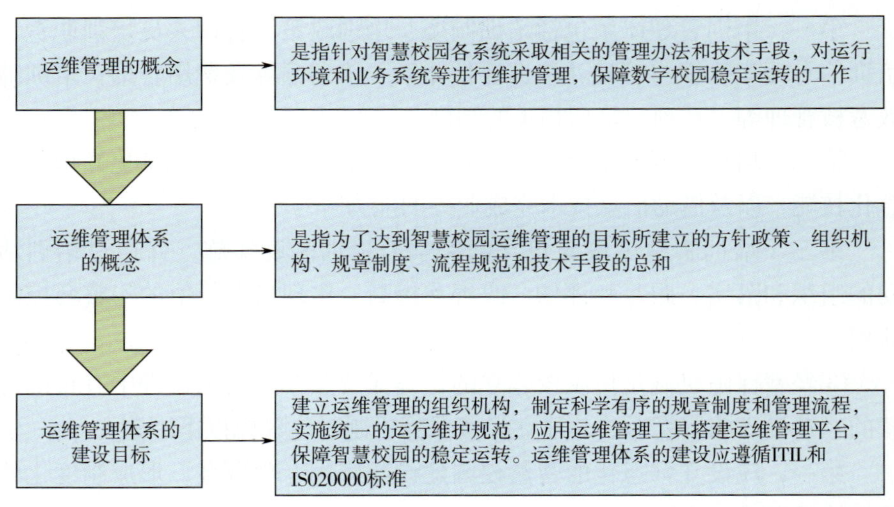

图 2-18　运维管理、运维管理体系和运维管理体系的建设目标之间的关系

智慧校园的运维管理体系包括运维管理的对象、运维管理的组织机构、运维管理的制度和流程、运维管理工具等，其主要内容如图 2-19 所示。

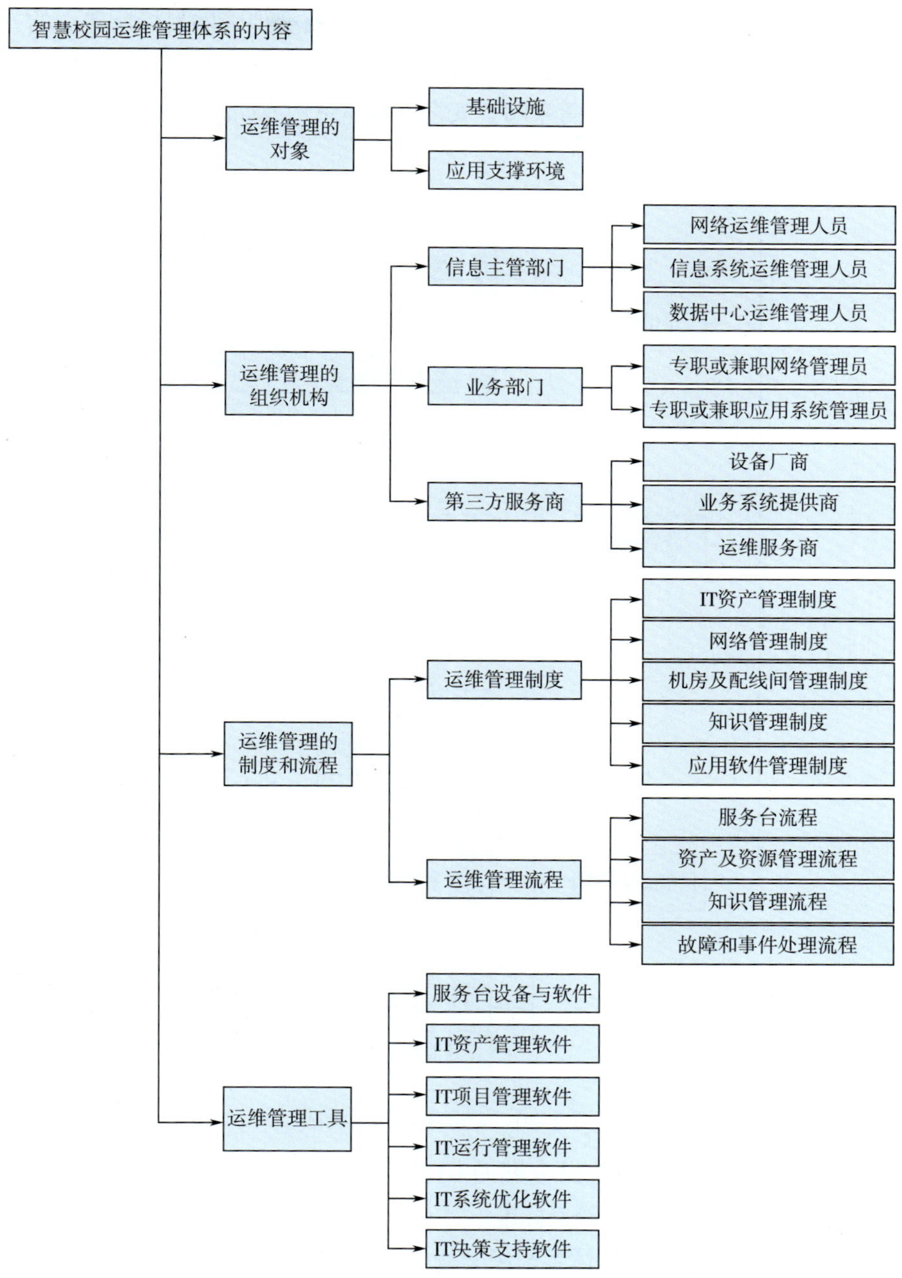

图 2-19　运维管理体系内容说明

（7）安全保障体系

智慧校园安全保障体系是指为实现智慧校园安全保障的目标所建立的方针政策、组织结构、规章制度、流程规范和技术手段的总和，涵盖网络系统安全、计算机系统安全和信息安全等范畴。安全保障体系构成如图 2–20 所示。

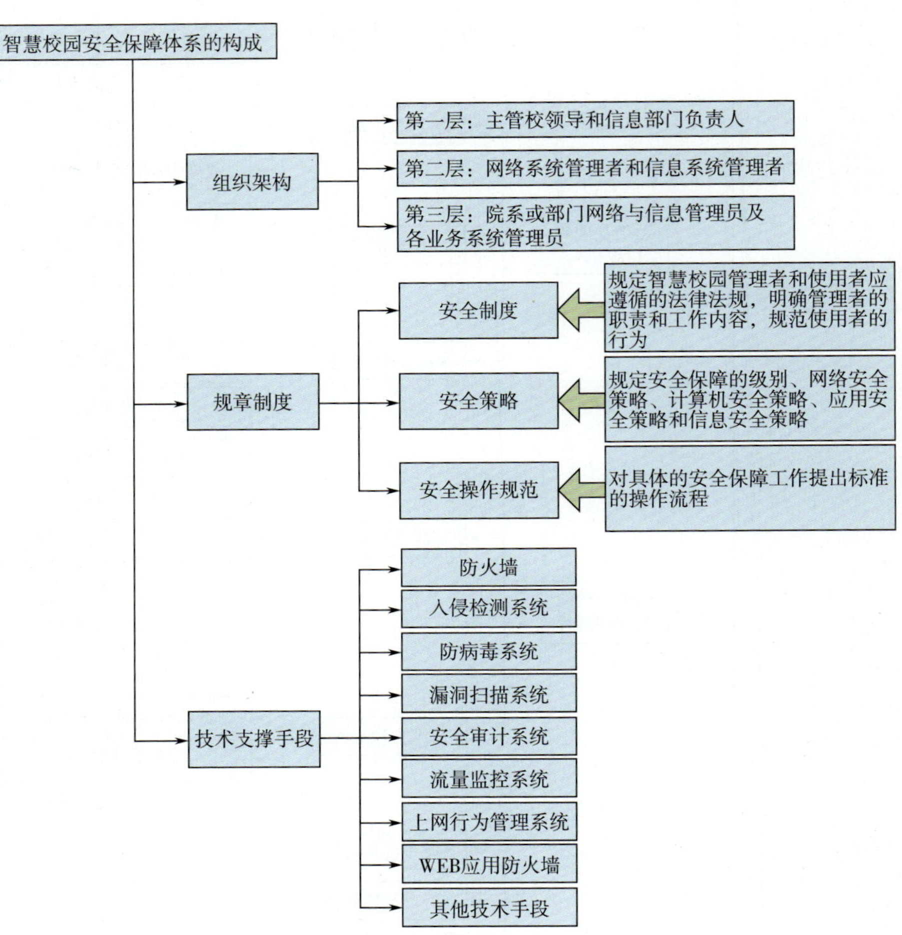

图 2–20　安全保障体系构成

①安全保障体系的建设应遵循 GB/T 22080—2008、GB/T 22081—2008 和 GB/T–21050—2007 等国家标准。

②智慧校园安全保障体系组织架构应分为三层：主管校领导和信息部门负责人、校级智慧校园运维团队、各业务部门信息化建设负责人或协调员等。

③智慧校园安全保障的规章制度包括三个部分：安全制度、安全策略

和安全操作规范。

④信息化安全保障的内容，参见本书“2.3.5 智慧校园信息安全”的部分。

本章小结

本章介绍了智慧校园建设的总体目标、智慧校园的基本架构和核心内容；详细阐述了智慧校园基本架构的基础设施层、支撑平台层、应用平台层、应用终端层、信息安全体系和条件保障体系的基本组成和主要功能；研究分析了智慧教育的基本含义和主要特征；认真剖析了智慧校园的教学环境、教学资源、管理、服务、信息安全和条件保障的主要内容和基本要求。

关键词

基本架构；核心内容；智慧教育；教学环境；教学资源；管理；服务；信息安全体系；条件保障体系

思考与练习

1. 智慧校园建设的总体目标是什么？
2. 智慧校园的基本架构分成几个层级？
3. 智慧校园的基本架构具体组成有哪些？
4. 基础设施层、支撑平台层、应用平台层、应用终端层、信息安全体系和条件保障体系的基本组成各有哪些？
5. 基础设施层、支撑平台层、应用平台层、应用终端层、信息安全体系和条件保障体系的主要功能各是什么？
6. 智慧校园的核心内容有哪些？
7. 什么是智慧教育？其主要特征有哪些？
8. 智慧校园的教学环境、教学资源、管理、服务、信息安全和条件保障各有哪些主要内容？
9. 如何理解智慧校园的教学环境、教学资源、管理、服务、信息安全和条件保障的基本要求？

3 智慧校园的关键技术

学习目标

➢ 了解智慧校园中运用的关键技术。

➢ 掌握移动互联网技术的定义，理解移动互联网技术的内涵与特征，了解移动互联网技术的发展情况，熟悉移动互联网技术的教育应用。

➢ 掌握物联网技术的定义，理解物联网技术的内涵与特征，了解物联网技术在智慧校园中的作用，熟悉物联网技术的教育应用。

➢ 掌握云计算技术的定义，理解云计算技术的内涵和特征，了解云计算技术的应用模式和在智慧校园中的作用，熟悉云计算技术的教育应用。

➢ 掌握虚拟技术的定义，理解虚拟技术的内涵与特征，了解虚拟技术在智慧校园中的作用，熟悉虚拟技术的教育应用。

➢ 熟悉虚拟现实技术和虚拟仿真技术的含义及其在教育领域特别是在实验教学中的应用。

➢ 掌握大数据技术的定义，理解大数据技术的内涵与特征，了解大数据技术在智慧校园中的作用，熟悉大数据技术的教育应用。

➢ 掌握人工智能技术的定义，理解人工智能技术的内涵与特征，了解人工智能技术在智慧校园中的作用，熟悉人工智能技术的教育应用。

学习要求

本章内容包括六部分：一是移动互联网技术及其教育应用；二是物联网技术及其教育应用；三是云计算技术及其教育应用；四是虚拟技术及其教育应用；五是大数据技术及其教育应用；六是人工智能技术及其教育应

用。通过本章的学习，学习者应了解智慧校园中运用的关键技术，即移动互联网技术、物联网技术、云计算技术、虚拟技术、大数据技术和人工智能技术，掌握这些关键技术的定义，理解这些关键技术的内涵与特征，了解它们在智慧校园中的作用，掌握移动互联网技术、物联网技术、云计算技术、虚拟技术、大数据技术和人工智能技术的教育应用，熟悉虚拟现实技术和虚拟仿真技术的含义及其在教育领域特别是在实验教学中的应用。同时，学习者还要及时了解这些关键技术的发展动态和对教育的影响，掌握利用这些关键技术建设智慧校园的主动权。

3.1 移动互联网技术及其教育应用

3.1.1 什么是移动互联网技术

中国工业和信息化部电信研究院在2011年发表的《移动互联网白皮书》中指出："移动互联网是以移动网络作为接入网络的互联网及服务，包括三个要素：移动终端、移动网络和应用服务。"这是移动互联网比较有代表性的定义，如图3-1所示。

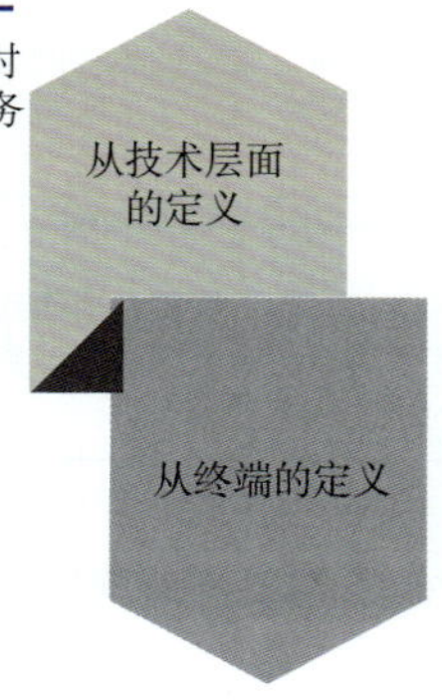

图3-1 移动互联网定义

移动互联网技术既具有移动通信技术的便捷性、时效性、移动性等特点，又具有传统互联网覆盖面积广、多应用程序支持的优势，满足了人们不受时空限制地获取信息、进行事务处理的需求。

移动互联网将移动通信和互联网有机地衔接在一起，可以帮助学校师生通过智能移动终端，采用移动无线通信的方式获取服务。移动互联网主要包含终端、软件和应用三个层面。终端层包括智能手机、PDA 智能终端、平板电脑、车载智能终端、可穿戴设备等；软件层包括操作系统、中间件、数据库和安全软件等；应用层包括各类移动应用服务。

3.1.2 移动互联网技术的内涵与特征

移动互联网将移动通信和互联网这两个发展最快、创新最活跃的领域连接在一起，并凭借数十亿用户的规模，正在开辟 ICT（信息通信技术）产业发展的新时代。移动互联网不是固网互联网的简单复制，不仅改变接入手段，而且引入新能力、新思想和新模式，进而不断催生出新型产业链条、服务形态和商业模式。移动互联网分为如图 3-2 所示的三个层次。

终端层	移动互联网终端是指采用无线通信技术接入互联网的终端设备，主要功能是移动上网，对于各种网络的支持就显得尤其重要。Wi-Fi，对各种2G/3G/4G标准网络的支持逐渐成为移动互联网终端的标准配置。无线通信技术和待机时间是移动互联网终端设备最重要的两大技术指标。当前，主要的移动互联网终端包括智能手机、平板电脑、上网本、MID（Mobile In ternet Devive）、移动互联网设备、笔记本电脑、MP5/MP6等
网络层	融合多种技术的新型宽带无线通信网络。作为移动互联网的神经中枢和大脑，将通过解决网络系统中的便携性、个性化、多媒体业务、综合服务等问题，使用户能够随时随地按需接入互联网，访问各种应用。当前，主要的无线网络包括2G、3G、4G、5G和Wi-Fi网络
应用层	移动互联网终点和归宿，直接与应用程序通过接口建立联系，并为用户提供常见的移动互联网应用业务

图 3-2　移动互联网层次

移动互联网“小巧轻便”及“通信便捷”两个特点，决定了其与 PC 互联网的根本不同。移动互联网具有以下三个鲜明特性。

（1）便捷性和便携性

移动互联网的基础网络是一张立体的网络，GPRS、4G、5G 和 WLAN 或 WIFI 构成的无缝覆盖，使得移动终端具有通过上述任何形式方便联通网络的特性；移动互联网的基本载体是移动终端。顾名思义，这些移动终端不仅仅是智能手机、平板电脑，还有可能是智能眼镜、手表、服装、饰品等各类人体穿戴随身物品。这些移动终端在移动互联网的技术支持下可随时随地使用，体现出了移动互联网的便捷性和便携性。

（2）即时性和精确性

由于有了上述便捷性和便携性，人们可以充分利用生活中、工作中的碎片化时间，接受和处理互联网的各类信息，不再担心有任何重要信息、时效信息被错过了。无论是什么样的移动终端，其个性化程度都相当高，尤其是智能手机，每一个电话号码都精确地指向了一个明确的个体。移动互联网能够针对不同的个体，提供更为精准的个性化服务。

（3）感触性和定向性

感触性不仅仅是体现在移动终端屏幕的感触层面，更重要的是体现在照相、摄像、二维码扫描，以及重力感应、磁场感应、移动感应和温度/湿度感应等无所不及的感触功能。而基于位置的服务（Location Based Services，LBS），不仅能够定位移动终端所在的位置，甚至可以根据移动终端的趋向性，确定下一步可能去往的位置，使得相关服务具有可靠的定位性和定向性。

3.1.3 移动互联网技术对教育的影响

移动互联网在教育中的应用覆盖教学、科研、管理、生活等多个方面，兼顾个体、部门和整体性业务。移动互联网对教育的影响主要包括教育资源碎片化、教育场景移动化、教育模式按需化和教育形式互动化等①。

（1）教育资源碎片化（或称微化）

教育资源碎片化是指将学习内容进行分割，然后以正式或非正式的方式推送给学习者。其优势是有效利用学习者的碎片化时间，为学习者提供当前需要或感兴趣的学习内容，最有效地满足学习者对知识从不知到知、认识从模糊到清晰的需求。

（2）教育场景移动化

教育场景移动化是传统的互联网教育与移动网络相结合的产物，实现随时随地按需教学。教育场景不再固定于学校、教室、图书馆等，可以扩

① 哈斯高娃，张菊芳，凌佩．智慧教育［M］.2版．北京：清华大学出版社，2017.

展到家里、公交车、公园等地。

（3）教育模式按需化

移动互联网的到来，智能终端的普及，以及社会化学习、社区化学习的发展，为人们随时学习带来可能和便利，同时也将改变人们的学习模式。传统的教育模式以教为主，忽略学生个体的差异性，导致教育缺乏个性化。而移动互联网支持学习者随时随地通过手机等移动终端搜索和查询学习资源，实现按需学习。

（4）教育形式互动化

传统的网络教育一般需要学员在指定的时间坐到计算机面前接受教育，多为单向的固定知识传授。而移动互联网和智能终端的普及使交互和互动更加便捷：在学习和生活中遇到问题，学生可以随时打开手机，通过搜寻、查找资料、提问等多种方式，在互联网、学校的教学资源库、与专业教师或其他学生的联系中获得答案和灵感，通过与他人沟通、讨论、交流等过程互相学习。

3.1.4 移动互联网技术的发展

随着用户需求的飞速膨胀，移动通信技术也在不断地更新换代。全球 4G 建设方兴未艾，5G（第五代移动通信网络）已随着新型技术和网络架构的研究开发在全球拉开大幕。5G 不只关注人与人之间的通信，还要关注物联网技术。5G 时代，人和人、人和物、物和物都将连成一体。5G 技术具有超高流量密度、超高连接数密度、超高移动性、超高用户体验速率、低时延、高可靠等特性。

（1）5G 技术的特点

从电报、电话到手机，从 1G 到 4G，通信技术的快速发展为人类和社会带来了无尽的便利和福祉。我们可以从 5G 的特点来进一步了解什么是 5G。

①速度快。我们可以明显感觉到，在 3G 的时候拿个手机去下载一张图片，2M 的图片半天都下载不下来。到了 4G，不但能秒下，还出现了一个很大的改变：比如你用微信打开一个视频，一打开它就开始自动播放了，而 3G 是不会自动播放的，为什么？因为 4G 速度快了，可以随便播放了，那 5G 时代又会有什么改变呢？

VR 为什么在手机上没有普遍使用？因为现在用手机体验 VR，速度很慢，效果很差，看一会可能还会头晕目眩。使用 VR 至少需要 157M 的速度，而现在的 4G 速度达不到。到了 5G 时代，就可以很好地体验 VR 了。

②泛在网。泛在网有两个层面的含义：一是广覆盖；二是深覆盖。

广覆盖是指我们社会生活的各个地方，都需要广泛覆盖，以前类似高山、峡谷、荒漠等人烟稀少的地方是不会覆盖网络的，但是如果使用 5G 技术，容易覆盖更大面积的区域。在这些区域部署传感器，5G 可以为环境、空气质量以及地貌变化、地震的监测等应用提供网络。

深覆盖是指在我们生活中，虽然已经有网络部署，但是需要进入更高品质的深度覆盖。例如，我们已经有了 4G 网络，但是一旦进入地下停车库就发现基本没有信号了。等 5G 时代到来，地下停车库等地方都会有很好的 5G 网络覆盖，智慧汽车自动停车入库也能变成现实。一定程度上，泛在网比高速度还重要，只是建一个少数地方覆盖、速度很高的网络，并不能完全满足用户的服务体验，而泛在网才是 5G 给用户更好体验的一个根本保证。

③低功耗。5G 要支持大规模物联网技术应用，就必须要有功耗的要求。这些年，可穿戴产品有一定发展，但是遇到很多瓶颈，以智能手表为例，耗电快，甚至需要一天充电一次。如果通信过程消耗大量的能量，就很难让物联网产品被用户广泛接受。如果能把功耗降下来，让大部分物联网产品充电频率降低，就能大大改善用户体验，促进物联网产品的快速普及。

④低时延。平时我们说话的声音是怎么传递的呢？讲话震动空气，两个人互相传递，传递的时间是 140 毫秒。140 毫秒对于人类是能够忍受的，我们从来不会觉得有多大的时延。但是如果控制一架无人驾驶飞机或者一辆汽车，给这个汽车一个信号说刹车，这个汽车还要 140 毫秒来反应，那就跑了 200 米了，如果是 20 毫秒，也跑了十几米了，这样无人驾驶汽车是不可能变成现实的。

新的世界电信联盟的愿景是将 5G 的时延做到 1 毫秒，甚至低于 1 毫秒，这是现在 4G 网络技术做不到的。

（2）5G 时代教学模式改革的契机

依据 5G 低延迟的特点，5G 技术能带来更为流畅的服务体验，使我们的学习空间将不再局限于教室或者校园，学习会变得无处不在。你随时随地都可以借助 5G 享受流畅的学习体验以及使用云端的各种教学资源。你的线上学习不再受到电脑的限制，不用再到处找免费的 Wi-Fi，因为 5G 可以为你随时随地提供足够快速的信息传递服务。你在家里甚至是任何地方都可以借助物联网和虚拟现实的技术，获得与真实的教室一样的学习体验，这些在 4G 和 PC 互联网时代是无法想象的。

5G 时代，信息沟通更加迅速和便捷，为人工智能的大规模深度学习提供了重要条件。教学工作是智力密集型工作，教师不仅需要有扎实的专业知识、熟练掌握教育规律，也需要具有高超的教学技巧。当前人工智能的“机器人教师”在知识量上已经超过绝大多数人类教师，但在教学技巧上还有待提高。5G 时代，信息沟通更加迅速和便捷，为人工智能的大规模深度学习提供了重要条件，人工智能将开始应用于教学环节。

3.1.5 移动互联网技术的教育应用

移动教育应用是基于移动互联网、移动程序设计技术和移动智能终端，面向教学与管理，提供泛在、实时服务的应用程序。智慧校园建设中常见的移动教育应用有移动监控、移动办公、移动图书馆、移动学习、移动校务管理、移动学习资源管理等。移动教育应用需求分析如表 3-1 所示。

表 3-1 各构成体系智慧化对移动应用的需求性分析

<table>
<tr><th colspan="2">校园信息化的核心构成体系</th><th>移动应用</th></tr>
<tr><td rowspan="5">基础设施与支撑平台体系</td><td>数据中心机房、数据库与服务器</td><td rowspan="3">移动查询、监控、预警</td></tr>
<tr><td>网络通信系统</td></tr>
<tr><td>感知系统与物联网设施</td></tr>
<tr><td>支撑平台层与大数据中心</td><td>需要</td></tr>
<tr><td>校园信息系统安全</td><td>移动查询、监控、预警</td></tr>
<tr><td rowspan="2">教学环境信息化</td><td>各类教学资源共享与网络教学服务系统</td><td>需要</td></tr>
<tr><td>实习实训教学服务，
包括数字化技能教室、
虚拟仿真实训室、
互动体验室等仿真实训环境建设</td><td>需要</td></tr>
<tr><td rowspan="2">教学资源信息化</td><td>通用性基础资源</td><td>需要</td></tr>
<tr><td>仿真实训资源，包括仿真实验软件、仿真实训软件、仿真实习软件等</td><td>根据项目需求提供移动支持</td></tr>
</table>

续表

<table>
<tr><th colspan="2">校园信息化的核心构成体系</th><th>应用</th></tr>
<tr><td rowspan="11">学校管理信息化</td><td>决策支持信息综合服务</td><td rowspan="11">需要</td></tr>
<tr><td>决策支持服务中心</td></tr>
<tr><td>教学管理服务</td></tr>
<tr><td>学生管理服务</td></tr>
<tr><td>教科研管理服务</td></tr>
<tr><td>人力资源管理服务</td></tr>
<tr><td>办公自动化服务</td></tr>
<tr><td>财务管理服务</td></tr>
<tr><td>设备资产管理服务</td></tr>
<tr><td>后勤信息管理服务</td></tr>
<tr><td>校企合作服务</td></tr>
<tr><td rowspan="5">校园服务信息化</td><td>数字场馆服务，包括数字图书馆服务、职业体验馆服务、数字博物馆服务、数字艺术馆服务、数字科技馆服务等</td><td rowspan="5">需要</td></tr>
<tr><td>校园生活服务，包括校园一卡通服务、家校互通服务、校园文化与后勤服务以及个性化服务等</td></tr>
<tr><td>校园安全服务，包括校园安全教育、校园监控等</td></tr>
<tr><td>运维保障服务，包括日常巡视、现场技术保障、维修保养等</td></tr>
<tr><td>虚拟校园服务</td></tr>
</table>

（1）典型案例

①移动互动教学 APP 应用场景。大一年级的小芳正在上“信息技术与课程整合”课程。在原来的课堂上，李老师一般都是拿着纸质名单进行点名，课堂的练习也是通过观看教师的 PPT，随机抽取学生回答问题，不能全覆盖到每一位学生。目前，由于手机等移动设备人手一个，所以李老师让学生们拿出手机，关注微信公众号——微助教（见图 3-3），并进行注册登录。

小芳也拿出手机关注微助教公众号，用学号进行新用户的注册。登录后，首先加入李老师指定的班级，进行签到（见图 3–4）。在本节课学习结束之后，李老师让同学们再次登录微助教，进行课堂知识抢答，让学生巩固本节课所学的知识。

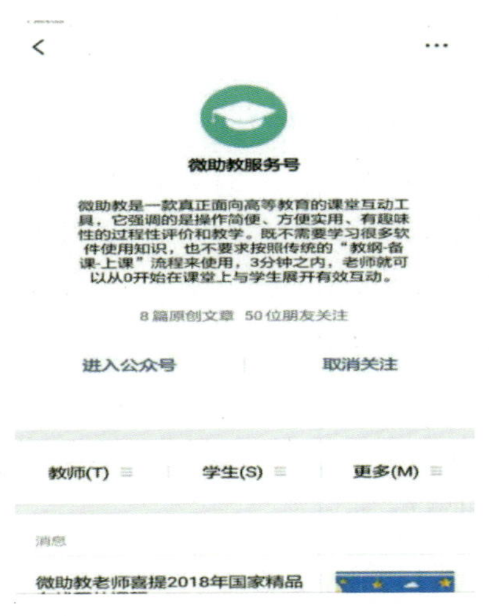

图 3–3 微助教公众号

图 3–4 签到功能

②互动教学 APP 设计。微助教，是由华中师范大学心理学院教师田媛和华中科技大学专业团队在 2016 年 3 月份推出的一款课堂互动轻应用工具[①]，它强调的是操作简便、方便实用、有趣味的过程性评价和教学。该应用提供课堂签到、课堂测试（见图 3–5）、课堂讨论（见图 3–6）等多种互动功能，以游戏化思维鼓励学生积极参与课堂互动，以便捷操作鼓励教师积极开展教学实践与创新，化繁为简，对症下药，提高教学效率。

通过微助教，学生可以用手机在课堂中签到、答题和讨论。出勤率、课堂研讨、虚拟论坛发言、平时作业和小测验等都可以记录下来，便于老师对学生学习全过程进行持续观察，作出最后发展性的评价。

① 谭志虎，胡迪青，等，对高校大班课堂互动教学的重构［J］. 现代教育技术，2018,28(01):107–113.

图 3-5 测试功能

图 3-6 讨论功能

（2）典型案例总结

“微助教”辅助教学门槛低、使用方便，能不同程度地解决高校教学中存在的各种共性问题，值得推广。但是，新鲜的事物也会存在一定的风险，教学始终离不开教师与学生的交流，教师首先得怀有一颗热忱的心去熟悉每一位学生，才不至于让“设备”等冰冷的工具使师生之间产生隔阂。“微助教”能对教学起到明显的促进作用，但需要明白的是它始终只是教学的“辅助”手段，有的问题，例如学生学习的主动性不够等，还需从更多的方面来努力才能得到真正的改善。我们在大胆地应用新事物、探索新方法的同时，更不能忽略了师生之间心灵的交流。

3.2 物联网技术及其教育应用

3.2.1 什么是物联网技术

物联网概念最早是由我国中科院院士姚建铨提出的。广义上的物联网是指：凡是由射频识别技术（RFID）、传感技术及利用某种物体相互作用而感知物体的特征，按约定的协议来实现任何时间、任何地点、任何物体以及任何人与人、物与物以及人与物之间的互联互通，从而进行网络通信及信息互换，进而实现智能定位、识别、跟踪、监控和管理的一种现代网络技术。狭义上的物联网是指：通过相应的信息设备如射频识别（RFID）、红外感应、传感器等，实现互联网与相关物质之间的互通连接，并通过智能化的技术手段进行定位及追踪，从而实现人与物之间的数据信息交流及共享。其主要目的就是通过传感设备及现代化的信息技术实现对所有物质之间的统一智能化管理[①]。

3.2.2　物联网技术的内涵与特征

物联网的基础和核心仍然是互联网，是在互联网基础上的延伸和扩展的网络，物联网的用户端延伸和扩展到任何物品与物品之间，进行信息交换和通信。

（1）物联网的体系结构

物联网体系可分为三层，即感知层、网络层和应用层。

①感知层。感知层相当于人体的皮肤和五官，主要用于识别物体，通过射频识别、传感器、智能卡、识别码、二维码等对感兴趣的信息进行大规模、分布式地采集，并对其进行智能化识别，然后通过接入设备将获取的信息与网络中的相关单元进行资源共享与交互。

②网络层。网络层相当于人体的神经中枢和大脑，主要用于传递和处理信息，包括通信与互联网的融合网络、物联网管理中心、物联网信息中心和智能处理中心等。网络层主要用于信息的传输，即通过现有的三网（互联网、广电网、通信网）或者下一代网络（Next Generation Networks，NGN），实现数据的传输和计算。

③应用层。应用层相当于社会分工，与行业需求结合，实现广泛智能化，是物联网与行业专用技术的深度融合。[②]

物联网的体系结构如图 3-7 所示。

物联网是下一代互联网的发展和延伸，因为与人类生活密切相关，被誉为继计算机、互联网与移动通信网之后的又一次信息产业浪潮。

---

① 夏玉荣，杨印言，郭垒．物联网环境下智慧校园建设与发展问题探索［J］．数字通信世界，2017（11）：277-279.

② 贺志强，庄君明．物联网在教育中的应用及发展趋势［J］．现代远程教育，2011（2）：77-80.

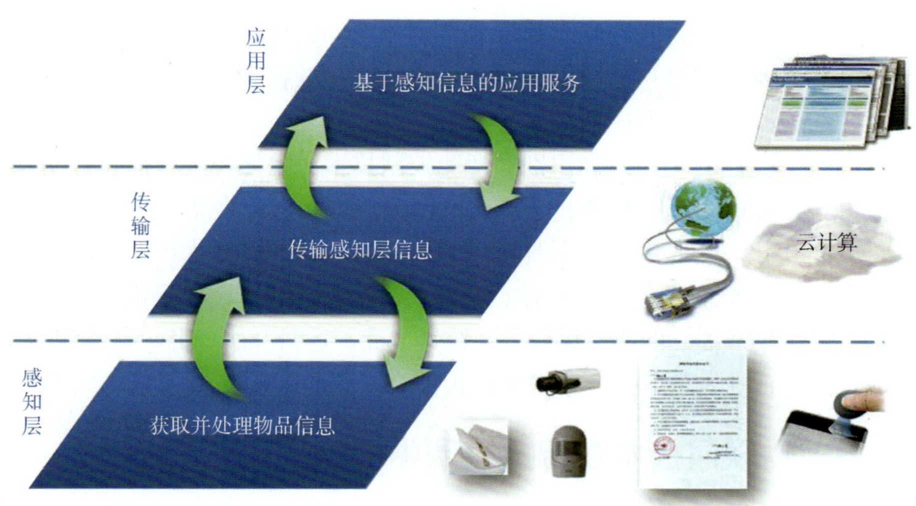

图 3-7 物联网的体系结构

（2）物联网技术的主要特征

①用户、物体数字化与虚拟化。物联网是一个将人、物、互联网实现无缝互联的网络化信息系统，并能向用户提供新型 IT 服务。而且物体的数字化、虚拟化使物理实体成为彼此可寻址、可识别、可交互、可协同的智能物，用户利用射频识别（RFID）、传感器、二维码等可随时随地获取物体的信息。①

②泛在互联。物联网以互联网为基础，将数字化、智能化的物体接入其中，实现自组织互联，将物体的信息实时准确地传递出去，是互联网的延伸与扩展。

③利用 IT 技术实现信息感知与交互。物联网是下一代互联网，通过嵌入到物体上的各种数字化标识、感应设备如射频识别（RFID）标签、传感器、响应器等，使物体具有可识别、可感知、交互和响应的能力，并通过与互联网的集成实现物物相连，构成一个协同的网络信息系统。在网络互联基础上，实现信息的感知、采集以及在此基础之上的响应和控制。

④智能信息处理与服务。支持信息处理，为用户提供基于物物互联的

① 李刚 . 物联网研究动态［J］. 计算机学报 ,2011（1）：13-21.

新型信息化服务。物联网利用数据融合及处理、云计算、模糊识别等各种智能计算技术，对海量的数据和信息进行分析、融合和处理，对物体实施智能化的控制，并向用户提供信息服务。

⑤自动控制。利用模糊识别等智能控制技术对物体实施智能化控制和利用，最终形成物理、数字、虚拟世界和社会共生互动的智能社会。

⑥产业化。物联网是一个具有巨大市场潜力的信息技术产业，其产业链包含芯片、传感器、射频识别（RFID）标签制造商、设备提供商、软件企业、系统集成商、网络提供商、系统集成商、运营及服务商、最终用户。物联网将为产业链的各个环节带来巨大商机。

3.2.3 物联网技术在智慧校园中的作用

物联网迅速发展，被教育领域采用，使得智慧校园成为可能。物联网对教育的影响主要包括优化教学环境、提升实验实训教学、维护校园安全及管理、缩小区域间的差距等。基于 LoRa、NB-IoT 等技术，建立支持 Zigbee、RFID、蓝牙等多种物联网协议的传感网络，可在智慧校园中实现以下功能：

使智慧校园具备校园水、电、气运行状况的感知、传输、监控、预警能力；使智慧校园具备重要教学实验设备、后勤重要设备设施运行状态的感知、传输、监控、预警能力；使智慧校园具备校园食品安全、危险物品和危险实训仪器的感知、传输、监控、预警能力；使智慧校园具备人员位置感知、传输、监控、预警能力；使智慧校园具备车辆进出和停车位置感知、传输、监控、预警能力。

3.2.4 物联网技术的教育应用

通过传感器、射频识别技术的运用，物联网可将各种物件互联并实现智能化的数据传递和通信，完成网络内物体的识别、管理和应用等操作。结合物联网的教育应用现状及相关研究，物联网在教育领域中的应用可分为课堂教学、课外学习和教育管理三个方面。物联网教育应用需求分析如表 3-2 所示。

表 3-2 各构成体系智慧化对物联网的需求性分析

<table>
<tr><th colspan="2">校园信息化的核心构成体系</th><th>物联网</th></tr>
<tr><td rowspan="4">基础设施与支撑平台体系</td><td>数据中心机房、数据库与服务器</td><td>需要</td></tr>
<tr><td>网络通信系统</td><td>需要</td></tr>
<tr><td>感知系统与物联网设施</td><td>需要</td></tr>
<tr><td>校园信息系统安全</td><td>需要</td></tr>
<tr><td>教学环境信息化</td><td>实习实训教学服务，包括数字化技能教室、虚拟仿真实训室、互动体验室等仿真实训环境建设</td><td>需要</td></tr>
<tr><td>教学资源信息化</td><td>仿真实训资源，包括仿真实验软件、仿真实训软件、仿真实习软件等</td><td>按项目提供支持</td></tr>
<tr><td rowspan="7">学校管理信息化</td><td>决策支持服务中心</td><td>需要</td></tr>
<tr><td>教学管理服务中心</td><td>需要</td></tr>
<tr><td>学生管理服务中心</td><td>需要</td></tr>
<tr><td>办公自动化服务中心</td><td>需要</td></tr>
<tr><td>设备资产管理服务中心</td><td>需要</td></tr>
<tr><td>后勤信息管理服务中心</td><td>需要</td></tr>
<tr><td>校企合作服务中心</td><td>需要</td></tr>
<tr><td rowspan="5">校园服务信息化</td><td>数字场馆服务，包括数字图书馆服务、职业体验馆服务、数字博物馆服务、数字艺术馆服务、数字科技馆服务等</td><td>需要</td></tr>
<tr><td>校园生活服务，包括校园一卡通服务、家校互通服务、校园文化与后勤服务以及个性化服务等</td><td>需要</td></tr>
<tr><td>校园安全服务，包括校园安全教育、校园监控等</td><td>需要</td></tr>
<tr><td>运维保障服务，包括日常巡视、现场技术保障、维修保养等</td><td>需要</td></tr>
<tr><td>虚拟校园服务</td><td>需要</td></tr>
</table>

物联网技术在智慧校园中常见的应用场景如图 3-8 所示。

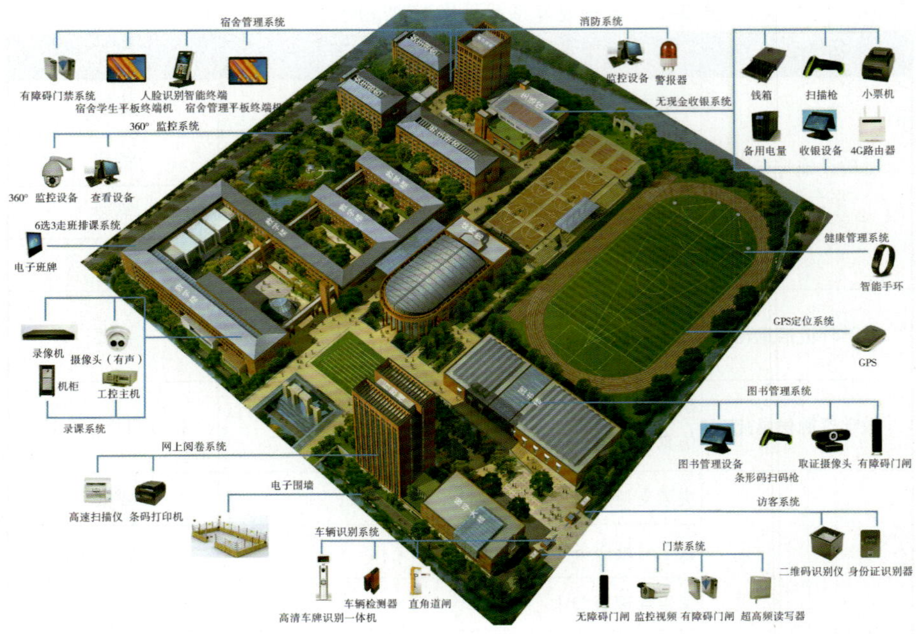

图 3-8　物联网技术在智慧校园中常见的应用场景

（1）物联网支持课堂教学

①实时教学测评。课堂互动反馈是教学中的重要环节，有助于教师了解学生的学习情况，调节教学进程。传统教学模式中，教师常采用察言观色、课堂提问或课堂练习等方式检验学生的学习情况。这些方式存在猜测成分、不能顾及全体、工作量大且反馈不及时等问题。实时教学测评系统基于学生互动反馈系统（Interactive Response System，简称 IRS），通过学生手中的投票器（多采用有源射频方式）统计学生投票、答题情况，并在教师端设备上显示可视化的统计图形，以便于教师迅速分析结果、调整教学。实时教学测评系统还可通过学生佩戴的传感器手表、眼镜等设备记录学生的多重数据，如脑电图、血压、体温等生理信息及眼动、手部轻微移动等运动信息，引入心理学相关测试技术，测试出学生的紧张程度、注意力状况、动脑情况等，教师根据这些反馈信息调整教学模式，对个别表现异常的学生进行辅导[①]。

在麻省理工学院的 Mobile-IT Education Classroom Applications 项目中，

① 贺志强，庄君明．物联网在教育中的应用及发展趋势［J］．现代远程教育，2011（2）：77-80.

学生配置由显示屏和三个反馈按钮（精彩、无聊和迷失）组成的无线计票器，“迷失”学生数量达到一定阈值时，教师显示器会闪烁红灯报警。该设备也用于课堂问题的投票活动，帮助教师修改教学计划和教学活动，从而进一步提高学生的注意力和参与度，促进学生间的交流；同时，教师也可因材施教，定制教学模式并进行教学评价。

②指导实验教学、丰富实验教学。学校通过实验教学加强学生对课堂理论知识的理解，巩固课堂知识，培养学生设计、观察、分析和解决问题的能力，使学生做到学以致用，是培养应用型学生的重要手段。但是，学生在实验过程中一旦遇到自己无法解决的问题或者发现实验有误时，积极性与热情便会瞬间下滑，可能会对实验敷衍了事，出现抄袭或猜测实验结果的情况，对后续课程和实验的信心与兴趣也有可能受到影响。另外，传统的实验器材有限且存在一定危险性。

物联网的引入丰富了实验平台，增加了实验安全性。物联网的应用表现在：通过让学生佩戴传感器设备，教师可以及时发现学生在实验过程中出现的错误，进而对其进行指导。教师还可以在实验器材上标明数字化属性和使用帮助信息；当学生使用实验器材不当时，实验器材自动报警，教师可以进行及时的指导。此外，教师可以通过分析实验过程中出现的典型问题，完善后续教学过程，提高教学效率。对于存在安全隐患的实验，教师可以通过物联网远程控制异地的实验器材，实时采集实验数据，并以适当的方式将实验数据传递给实验者，实现实验教学的共享性、安全性。

③丰富教学资源。很多自然科学学科需要大量的实验数据，教师可将各类传感器安装在实验器材上，通过远程控制这些实验器材，实时采集实验数据（如温度、压强、液体浓度等），之后将加工和分析后的结果通过网络提供给实验者，学生只需通过计算机等设备就能查看和分析数据，这样既保证了实验数据的全面性、真实性和有效性，也实现了实验教学方式的转变，增强了学生的学习兴趣，解决了传统课堂教学资源有限的问题，节省了各类经费[①]。

④优化学习环境。学习环境（如噪声、温度、光线强度等）很大程度上会影响学生的学习效率。学校的教学环境、教学设施、教学活动会产生大量噪声，美国、英国和澳大利亚等国家就噪声对学生学习的影响进行了一系列研究，发现噪声不仅影响学生的听力，更会影响师生交流，对学生

① 贺志强，庄君明．物联网在教育中的应用及发展趋势［J］．现代远程教育，2011（2）：77-80.

的学习产生消极影响，如对学生的学习注意力、阅读计算能力和整体学业成绩等产生影响，这对于那些学习有困难、听力丧失或用非母语学习的儿童影响更大，教师也会因长期提高嗓门而导致声带拉伤。物联网被应用于课堂教学后，教室里布置传感器节点监测各角落的噪声情况，一旦噪声超过预警值，传感器会报警，继而通知有关部门处理，如为椅子等物品铺上毛毡垫以降低噪声反射和混响时间；光线会影响学生视力，教室里安装的光线传感器可随时监控光线亮度并自动调节教室内的照明灯亮度和计算机屏幕亮度，根据室外光照强度调整窗帘高度；传感器还可根据室内二氧化碳浓度和温度自动调节通风量和空调温度等。总之，物联网在教学中的应用可以给学生提供一个舒适的学习环境，促进学生更好地学习。智慧教室物联网技术应用拓补系统结构如图 3–9 所示。

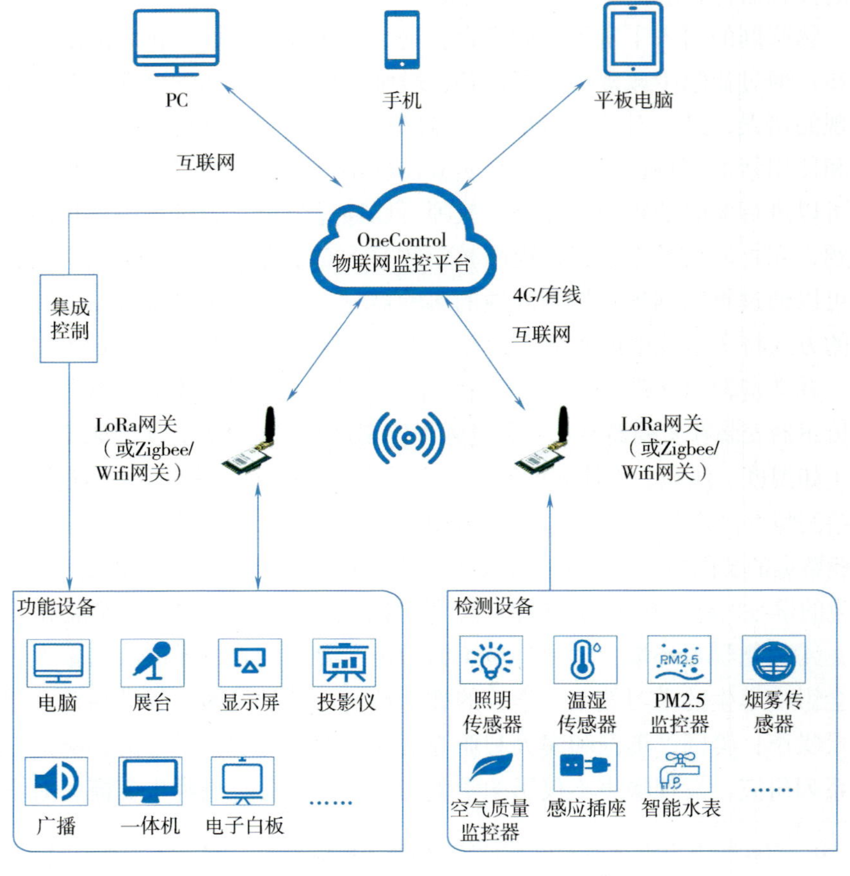

图 3–9　智慧教室拓扑系统结构

（2）物联网支持课外学习

①拓展课外教学活动、教学空间。课外教学活动能够激发学生的学习兴趣，拓展学习空间，拓宽学生的视野，培养学生探究知识的能力。课外教学活动是指学生通过课程实习，将所学的课堂知识应用到实践中，从而更好地帮助学生理解和掌握所学的理论知识的过程。但是，学生外出实习有时间、场地的限制，其所学习的理论知识无法实时应用。物联网的引入，使得教师可以远程布置、操控传感器节点，将远程设备通过物联网联系到一起，实时传输、存储和分析信息数据。学生对所布置的节点进行长期观测，可查看相应的实验结果，收集实验数据。如此，学生通过观察相应的实验结果即可掌握课堂上枯燥、难以理解的理论知识。

②构建移动的学习环境。移动学习（mobile learning）是在移动计算设备帮助下，能够在任何时间、任何地点学习的学习模式，移动学习所使用的移动计算设备必须能有效地呈现学习内容并且可为教师与学生之间的双向交流提供工具。

射频识别技术的发展，使学生面对面传输信息的效率更高，使信息传输的移动性和灵活性大大增加；学生能够时刻互动，分享学习材料。无线传感器网络具有自组织、低功耗、成本低等特点，它的引入可以大大改变移动学习中必须依靠昂贵的、待机时间较短的平板电脑的局面，增强了学习和交互过程的效果。而移动学习设备具有的通信功能，可通过开发数据处理模块读取各传感器数据来实现。因此，物联网可以构建移动的学习环境，通过使用连接点、基站和射频识别等相关技术，使移动学习设备连接到学习材料并使学生间的交流更加便利，促进新的学习活动或者主动学习模型的创建，如集成各类学习工具的“无线电子书包系统”学习模型。

③利用物联网建立泛在学习环境。泛在学习（U-Leaning）是指利用信息技术为学生提供一种可以在任何地方、任何时间使用手边可以取得的科技工具来进行学习活动的4A（anyone、anytime、anywhere和anydevice）学习模式。

它与移动学习的区别在于它可以利用智能标签识别需要学习的对象，并且可根据学生的学习行为记录调整学习内容，这是对传统课堂和虚拟实验的拓展。例如，生物课的实践性教学中学生需要识别校园内的各种植物，应用泛在学习模式的人员可以为每类植物贴上带有二维码的标签，学生在室外寻找到这些植物后，除了可以知道植物的名字，还可以用手机识别二维码从教学平台上获得植物的扩展内容。

在物联网时代，任何设备只要能够接入网络就能实现智能化操作，泛在学习的思想与物联网的核心思想不谋而合，因此物联网能更好地支持泛在学习模式。泛在学习系统可为学生提供智能化的学习服务，系统通过传感器自动操控电子白板、电子教材等各类学习辅助工具，并通过智能化和尖端化设备来构建智能化无纸教室；利用内藏电子标签或传感器的实验器材进行实验教学；利用多媒体进行音乐教学等，学生的学习环境会发生天翻地覆的变化[①]。

（3）物联网支持教育管理方面

①仪器设备管理。学校利用物联网可对仪器设备进行智能化管理。学校作为一个大的教学单位，拥有大量的仪器设备，包括教学仪器、会议设备、运动设备等，这些仪器设备分布在学校各个部门中，存在管理难度大、无人管理、无人及时保养等问题。利用物联网中的传感器或射频识别技术，学校可以统一管理和调度大量的仪器设备，从而有效防止仪器设备的丢失，当仪器设备出现故障时，系统会自动报警，并通知相关人员进行处理。

②学生安全行踪及健康管理。学生安全行踪及健康管理包括上下学及在校行踪通知、危险区域管理和学生保健服务、集体野外活动安全监控等。

③学校安全管理。学校安全管理包括安全门禁、安全访客管理、机动车管理和校园火灾报警管理，如图 3-10 所示。

④有助于建立节能教室。节能教室是指实时监控室温、光线强度、空气质量等，并结合教室实际人数自动控制教室电灯、空调、风扇、报警系统等，起到自动节能、防盗效果的校园设施。节能教室具有上课、自习、夜间防盗三种模式，系统根据时间以及校园自定义进行模式切换，如图 3-11 所示。

⑤一卡通。将校园身份识别码芯片集成在校园一卡通、个人手机中实现师生身份的绑定，完成师生在校内学习、生活和工作中的各项服务，如统计学生出勤情况、教师上课情况和行政人员的到岗情况，以提高管理水平和效率。云南昆明学院开展的“校园手机一卡通工程”，在手机 SIM 卡芯片中集成射频芯片。学生使用这种特制的 RFID-SIM 卡，通过手机可实现的服务有手机刷卡消费、手机自助查询消费余额等，逐步实现的功能还有考勤、签到、门禁等。手机一卡通不仅能在校内使用，只要开通“手机钱包”功能，

① 贺志强，庄君明．物联网在教育中的应用及发展趋势 [J]. 现代远程教育，2011（2）：77-80.

就可以刷手机看电影、乘坐公共交通、购物等，尽享手机消费的便捷生活。

1.安全门禁	2.安全访客管理	3.机动车管理	4.校园火灾管理
包括短距离和远距离射频识别两种，短距离射频识别门禁系统普遍适用于各高校，如设立宿舍门禁系统。该系统可与学生一卡通绑定，并辅助以录像监控设备有效识别并防范外来人员进出。 远距离射频识别技术主要用于中小学，因为中小学学生自我保护意识差，刷卡有效性交叉，这类系统可与手机短信服务平台和综合信息管理系统相结合。学生佩戴远距离无源感应卡，到达或离开校门时，附近的读卡器将感应卡的卡号输出给学生平安服务系统，并向学生父母发送其子女在校或离校等状态	校园安全访客管理系统应用射频识别技术协助学生安全建置计划中的访客机制管理服务。即在教学区、学生宿舍等校园管制区域安置多个感应节点，当外来人员进入时会自动语音报警并通知安保人员及时处	安装射频识别设备并控制机动车的进出，将停靠时间、停车费缴纳、准确停靠地点等信息和管理平台及个人手机绑定，让机动车“自己说话	将各传感器节点密集分布在监测区域内，监测自身周围温度和烟雾浓度等，还可通过多时协作将数据（包括位置信息和火势相关参数）传送大管理控制中心，以实现实时报警和准确定位

图 3-10　物联网技术在学校安全管理中的应用

1.上课模式	2.夜间防盗模式	3.自习模式
在此模式下，防盗系统、人体检测模块不工作，光照传感器，温度传感器工作，此时不检测教师中的人数，系统根据温度和空气质量控制闸的开关，通过光照控制灯的开关	在此模式下防盗系统工作，人体检测模块、光照传感器、温度传感器不工作，系统自动启动红外报警装置监控整个教室的安全状况，当有人进入教室时，当有人进入教室时，警报器会自动报警	在此模式下，防盗系统不工作，人体检测模块、光照传感器工作，此时将检测教师中的人数，并根据人数、空气质量和温度控制对应灯和风扇的开关，起到节能的作用

图 3-11　节能教室的三种模式

⑥图书馆系统。图书智能定位即在图书上贴上射频识别标签，在馆藏范围

内设置多个阅读器，通过阅读器坐标确定图书的方位信息并传输给定位服务器，读者和管理员用客户机或手机登录定位服务器查询图书信息，这也方便了新书上架、图书归架及乱架图书的整理工作，提高了寻找丢失书籍和盘点文献资料的效率。自助还书设备是对贴有射频识别标签的图书进行扫描、识别和归还处理的设备，有利于帮助读者进行自助式图书的归还、续借操作，避免排队现象的发生，甚至可以实现“拿走即借、放回即还”的高度射频识别化物流管理模式，从而可有效提升图书管理效率、简化图书管理流程、降低图书管理人员的劳动强度，为读者提供更加便利快捷的图书借还、查询等服务[①]。

3.3 云计算技术及其教育应用

3.3.1 什么是云计算技术

云计算最先是由谷歌提出的。2006 年 8 月 9 日，施密特在搜索引擎大会（SES San Jose）首次提出“云计算”（cloud computing）概念，由此拉开了一个计算技术以及商业模式变革的时代。目前，人们对云计算的研究与应用还在不断深入，对于云计算的定义也在不断完善中。关于云计算的定义比较常见的有以下几种：

第一，维基百科给云计算下的定义：云计算将 IT 相关的能力以服务的方式提供给用户，允许用户在不了解提供服务的技术、没有相关知识以及设备操作能力的情况下，通过互联网获取所需服务。

第二，工业与信息化部电信研究院的定义：云计算是一种通过网络统一组织、能够灵活调用各种 ICT（信息、通信和技术）信息资源，实现大规模计算的信息处理方式。云计算利用虚拟化、分布式计算等技术，通过网络将分散的运行平台、计算与存储等 ICT 资源集中起来形成共享的资源池，并以可度量和动态按需的方式向用户提供服务。用户可以使用各种形式的终端（如笔记本电脑、智能手机、平板电脑甚至智能电视等）通过网络获取 ICT 资源服务。

---

① 贺志强，庄君明．物联网在教育中的应用及发展趋势［J］．现代远程教育，2011（2）：77–80.

第三，美国国家标准与技术研究院（NIST）将云计算定义为：云计算是一种按使用量付费的模式，这种模式提供可用的、便捷的、按需的网络访问，进入可配置的计算资源共享池（资源包括网络、服务器、存储、应用软件、服务），要想快速获取这些资源，只需投入很少的管理工作或与服务供应商进行很少的交互。

简单地讲，云计算是一种基于互联网的超级计算模式，它将计算机资源汇集起来，进行统一的管理和协同合作，以便提供更好的数据存储和网络计算服务。

3.3.2 云计算技术的内涵和特征

（1）云计算技术的本质

云计算的本质定义可归纳为：通过网络提供可伸缩的廉价的分布式计算能力。云计算包含两个层次的含义：一是商业层面，即“云”；二是技术层面，即“计算”。云计算可以将各类资源集中起来，让用户在使用时可以自动调用资源，支持各种各样的应用运转，不再为细节而烦恼，从而专心于自己的业务的计算。

云计算通过把计算分布在大量的分布式计算机上而非本地计算机或远程服务器中，使得各类使用单位能够将资源切换到需要的应用上，根据需求访问计算机和存储系统。这好比是从古老的单台发电机模式转向了电厂集中供电的模式。它意味着计算能力也可以作为一种商品进行流通，就像煤气、水电一样，取用方便，费用低廉。最大的不同在于，云计算能力是通过互联网而不是通过有形的管道提供的①。

（2）云计算技术的特征

①资源池：计算资源汇聚在一起，通过多租户模式服务多个消费者。在物理上，资源以分布式的共享方式存在，但最终在逻辑上以单一整体的形式呈现给用户。

②按需自定义：用户可以根据自身实际需求，通过网络方便地进行计算能力的申请、配置和调用，服务商可以及时进行资源的分配和回收。

③快速弹性：服务商的计算能力能够快速而弹性地实现供应。服务商

① 王续荣．基于云计算的资源动态扩展技术在高校信息化管理中的应用［D］．上海：上海外国语大学，2014.

可以根据访问用户的多少，增减相应的 IT 资源（包括 CPU、存储、带宽和软件应用等），使得 IT 资源的规模可以动态调整，满足应用和用户规模变化的需要。

④广泛的网络访问：使用者不需要部署相关的复杂软硬件基础设施和应用软件，直接通过互联网或企业内部网访问即可获取云中的计算资源。

可以说，云计算是计算机网络技术发展到一定水平后的必然产物，因为它解决了很多个人电脑时代无法解决的问题。

3.3.3 云计算技术的服务模式

（1）云计算服务模式

云计算的服务模式（如图 3–12 所示）包括四种：第一种是 IaaS（Infrastructure as a Service，基础设施即服务），主要应用于基础设施层；第二种是 PaaS（Platform as a Service，平台即服务），主要应用于平台层；第三种是 SaaS（Software as a Service，软件即服务），主要应用于应用层；第四种是 RaaS（Resources as a Service，资源即服务），主要应用于应用层。基础设施包括网络系统、存储系统和服务器等硬件部分。平台提供虚拟硬

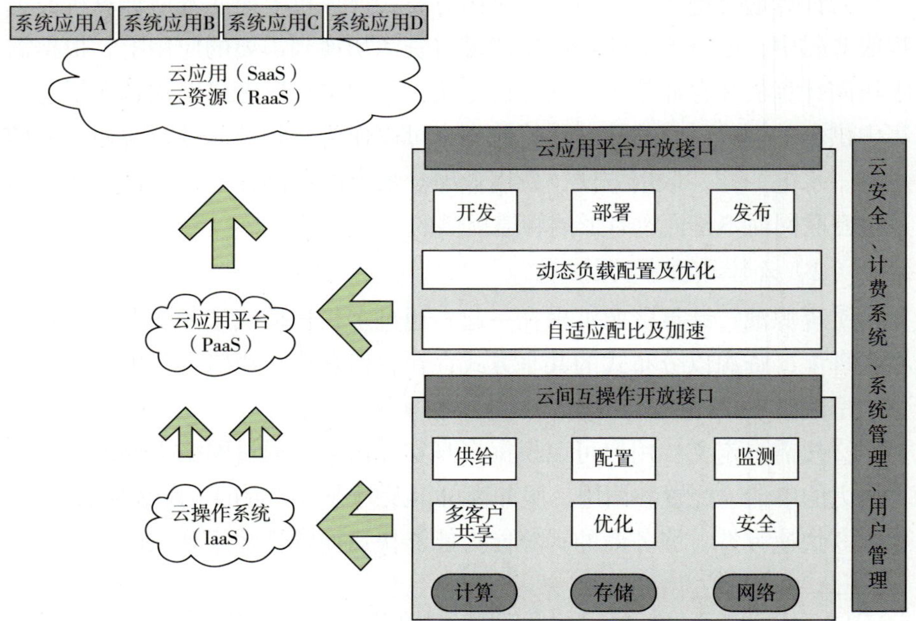

图 3–12　云计算服务模式

件资源和服务器租用等服务，包括认证、授权、数据管理等。平台服务系统主要由数据库、开发平台以及中间件等组成。软件服务层（应用层）是智慧校园的核心，也是智慧校园的上层服务。智慧校园教育信息化系统部署在软件服务层，通过系统门户提供服务，是用户获得服务的入口。资源服务层主要是基于互联网，提供教学资源在应用层的软件系统中共享使用的服务。

① IaaS。IaaS 是指把 IT 基础设施作为一种服务通过网络对外提供。在这种服务模型中，用户不用自己构建一个数据中心，而是通过租用的方式来使用基础设施服务，包括服务器、存储和网络等。在使用模式上，IaaS 与传统的主机托管有相似之处，但是在服务的灵活性、扩展性和成本等方面，IaaS 具有很强的优势。IaaS 概念要点如下：

第一，IaaS 服务商将租赁基础设施服务提供给用户使用。

第二，用户通过互联网使用自己租赁的基础设施服务。

第三，用户能够租用到满足自己需要的基础设施服务。

② PaaS。所谓 PaaS 实际上是指，将软件研发的环境作为一种服务，提供给技术开发人员，为他们提供丰富的中间件资源。PaaS 概念要点如下：

第一，PaaS 层不是一般用户能够操作得到的应用，是属于软件研发范畴的一个概念。

第二，最通俗的理解就是，运营商要提供给用户的 SaaS 应用产品应该是功能各异的，而 PaaS 层就是用来控制所创建的 SaaS 应用产品多样性的云平台支撑性服务体系。

第三，结论是，没有 PaaS 层，就没有 SaaS 应用产品的多样性。

③ SaaS。SaaS 是一种基于互联网的软件服务应用模式，服务提供商将应用软件统一部署在自己的数据中心，用户经由互联网订购相应的软件服务，按照使用软件的数量、时间的长短等因素进行计费[①]。SaaS 概念要点如下：

第一，SaaS 服务商将软件租赁给用户使用。

第二，用户通过互联网使用自己租赁的软件系统。

第三，用户能够租用到满足自己需要的软件。

第四，SaaS 服务商必须通过技术手段方便地创建满足用户需求的软件，

① 罗军舟，金嘉晖，等. 云计算：体系架构与关键技术［J］. 通信学报，2011,32（7）:3-19.

而不是零散地管理着成百上千套彼此之间毫无数据关联的软件。

④ RaaS。在教育培训领域，RaaS 是基于互联网提供教学资源服务的软件应用模式，中文名称为“资源运营”。RaaS 概念要点如下：

第一，RaaS 服务商将资源租赁给用户使用，也可以供用户下载使用。

第二，用户通过互联网能够使用网络上的资源，也可以下载后进行使用。

第三，资源要对用户有使用价值和吸引力，量要足够大，并且能够不断扩充与提升。

第四，RaaS 服务很多时候需要与 E-learning 类型的 SaaS 融合在一起使用，正如书与书柜、书与图书馆之间的关系一样。

（2）云计算的服务类型

从服务方式来划分，云计算可分为三种：一是为公众提供开放的计算、存储等服务的“公共云”，如百度的搜索和各种邮箱服务等；二是部署在防火墙内，为某个特定组织提供相应服务的“私有云”；三是将以上两种服务方式结合起来的“混合云”。

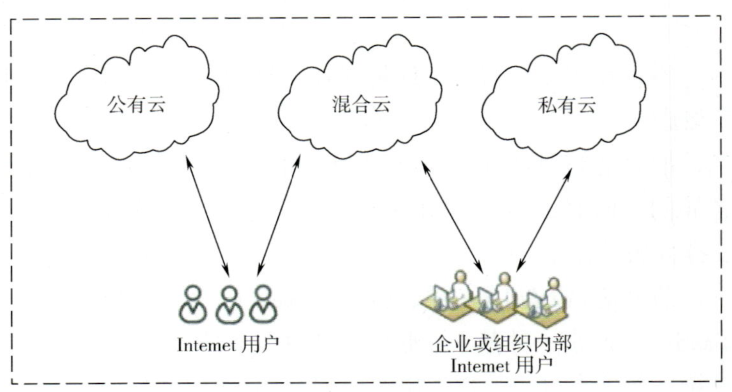

图 3-13　公有云与私有云

①公有云。公有云是指由政府或者云服务供应商通过公共 Internet 提供的有偿或者无偿的计算、存储、应用等云服务。在这种模式下，允许客户无须投资基础设施，仅根据使用量支付费用即可。

优点：除了通过网络提供服务外，客户只需为他们使用的资源支付费用。此外，由于用户可以访问服务提供商的云计算基础设施，因此他们无须担心自己安装和维护基础设施的问题。

缺点：与安全有关。公共云的基础设施可能驻留在多个国家，并具有各自不同标准的安全法规，所以信息安全可能存在风险。另外，用户对公共云只有使用权，在流量并发较大或者出现网络问题时，其稳定性缺乏保障。虽然公共云模型提供按需付费，性价比较高，但在大量数据需要转移时，其转移所需的费用可能较大。

②私有云。私有云是为一个组织内部单独使用而建的，对该组织技术能力与维护管理能力要求较高。因为企业或者组织对云有绝对拥有权，因此可以控制在此私有云上部署应用程序的方式。

优点：提供了更高的安全性，私有云一般部署在企业或组织内部数据中心的防火墙内或安全的主机托管场所，私有云的拥有者是唯一可以访问它的指定实体。

缺点：安装成本很高。此外，用户仅限于使用已建设完成的私有云资源，相对于公有云其扩展性较差。

③混合云。混合云是公有云和私有云两种服务方式的结合。由于安全和控制原因，并非所有的用户信息都能放置在公有云上，这样大部分已经应用云计算的企业将会采用混合云模式。

优点：允许用户利用公共云和私有云的优势。还为应用程序在多云环境中的移动提供了极大的灵活性。

缺点：因为设置更加复杂而增加了维护和保护的难度。此外，由于混合云是不同的云平台、数据和应用程序的组合，因此整合可能是一项挑战。在开发混合云时，基础设施之间也会出现兼容性问题。

3.3.4 云计算技术在智慧校园中的作用

（1）使用便捷，利于交互

云服务最大的优势就是简单易用。无须搭建复杂的环境或者安装巨型软件，就可以将自己的项目放在云端来运行，或者在线办公。教师可在课前将预习任务和材料上传至云平台，学生随时随地通过自己的移动终端获取预习材料进行预习。与此同时，学生学习的时长、内容、正误率等信息可被教师及时获取。

（2）对软硬件设施要求低，降低成本

学校现有的数字化教育资源共享建设中的成本主要来源于初期服务器、终端及网络接入等设备的购置、日常系统运营及维护和设备更新等费用。如果将职业院校数字化教育资源共享建设建立在云计算和服务的基础之上，可以将繁重的共享平台建设、服务器的配备、数字化教育资源的存储与管理等工作交给云服务提供商，不需要大规模的硬件投入，甚至是零投入。另外，云计算对用户端的设备要求很低，只要拥有可以上网的终端设备、一个浏览器，将终端设备接入互联网即可实现想做的任何事情，客户终端几乎不需要任何升级。

（3）促进实现精准教学

授课过程中学生通过移动终端与教师进行互动，学生在测试过程中每道题的计算时长、正误率等信息也会及时反馈至教师终端，教师能够准确掌握学生的学习情况并进行精准辅导。另一方面，通过云计算，对学生学习与生活等各方面信息进行收集、整理、分析，了解其生活与学习背景、学习风格、兴趣爱好等，并有针对性地提供个性化的资源与服务。

（4）保障数据安全

智慧校园内要达到高效互联、物联，其涉及的数据十分庞大。这个由大量结构化、非结构化、半结构化数据有机构成的系统，一旦某一环节出现问题，其维护工作将十分复杂且缓慢，这对于智慧校园软硬件设施及网络维护人员来说也是巨大的挑战。基于云服务，学校不需要花费大量的人力、物力、时间对软硬件及网络系统进行维护，云中数据安全可靠，不用再担心硬盘损坏、病毒入侵等多种因素导致的数据丢失等麻烦。

云计算技术的作用概括如图 3–14 所示。

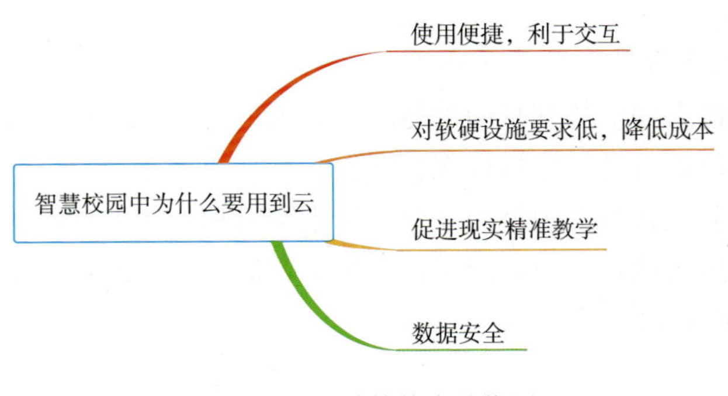

图 3–14　云计算技术的作用

3.3.5 云计算技术的教育应用

相比物联网技术，云计算技术在教育中的应用更为普及和成熟。云计算技术在教育领域的发展已经从原来的理论步入了实践。国内已有许多企业推出了教育云解决方案，如华为 eSpace 教育云解决方案、阿里云职业教育 1+X 认证中心解决方案、腾讯通用云教育方案等。

目前，我国云计算技术在教育体系中的应用主要集中在教育资源（硬件、平台、软件、学习资源）的共享上，这可以有效解决我国教育信息化推进过程中长期存在的重复投资、信息孤岛等“顽疾”。

此外，云计算系统可用于大规模的客户机需要安装大量常用软件的场景，非常适合用于校园网环境中构建全局计算环境。云计算系统可充分激发现有设施的潜能，满足师生在教学科研中的实际需求，大大提升校园网的应用和管理水平。云计算技术教育应用需求分析见表 3–3。

表 3–3　各构成体系智慧化对云服务的需求性分析

<table>
<tr><th colspan="2">校园信息化的核心构成体系</th><th>云服务</th></tr>
<tr><td rowspan="7">基础设施与支撑平台体系</td><td>数据中心机房、数据库与服务器</td><td rowspan="3">IaaS 基础资源</td></tr>
<tr><td>网络通信系统</td></tr>
<tr><td>感知系统与物联网设施</td></tr>
<tr><td>支撑平台层与大数据中心</td><td>IaaS 基础资源</td></tr>
<tr><td>校园信息系统安全</td><td>云防火墙、云容灾备份等</td></tr>
<tr><td>各类教学资源共享与网络教学服务系统</td><td>云教学服务</td></tr>
<tr><td>实习实训教学服务，包括数字化技能教室、虚拟仿真实训室、互动体验室等仿真实训环境建设</td><td>云教学服务</td></tr>
<tr><td rowspan="2">教学资源信息化</td><td>通用性基础资源</td><td>云教学服务</td></tr>
<tr><td>仿真实训资源，包括仿真实验软件、仿真实训软件、仿真实习软件等</td><td></td></tr>
<tr><td rowspan="4">学校管理信息化</td><td>决策支持信息综合服务</td><td rowspan="4">云 SaaS 服务</td></tr>
<tr><td>决策支持服务中心</td></tr>
<tr><td>教学管理服务中心</td></tr>
<tr><td>学生管理服务中心</td></tr>
</table>

续表

校园信息化的核心构成体系		云服务
学校管理信息化	教科研管理服务中心	云 SaaS 服务
	人力资源管理服务中心	
	办公自动化服务中心	
	设备资产管理服务中心	
	后勤信息管理服务中心	
	校企合作服务中心	
校园服务信息化	数字场馆服务，包括数字图书馆服务、职业体验馆服务、数字博物馆服务、数字艺术馆服务、数字科技馆服务等	公有云导入
	校园生活服务，包括校园一卡通服务、家校互通服务、校园文化与后勤服务以及个性化服务等	云 SaaS 服务
	校园安全服务，包括校园安全教育、校园监控等	云教学服务
	运维保障服务，包括日常巡视、现场技术保障、维修保养等	云 SaaS 服务 IaaS 基础资源

（1）构建网络学习环境，提高学习效率

云计算技术允许人们随时随地从任意终端访问信息及其他服务，增强了网络学习的灵活性和敏捷性，能够实现学习资源和学习工具“按需而用、即需即用、快速聚合”的目标，降低 Web 学习资源与服务的获取成本与难度，创建灵活敏捷的学习方式，从而提高学习生产力，最终改善学习效果。

武汉市某高等职业院校为推进翻转课堂、泛在学习与精准教学，两年前开始在全校范围内借助云课堂系统来辅助教学。系统的用户端主要面向教师和学生两个群体，学生端具有登录课堂、选择课程、课程学习、在线作业、在线测验、在线讨论、时间统计、学习者分析等功能。教师端除具有与学生端对应板块的相关管理功能外，还具有使用云盘、课程设计等功能。云课堂是一个具有教学资源管理、流媒体播放、课程管理、学习过程监管、在线学习中心、个人空间、云端教室支持、开放接口等功能的基础数据管理与课程授权系统。云课堂框架图如图 3–15 所示。

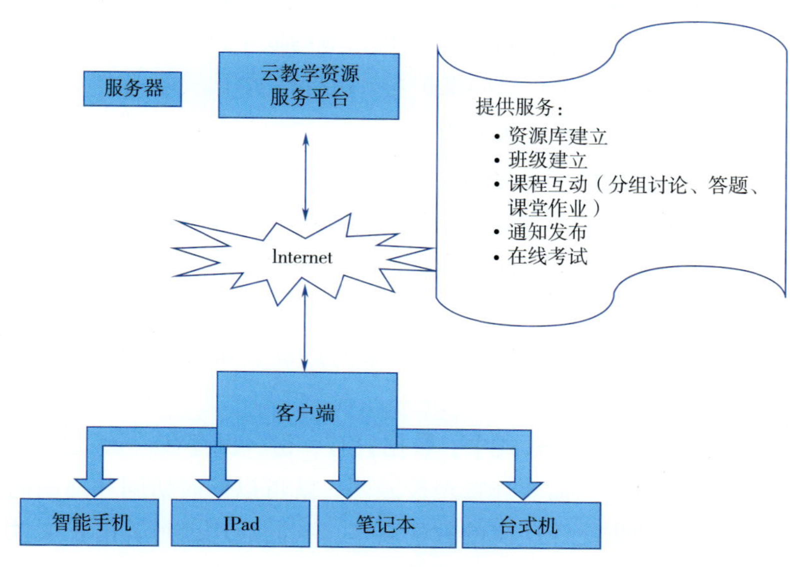

图 3–15　云课堂框架图

教师无须通过 QQ 文件或 U 盘拷贝向学生传递学习资源，学生通过云课堂，可以随时随地学习相应的教学课件、获取教学资源、扩展资源并记录笔记。在学习的过程中可通过讨论区发帖与同学和教师进行讨论或问题求解，通过聊聊功能可以实现即时聊天。教师通过平台向学生发布作业和测试，学生在线查看和提交作业、进行测试，并获得教师的反馈。

在课堂上，教师可通过平台向学生发布课堂测试，学生在线回答问题，其数据会即时反馈到教师的终端。通过学生回答问题的数据，教师可及时准确地了解各个学生对知识的掌握情况并及时调整课程进程。

学生在使用云课堂的同时，平台会记录学生各项操作行为信息，包括学习进程与时长、参加讨论频率与时长、测试与作业完成的时长与准确率等，教师基于一系列数据对学习者进行精准分析并在课后给出个性化的作业及测试，这一系列数据也将会成为教师考核学生的重要参考。

（2）建设校园网教育信息系统

各大高校在日常办公、教学和科研方面的硬件设施投入都是一笔巨大的开支，软硬件不断更新升级，由此带来的高昂成本阻碍了很多高校的发展。由于云计算对终端计算机本身的要求并不高，并且将设备更新换代的任务交给服务的提供者、数据中心的建立者或者相关服务的提供商，因此学校可以通过云计算服务来完成教育机构的数据中心、网络中心的相关任务，并可通过云计算提供的 IT 基础架构，节约成本，不用再投资购买昂贵的硬件设备，也不用负担频繁的维护与升级操作费用。

（3）建立校园云计算安全平台

云计算给校园提供了最可靠、最安全的数据存储中心，学校不用再担心数据丢失、病毒入侵等麻烦。云计算严格的权限管理策略可以帮助学校保证数据共享的安全性；同时，数据的集中存储更容易实现安全监测，学校可将信息存储在一个或者若干个数据中心，对应的管理者可以统一管理数据，负责资源的分配、负载的均衡、软件的部署和安全的控制。

（4）数据共享

在云计算的网络应用模式中，数据只有一份，保存在“云”的另一端，用户的所有电子设备只需要连接至校园网，就可以同时访问和使用同一份数据，从而实现数据更深层次的共建共享。共同应用云计算的扩展性非常强，各院系可以将现有的硬件资源共同加入一个云中，减少各个院系在资金和时间方面的投入，并实现真正意义上的资源共享。

校园云计算建设有助于学校提升校园管理水平和公共服务水平，可以有效提高教育、科研的水平和质量，创造一个更加和谐的校园环境。

3.4 虚拟技术及其教育应用

3.4.1 什么是虚拟技术

计算机图形学、计算机仿真技术、人机接口技术、多媒体技术以及传感技术为虚拟技术奠定了技术基础。虚拟技术的研究是一个交叉学科，虽然早于 20 世纪 60 年代人类就开始了相关研究，但直到 20 世纪 90 年代初，虚拟技术才真正作为一门较完整的科学体系出现。简单地说，虚拟技术就是通过对现有的 CPU、硬盘空间、内存空间等计算机资源进行组合或分区，形成一个或多个优于原有资源配置的操作环境，所提供的一种新的访问方式的技术。在教育领域中，虚拟技术提到比较多的有虚拟仿真与虚拟现实。

（1）虚拟仿真（virtual simulation）

虚拟仿真是将仿真技术与虚拟现实技术相结合，在多媒体技术、仿真技术与网络通信技术等信息技术的基础上，用一个系统模仿另一个真实系统的技术，是一种可创建和体验虚拟世界（virtual world）的计算机系统的高级仿真技术①。

（2）虚拟现实（virtual reality，简称 VR）

虚拟现实是指通过多媒体技术与仿真技术结合而生成逼真的视、听、触觉一体化的虚拟环境，使用户与虚拟环境中的客体交互作用，从而产生身临其境的感受和体验②。

3.4.2 虚拟技术的内涵与特征

虚拟技术的内涵，我们可以分为三点来理解：一是为使用者的视觉、听觉、触觉多种感官带来刺激，刺激的由来是使用各类信息技术开发的虚拟世界；二是利用这种多感官刺激让使用者有真实的沉浸感；三是人们能用动作和言语与虚拟环境中的对象交流。由此，我们可知虚拟技术主要有三个特征，即沉浸性、交互性和构想性。

（1）沉浸性（immersion）

沉浸性是从用户的角度来说的，其置身于计算机技术所营造的虚拟场景，用户的听觉、视觉甚至包括触觉、力觉等多种感知与真实环境隔离，虚拟场景应该能够提供全部人类具备的感知能力，使用户完全置身其中。

（2）交互性（interaction）

交互性是从人与机器的交流角度来说的，使用者与虚拟场景之间可以像在现实世界中一样，通过鼠标、传感器等输入设备与场景中的各类物体发生相互作用。

（3）构想性（imagination）

构想性是指它能使用户在虚拟场景中感知新的知识和体验新的发现。使用者通过沉浸性和交互性，对场景中的物体或者知识体系产生新的体验与发现，从而得到感性和理性的认知。它是基于沉浸性和交互性的一种高

---

① CHOI W,LI L,SATOH S,et al .Multisensory integration in the virtual hand illusion with active movement［J］.BioMed Research International, 2016（81）:1-9.

② 张力 . 应用虚拟现实技术提高网络教学质量的研究［J］. 电化教育研究，2003（6）:56-60.

级表现。

3.4.3 虚拟技术在智慧校园中的作用

虚拟技术能通过实物虚化、虚物实化等技术手段形象生动地表现教学内容，有效地营造一个跟随技术发展的教学环境，提高学生掌握知识、技能的效率，优化教学过程，提高教学质量，调动学生的学习积极性，突破教学的重点、难点。在教学实践中，虚拟技术主要有以下四个方面的积极作用。

（1）激发学习兴趣

相对于传统教育中知识的扁平性，虚拟现实教育的呈现更立体。将虚拟技术引入教学，在实现人与机器的交流、人与人交流的同时，让学习变得游戏化、情境化，真正做到寓教于乐，促进交流、知识表达及应用。

（2）增强学习体验

虚拟技术可创设逼真的场景，提供动态的高交互设置，学习者在其中显示出较高的学习动机和参与度。除问题解决外，学习者在虚拟现实中学习，往往伴随着角色扮演。学习者被赋予明确的角色，尤其是青少年学习者常习惯于这种自我表征方式，且会通过角色表达所思、所想、所感。更重要的是，这种学习体验会激发学习者的创造力和想象力。

（3）拓展学习的多维空间

虚拟技术彻底打破时间与空间的限制，消除时间与空间造成的认知阻断。大到宇宙天体，小至原子粒子，学生都可通过虚拟现实进行观察。一些需要很长时间才能观察清楚的变化过程，通过虚拟技术可以在很短的时间内呈现给学生观察。通过虚拟技术，以往只能通过书本了解到的知识如今可以给人直观展示，带给学习者沉浸式体验。利用虚拟技术建立起来的虚拟实训基地中的虚拟设备和部件可根据需求随时更换，教学内容也可以不断更新，使实践训练与时俱进。

（4）提供更安全的学习环境

虚拟技术可模拟某些真实情境，在安全的前提下让学生学会应对某些现实场景中不可预知的危险。在虚拟实验室，学生可以用虚拟实验器材进行实验，避免危险化学品可能引发的安全问题。另外，利用虚拟技术，可以解决学校普遍存在的实验设备不足、型号落后、教学经费场地缺乏、难以跟上科技发展速度等方面的不足，使学生足不出户便可以在安全的虚拟环境里做各种各样的实验，获得与真实实验一样的体会，加深对教学内容的理解。

3.4.4 虚拟技术的教育应用

虚拟技术的发展在带来技术进步的同时，也为教育领域的发展提供了强大助力。虚拟技术为校园带来了越来越多先进的教学手段，一方面为校园带来了教学水平和质量的提高，另一方面让教育信息化进程紧跟时代发展的步伐，与科技进步齐头并进。随着虚拟技术在教育领域应用的不断深入，仿真实训系统、仿真实训资源、职业体验馆、数字博物馆、数字艺术馆、数字科技馆、虚拟校园服务等新兴应用正如雨后春笋般走进了我们的校园。虚拟技术教育应用需求分析见表 3–4。

表 3–4 智慧校园对虚拟技术的需求性分析

校园信息化的核心构成体系		虚拟技术
教学资源信息化	仿真实训资源，包括仿真实验软件、仿真实训软件、仿真实习软件等	需要
校园服务信息化	数字场馆服务，包括数字图书馆服务、职业体验馆、数字博物馆、数字艺术馆、数字科技馆等	需要
	虚拟校园服务	需要

（1）思政 VR 实践教学中心

从传统的“听讲”课堂，到多媒体可视化设备进入课堂，再到虚拟仿真教学设备和资源的应用，越来越先进的科学技术被应用到教师的授课中，丰富了学生的学习体验并提高了其学习兴趣。思政 VR 实践教学中心是一种以思政数字化教学资源、VR 教学资源为教学内容载体的专用多媒体教学环境。该教学环境主体上可以由思政教育 VR 体验馆、思政教学 VR 教室两部分构成，通过集中运用数字化思政资源、VR 虚拟思政资源等信息化成果，使得教材及教辅内容变得鲜活、可体验和可虚拟参与，能够有效促进课堂教学效果的提升，实现传统思政课教学模式与方法的创新，并可以进一步向思政虚拟互动实践场景等领域探索与发展。

①思政教育 VR 体验馆。思政教育 VR 体验馆（如图 3-16 所示）使个体在形体、情绪、知识上进行参与，学习者通过参观、操作、使用体验馆中多媒体设备、VR 设备，以及通过展品的文本、动画、视频、VR 虚拟场景等形式的解释性说明学习思想政治内容。以思政教育的要求为目标，依托 VR 技术沉浸式教学的优势，对思政教育 VR 体验馆进行了整体布局并提出以下要求：

第一，根据真实场馆或遗址设计虚拟展馆。

第二，以学生的体验式学习为核心进行功能性设计，学生可置身于 3D 虚拟场馆中，以不同的视角和线路参观学习。

第三，三维场景逼真，展品内容丰富、形式多样。

第四，集成文字、图片、视频、背景音乐、语音解说等多种媒体，立体化、多方位呈现信息。

第五，图片及其中文字需清晰可辨，视频需依据知识点剪切成微片段嵌入到相应位置。

第六，系统界面设计贴合主题、美观大气，需包含展厅切换的按钮、视音频链接热区以及讲解语音切换的 UI 元素等。

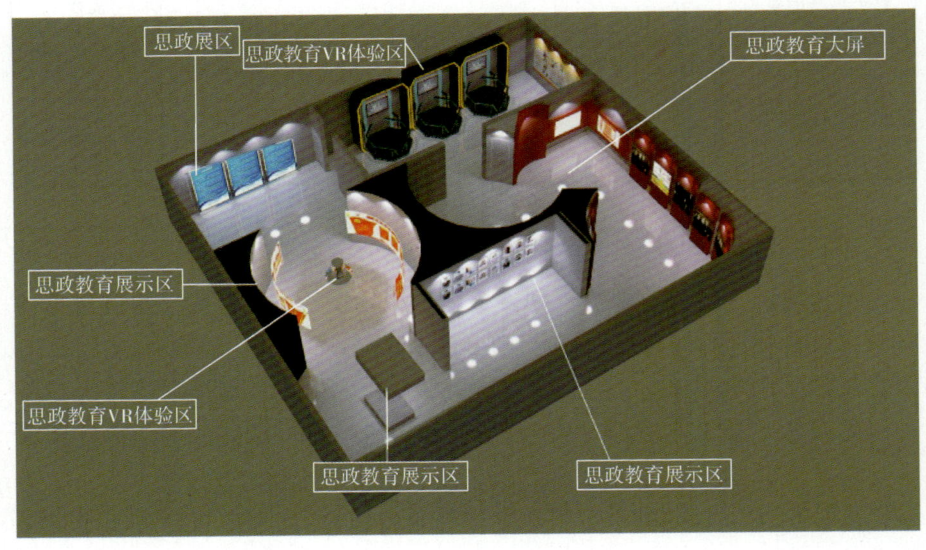

图 3-16　思政教育体验馆布局图

②思政教学 VR 教室。思政教学 VR 教室（如图 3-17 所示）构建有数字化体验式教学平台和一系列经过互动化设计的思政课，搭配思政课理论

教学资源包，教师可充分利用智慧教室互动设备和多媒体资源，采用双师课堂、云端思政课、翻转课堂等方式，由灌输式的单向教学模式变为双向互动；在思政教学 VR 教室配备有 VR 眼镜和 VR 系列课程，利用集中教学或自主体验的方式，学生可通过 VR 眼镜主动、沉浸式学习党和国家的历史等 VR 课程。

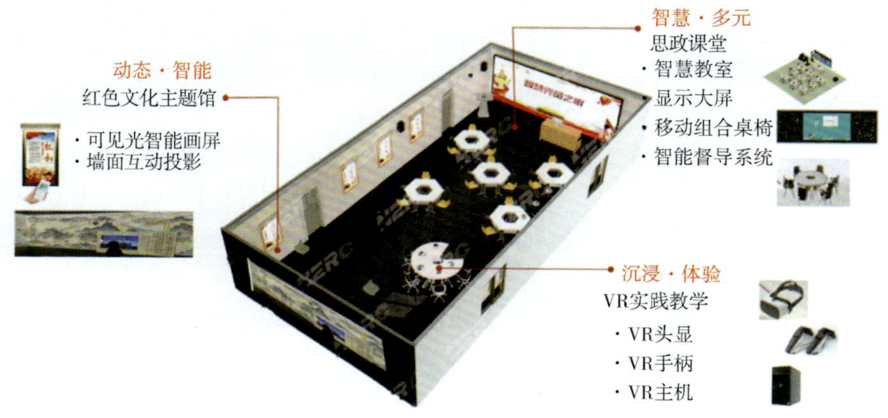

图 3-17　思政教学 VR 教室布局图

（2）虚拟校园漫游系统

基于三维建模式的虚拟校园系统是运用虚拟现实技术、Web3D 技术和数据库技术，对学校的建筑物数据、校园网络结构、属性数据和其他数据进行处理，建立基于网络的、可交互操作的、三维数字化虚拟校园信息查询系统，实现视图操作（平移、旋转、渲染、光照、雾化、视点变换）、三维漫游（绕点漫游、沿路径漫游、自由漫游）及漫游控制等功能。

用户可以在系统中通过行走、鸟瞰以及选择不同的摄像机视图来多视角观看校园景观，以达到全方位认识校园的目的。数字化三维虚拟校园对于建设和谐校园、校园庆典、校容校貌的展示等具有非常重要的作用，必将成为校园信息化建设的重要组成部分。图 3-18 展示了北京信息技术学院虚拟校园系统界面。

（3）中职汽修虚拟仿真实训教学

“汽修虚拟实训课”即“面向实训课堂的汽车虚拟教学互动体验”，让学习者具有身临其境的真实感受。学习者可以在电脑上进行汽车的拆装、

图 3–18 北京信息技术学院虚拟校园系统界面

部件的维修、日常保养等训练工作，充分了解整体过程，掌握操作技能。计算机虚拟实训技术能够在一定程度上为中国汽车维修职业教育解决实训设备人均台套数少、实训教学师生比例小、实训室面积不足等因素造成的实训效果差的问题。简单地说“虚拟实训课”教师将原先放在实训室进行的实物操作，改在计算机机房进行，而学生利用相关的虚拟软件学习相应的实验训练课程。

中职汽修虚拟仿真软件系统功能设计如图 3–19 所示。

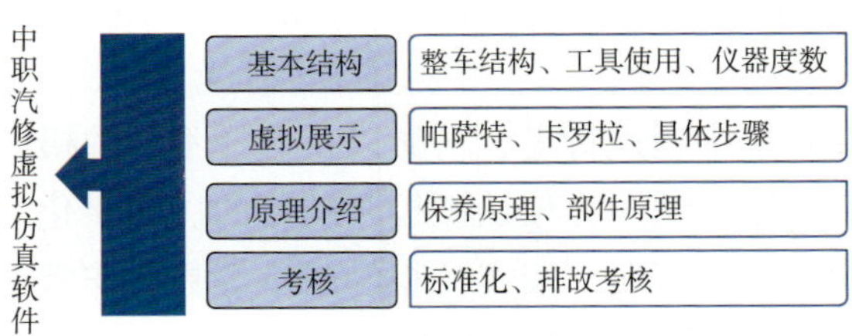

图 3–19 系统功能设计图

①基本结构。该模块是对汽车保养所涉及的整车部件名称、所使用工具的具体操作方法、各项仪器读数的含义，以及保养具体部件的结构进行

逐一的分析和介绍。按照多种车型真实的实物尺寸，该软件提供完整的仿真三维模型，表现整车及各部件的真实结构（如图 3-20 所示）；提供汽车各个零部件的三维实物模型，不但包括了发动机、变速器、ABS 等汽车主要零部件的模型，而且包括了各类传感器、油路、电路等较小的零部件的实体模型，所有模型都按照实物尺寸建模，反映了部件的真实结构。为了便于用户全方位观察模型，软件提供了灵活多样的三维模型视图操作方法，特别是智能旋转功能使得三维视图的旋转操作更加自如，并且提供了实体、剖面、透明、爆炸图等方式。

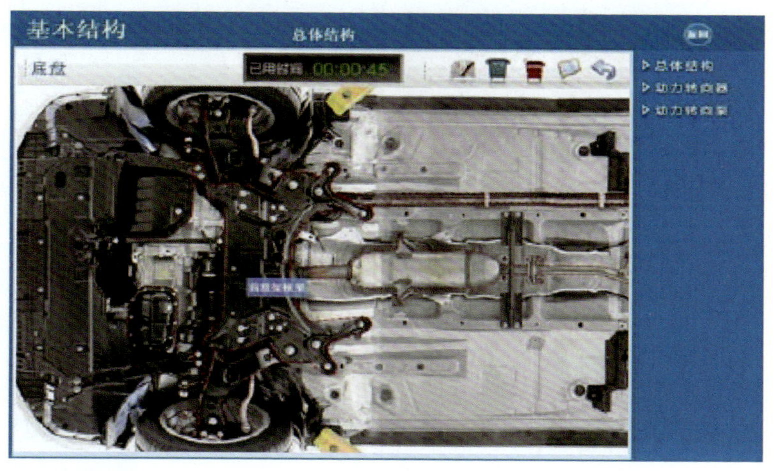

图 3-20　基本结构界面

②虚拟展示。本模块主要以两种车型（大众帕萨特车型、丰田卡罗拉车型）二级保养流程教学录像结合二维和三维的具体部位工作要求展示给学生完整的保养工作过程。本模块还提供了发动机运行和点火启动、空调运行、ABS 系统运行、变速器油路等系统的原理演示动画。动画演示采用了交互式技术，生动形象地演示了各系统的运作过程和原理。学生可以自己操纵油门、刹车、离合器和档位来控制原理动画的演示过程。基于开放性的题材库和软件的练习程序，可以方便地布置仿真实训练习作业，并具有学生仿真实训操练的管理功能。汽车维修最基本的技能是零部件的拆卸和装配。为训练此项技能，特别设计了零部件的拆卸和装配功能。软件的装配界面分为装配区和零件摆放区。待装配的零件模型有序摆放在零件摆放区，有助于学生养成良好的装配习惯。将

摆放区的零件模型拖入装配区进行装配，软件提供了多个特定的装配视角，以便用户在合适的位置进行装配。只有按特定的装配顺序进行装配，才能完成装配任务；否则，将无法装配，并且软件会给出提示。按照汽车保养手册中各阶段的规定和要求进行仿真保养及日常维护操作，使学生既能了解整体模块，又能深入到单步骤操作，每个环节的注意事项也能充分掌握，从而达到仿真实训的效果。虚拟展示界面如图 3–21 所示。

图 3–21　虚拟展示界面

③原理介绍。在此模块中主要对二级保养所涉及的基本原理进行分析和介绍，提供了各种结构的互动式三维运动仿真（如图 3–22 所示）。模型增加半剖、透明等显示方式，用户可以清晰、直观地查看到原本无法看到的系统运行时的内部状态和原理。互动式的设计，使得用户可以自由地切换档位和调节速度，在三维模型的运动过程中看到相应的变化，并给出相应档位的动力路线的文字说明。系统电路图来自实际汽车的资料。系统电路图同系统实物图和系统当前的运行状态相关，例如在电路图上选中零部件，可以查看到相应的实物模型。为了便于查看电路图，在电路图上单击鼠标右键可使用放大镜功能。为了便于了解实际电路系统布局、接线情况，还提供了系统电路的布局图。当系统的运行状态发生变化时，电路图上相应电路状态值（电阻和电压）也会相应变化，可以使用万用

表测出改变的值。

图 3-22 原理介绍界面

④考核。利用题库管理程序和开放性的题材库，可以编制汽车维修仿真试题库。使用考试管理程序和考生程序，可以组织学生进行仿真实训考核。考核模块分为标准化考核和故障诊断考核两部分。标准化考核是将二级保养的整个过程进行细化，并要求学生在电脑上完成保养的各个基本环节，一般不设置故障点；而故障诊断考核则由教师通过软件手动设置或由电脑随机设置保养会涉及的 10 个排故点。程序可以设置各类汽车故障点 200 多个，可以进行重要零件的检修、基于故障码和故障现象的故障诊断，并提供多种仿真检测工具和手段，从而考查学生实际操作的能力。设定故障后，相关联的系统电路状态值（电压和电阻）、排放值、油路压力或进气管真空度会相应改变。此时，用相应的测量工具去测量，可以看到改变后的值。在找到故障部件并修复它后，系统的运行状态和故障部件的状态即恢复正常，同时相关的测量值也恢复正常。考核模块直接给出学生各项目的得分和最终完成整体保养过程的总得分。教师只要根据得分就可以了解学生对本课程的掌握情况，较之以往更为客观和公正。[①]

---

① 罗敏杰 . 中职汽修虚拟仿真实训教学研究［J］. 新课程（下）,2011（05）.

3.5 大数据技术及其教育应用

3.5.1 什么是大数据技术

大数据的出现最早可追溯到1970年，当时著名的未来学家阿尔文·托夫勒在他的第一本畅销书《未来的冲击》中就对大量数据、非结构化数据、信息通道和信息过载有了惊人的预测，书中指出大量的“人工编码信息”将代替自然信息，充斥人们的生活，却又有惊人的准确度。但这时的大数据只是在一些特殊行业小范围有所应用，对社会的影响范围有限。1997年，美国为了解决空气动力学问题，将解决此问题的难度归结为“大数据”，并且准确无误地阐述了大数据的以下关键词：分布、远程、大量信息、可视化和处理，这些关键词至今仍是引用“大数据”时经常用到的概念。

大数据概念的真正兴起在2008—2012年。2008年9月4日，英国《自然》杂志刊登了一个名为“Big Data”的专辑，首次提出大数据概念，对如何研究PB级容量的大数据流以及正在制定的、用以充分利用海量数据的最新策略进行了探讨。2011年5月，EMC（全球最大的外置存储硬盘供应商）举办了主题为“云计算相遇大数据”的大会，紧随其后，国际商业机器公司（IBM）、麦肯锡等众多机构发布了“大数据”的相关研究报告。2011年6月麦肯锡全球研究所发布研究报告——《大数据的下一个前沿：创新、竞争和生产力》，首次提出“大数据时代”来临。此后，联合国、世界经济论坛也纷纷关注信息时代海量数据对社会经济发展所带来的冲击，2012年5月联合国“全球脉动”计划发布《大数据开发：机遇与挑战》报告，阐述了大数据带来的机遇、主要挑战和大数据应用。2011年和2012年达沃斯世界经济论坛将大数据作为专题讨论的主题之一，发布了《大数据、大影响：国际发展新的可能性》等系列报告。①

从技术层面上分析，一些全球知名公司，如麦肯锡、高德纳（Gartner）和知名信息化企业如IBM等给出了自己对大数据的界定。他们认为大数据并不只是一项单一的技术，而应该是从存在的一个技术概念逐步发展延伸

① 陈瞳．大数据技术在构建智慧校园中的应用［J］．电子技术与软件工，2019（07）：189.

的一套技术。大数据是以海量数据为基础并加以分析，依托数据和分析衍生出各种高价值的产品、服务和见解，让数据能够得到最高效利用。

“大数据”作为信息社会发展的一个新生事物，目前尚处在逐渐被认识、被应用的初始阶段，学术界和IT行业对大数据的理解各有侧重，尚未形成一致的认识，因此很难对其进行精准的定义。以下将从大数据的技术属性和社会属性两方面入手，对其概念进行阐释。大数据属性构成示意图如图3–23所示。

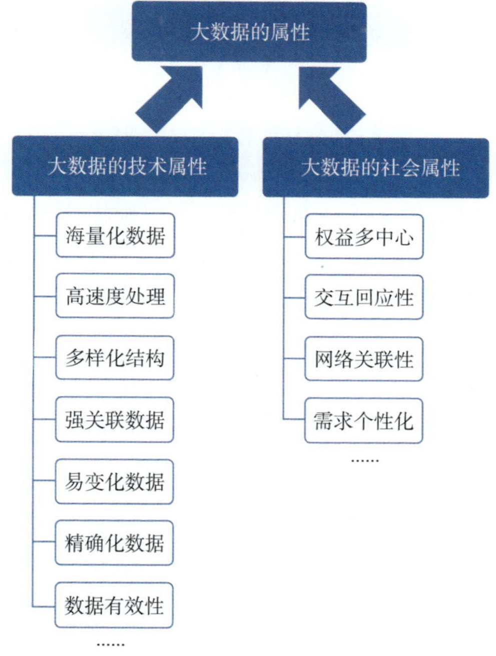

图3–23　大数据属性构成示意图[①]

3.5.2　大数据技术的内涵与特征

（1）大数据技术的“4V”理论

大数据在诞生之初仅是IT行业内的一个技术术语，维基百科将其定义为所涉及的数据量规模巨大到无法通过人工在合理时间内实现截取、管理、处理，并整理成为人类所能解读的信息大数据的特征被概括为“4V”理论，如图3–24所示。

① 王运武，于长虹.智慧校园：实现智慧教育的必由之路[M].北京：电子工业出版社，2016.

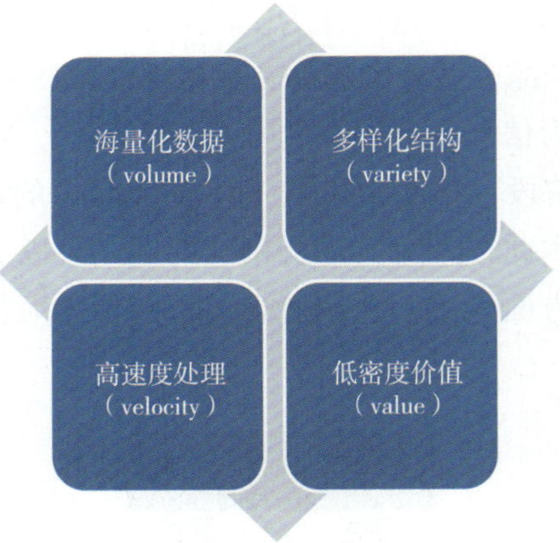

图 3-24　大数据的“4V”理论

①海量化数据（volume），即体量巨大、规模完整的数据。随着网络带宽的发展和扩容，数据加工处理技术的进步，以及各类网络活动的不断增多，数据产生量和存储量的增长速度呈指数增长，数据规模已经发展到了 PB 级别。

②多样化结构（variety），即数量众多的数据类型。随着网络活动越来越频繁，活动的类型也越来越多样，而这些不同类型的活动所产生的非结构化数据所占比例越来越大。

③高速度处理（velocity），即各类数据的高速度处理。数据规模的扩张速度越来越快，对数据处理技术也提出了更高的要求，传统的数据处理方式已无法满足当下数据发展的需要，我们需要时间敏感性更强和分析决策性更准确的高速数据处理方式。能够实时抓获数据信息并加以处理是大数据和传统的数据处理技术最本质的区别之处。

④低密度价值（value），即大数据运用的真正价值。现实数据规模巨大并不断累积，但数据的规模并不匹配数据价值，相反，这些数据间存在更多的稀缺性、不确定性和多样性。

随着大数据应用的深入，人们对最初的“4V”有了不同的理解和看法。2013 年，IBM 就“大数据”如何定义做了调查分析（见图 3-25），结果显示人们对“大数据”的定义和理解并不统一，按照认可比例大小依次为：“更广的信息范围”“新的数据与分析类型”“实时信息”“来自新技术的数据”“非传统形式的媒体”“大数据量”“最新流行词”“社交媒体数据”。

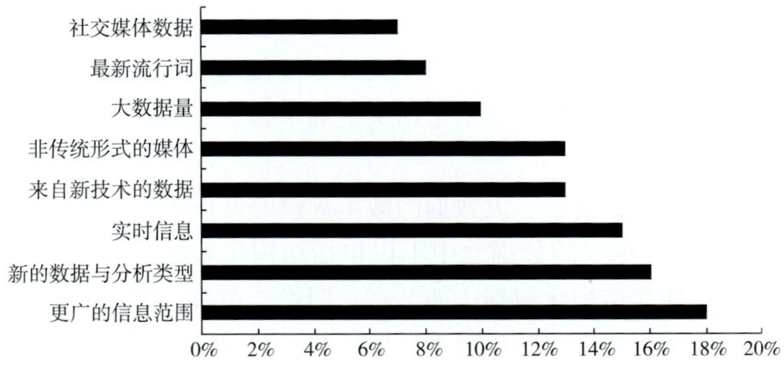

图 3-25　大数据定义的调查结果

基于这个调研和其他相关研究，大数据新的“4V”特点被提出：数量大（volume）、多样性（variety）、高速度（velocity）和真实性（veracity）。尽管前 3 个 V 涵盖了大数据本身的关键属性，但真实性是当前亟须考虑的重要维度，将促使人们利用数据融合和先进的数学方法进一步提升数据的质量，从而创造更高价值。①

随着大数据的发展，在 2014 年人们提出将大数据的特性由“4V”扩展为“Vs”。在已有大数据特性的基础上，“Vs”增加了三个特性：数据黏度(viscosity)，主要用来衡量数据流间的关联性；数据易变性(variability)，主要衡量数据流的变化率；数据有效性（volatility），主要表明数据有效性的期限和存储的期限，这些特性在大数据技术发展的过程中逐步体现出来，大数据“Vs”特性总结见表 3-5。

表 3-5　大数据“Vs”特性

Vs	特性	描述
Volume	海量化数据	衡量数据的规模
Velocity	高速度处理	衡量数据的处理速度
Variety	多样化结构	衡量数据的类型
Viscosity	强关联数据	衡量数据流间的关联性
Variability	易变化数据	衡量数据流的变化率
Veracity	精确化数据	衡量数据的确定性
Volatility	数据有效性	表明数据有效性和存储的期限

① 刘叶婷，唐斯斯．大数据对政府治理的影响及挑战［J］．电子政务，2016（6）．

（2）大数据技术概念的新解读

随着大数据概念的普及，其内涵已经不仅仅局限于技术维度，而是在演变过程中不断扩展，形成了一个语义更加丰富、维度更加多元的综合性的概念。

①大数据是一种技术。大数据的数据规模非常巨大，一般认为需要达到 PB 级别，在这庞大的数据之中不仅包括结构化数据（如数字、符号等数据），还包括非结构化数据（如文本、图像、声音、视频等数据）。这使得大数据存储、处理或应用很难利用传统的关系型数据库去完成。要挖掘有价值的信息，需要利用可视化分析、数据挖掘算法、预测性分析能力、语义引擎和数据质量管理等技术对海量数据进行快速处理，并获取有价值的信息。

②大数据是一种能力。大数据是一种分析能力，是在海量数据寻找内在价值或联系的能力；大数据是一种预测能力，通过对海量数据的分析找到事物发展的规律，进而预测未来；大数据是一种创新能力，大数据通过对数据的整合，将看似不相关的数据进行“重组”和分析，挖掘数据的潜在价值，进而实现数据创新，这种创新有可能带来产业的转型，也可能创新某种产品。

③大数据是一种理念。首先，尊重数据，承认“数据是资产”；其次，打破以往“数据是权力，不愿开放共享”的思想，实现开放共享才能共赢；最后，树立“用数据说话”的决策理念，改变原来更多依靠“经验决策”的传统模式。

④大数据是一个时代。大数据时代是一个以数据为重要资产的时代，政府将加强对数据的治理和管理，提升数据控制力和国家控制力。每个个体都可以表达意愿，使得社会更加个性化、民主化、自由化和开放化。①

3.5.3 大数据技术在智慧校园中的作用

（1）大数据技术在智慧校园中的“四种效应”

大数据技术在教育信息化中的作用，可突出表现为“四种效应”：整合效应、降噪效应、倍增效应和破除效应。

①对教育的整合效应。教育信息化在进行信息系统建设的同时，必须

① 刘叶婷，唐斯斯．大数据对政府治理的影响及挑战［J］．电子政务，2016（6）．

注重系统中的内容和数据的建设。在如今的大数据时代，数据的价值往往超过系统本身，数据重于管理、管理重于技术是信息化领域比较公认的规律。而要使大数据的核心价值能够得以体现，这些数据必须处于“开放”的状态，大数据就是通过研究数据来分析得出事物发展内在的客观规律，这些规律的价值受到数据的真实性和广泛性的影响，怎么样获取更广泛、真实的数据是当前大数据发展亟须解决的问题。由于各个领域所产生的数据长久以来缺乏必需的开放性，不同的行业主体都拥有各自领域的大量数据，而这些主体基于各种原因并不愿意免费分享数据。同样的状况也出现在教育领域，不同学校、教育管理部门、教育培训机构等经过多年的信息化建设和沉淀，已各自拥有独特的教育数据资源，其中一些优势的资源被一部分主体所垄断。随着信息技术的发展，信息化教育资源的应用越来越普遍，其需求量也越来越大，单一的信息化教育资源增长已经不可能满足需求端的增长速度，因此我们需要将海量的、高质量的、颗粒度较细的教育数据汇聚起来，让这些数据关联交互产生更高价值的信息，从而通过“开放共享”的模式来促进教育资源的增长，产生“1+1>2”的规模效应。大数据的应用已经引起了教育领域的量变，并为其质变提供了必要条件。

②对教育的降噪效应。全球数据量正以每年 50% 的速度增长，而且数据类别也越来越多元化。有时候海量数据会因为“噪声”影响数据质量。噪声（noise）是被测量的变量的随机误差或方差。数据的海量增长，并不意味着人们自身的理解能力和分析能力在同步增长。大部分信息都只是噪声而已，而且噪声的增长速度要比信号快得多。大数据的降噪功能在教育中也经常被用到，例如基于大数据分析与长期的结果验证，大数据学情分析模型被不断优化，我们可以根据模型从海量的学生相关数据中自动挑选出有效数据加以精准分析，“噪声”数据被自动舍弃。基于大数据手段，我们既提高了学情分析的精度，更大大提高了分析的效率，能够基于日常数据迅捷、精准地刻画学生特点、洞察学生学习需求、引导学生学习过程、诊断学生学习结果。

③对教育的倍增效应。经过多年的积累，教育领域已经积累了海量的数据，但为什么只有在大数据迅猛发展的近两年中，智慧校园才得以迅速发展？其主要原因就在于，大数据起到了将以往休眠的数据激活，将静态的数据变为动态数据的“催化剂”作用，让教育数据产生出更多的“倍增效应”。一方面，大数据在破解传统教育所面临的“教改难”“择校难”“入

园难”等问题上将发挥独特的优势，“数据驱动决策”“数据驱动流程”的模式将在教育行业得到广泛应用；另一方面，大数据给教育领域创新带来了新的活力，在帮助教育产业转型、创造新的教学模式、进行技术创新等方面都将发挥积极的作用。

④对教育的破除效应。由于标准体系的不健全和缺乏信息化统筹推进机制，我国各地、各层级的教育信息系统在数据规范、接口标准等方面缺乏协同，互通性较差，信息孤岛现象严重。这就需要大数据技术对教育行业内部和行业间的“数据孤岛”现象进行科学处理。引入大数据技术的目的就在于统一异构数据、打破数据壁垒，实现与其他部门数据的互联互通和互利互惠，使数据更易保存应用的同时，赋予数据智慧的属性。例如，学校系统可以和社会招聘系统的数据系统互联互通，通过当下社会需求的分析，合理配置专业和教学资源，正确引导学生创业就业。

（2）大数据技术在智慧校园中亟待解决的问题

①数据搜集标准不统一。首先，由于许多学校的智慧校园是在数字校园的基础上升级而来的，很多业务系统是在不同时期规划和建设的，数据各自为政，形成很多数据孤岛。这些系统之间的信息现在虽然能通过开发数据接口和数据交换平台方式实现共享，但数据依然缺乏一定的规范性、完整性和统一性。其次，学校在智慧校园建设整体规划中往往侧重系统功能而忽视了数据统一标准的制定，没有充分地考虑后期的数据维护与数据更新问题，致使在系统功能使用后期会出现由于数据标准不统一而影响系统的流畅稳定，甚至出现基础数据返工重新采集的问题。数据是一切业务系统建设的基础，数据标准一定要先行制定。最后，教育行业标准的制定滞后，2012 年才发布了教育信息化的行业标准，使得之前的系统数据缺乏指导性的参考，造成了数据冗余的现象，从而使共享数据的利用率大打折扣。

②忽视非结构化数据的处理。从目前智慧校园中大数据的实际应用情况来看，尽管信息化校园产生了大量的数据，但多数都是对结构化业务数据进行分析和挖掘，非结构化数据的应用有待提升。非结构化的数据往往数量巨大、种类形式混杂，不仅包括各类文档、课程资料、科研数据、网络言论和报表等数据，还包含图片、视频和音频等各种数据。目前非结构化数据分析挖掘的成熟度和深度远远落后于结构化数据的分析和挖掘，存在许多待研究的难题。然而，如果智慧校园缺失这些能全面反映师生工作、学习和思想行为的非结构化数据，必然会限制大数据更广范围的应用。高

校需要实时关注非结构化大数据分析方法的前沿研究动态，同时通过高校间的沟通借鉴互通有无，进一步协作探索新型的非结构化大数据的挖掘和分析方法。

③缺少综合性的专业人才。在大数据的挖掘过程中，学校部分信息技术人员和业务部门往往只停留在对大数据的浅层分析上，只能得出数据间简单的因果关系。大数据挖掘的结果一般不具备明确性，不同的分析工具由不同的操作者使用会产生不同的结果，需要实践经验和专业知识相结合的综合型人才才能对其做出准确判断。而目前我国大多数高校都缺少此类既精通数据挖掘技术又具备教学经验和校园管理经验的综合性人才，学校要大力引进和培养此类专业人才。

④缺乏资金保障。构建智慧校园数据分析系统，前期需要投入较多资金，包含高昂的基础软硬件购置费用和技术培训费用等，很多学校以项目方式投入一次性的初始资金。由于数据挖掘应用系统本身只是一个分析工具，分析结果也还存在着局限性和不确定性。在缺少综合性专业技术人员的应用初期，在数据不完备、有效性不高的情况下分析得出的结果也许会背离管理者的预期，使得管理者很难相信应用系统给出的决策方案，结果常常是他们仍会凭借自己的主观经验来做决策，这会使数据挖掘流于表面，从而使项目结束后的后续开发维护费用审批变得困难重重。

⑤数据安全和个人隐私保护重视不够。在智慧校园的大数据环境下，数据安全是一个必要课题，需要通过技术和制度保障逐步解决这样一些问题：一是保证校园网数据的安全性。建设规划必须考虑部署先进的防火墙和数据审计设备，杜绝对数据存储系统的非法访问。二是建立数据使用的安全机制。确定少量数据管理的超级管理员，数据开发者和管理者根据层级划分权限，所有数据由信息技术部门统一维护和管理，数据开放和共享应该以隐私消除后的数据为主，并严格规定使用级别。三是建立应用权限管理制度。在大数据搜集和应用中，人事部门要加大对个人信息的监管，建立个人隐私保护机制，做好个人信息的管理与解释工作。信息管理部门做好存储个人信息硬件及软件的检查与管理工作，保证重要信息的安全。

3.5.4 大数据技术的教育应用

随着教育信息化进程的推进，学习、教学、科研、管理过程无时无刻不在产生海量数据。大数据时代的到来给教育教学变革和教育理论创新提供了前所未有的大好机遇。大数据的思维和理念可以为变革教育测量与评价方法、创新教育教学模式、优化教育决策等提供客观依据以及新的研究视角，能够更好地推动教育与技术的深度融合。大数据技术教育应用的需求分析见表 3–6。

表 3–6　各构成体系智慧化对大数据技术的需求性分析

校园信息化的核心构成体系		大数据
基础设施与支撑平台体系	感知系统与物联网设施	各类大数据的收集、汇总、分析、呈现等
	校园信息系统安全	需要
教学环境信息化	实习实训教学服务，包括数字化技能教室、虚拟仿真实训室、互动体验室等仿真实训环境建设	需要
教学资源信息化	仿真实训资源，包括仿真实验软件、仿真实训软件、仿真实习软件等	需要
学校管理信息化	决策支持服务中心	需要
	教学管理服务中心	
	学生管理服务中心	
	办公自动化服务中心	
	设备资产管理服务中心	
	后勤信息管理服务中心	
	校企合作服务中心	
校园服务信息化	数字场馆服务，包括数字图书馆服务、职业体验馆服务、数字博物馆服务、数字艺术馆服务、数字科技馆服务等	需要
	校园生活服务，包括校园一卡通服务、家校互通服务、校园文化与后勤服务以及个性化服务等	
	校园安全服务，包括校园安全教育、校园监控等	
	运维保障服务，包括日常巡视、现场技术保障、维修保养等	
	虚拟校园服务	

(1)数据挖掘与学习分析有助于教学决策和评价

教育大数据记录了教学的过程，并能发现新的知识点，创造更大的教育价值，促进和优化教学策略与评价方式。在移动互联网时代，知识的获取变成以学生为中心，每个学生的智力特点和吸收知识的水平都是不一样的，移动互联网恰恰支持了以学生为中心的学习模式，突破了传统的教学模式。新兴的教育技术与资源使得教育更加以学生为中心，使教育从批量进行到个性化实施成为一种可能；教师的教育思维也从宏观的群体教育向微观的个体教育方式转变，促进了以学生为中心的个性化教育的实施，进一步使得因材施教成为一种可能。

从技术层面上说，学生在互联网等媒体上留下的任何数据痕迹，都可以被分析，我们从中可以发现数据背后隐藏的学生的相关学习特征、兴趣爱好、行为倾向等与教育教学相关的状态信息。从这个意义上来说，未来的教育发展方向就是应用数据挖掘和学习分析等大数据技术去实现精准个性化教育。

大数据技术可以提取教师课堂教学计划、课堂教学评价、课堂视频资源中的各种数据，从而为预测、处理教学行为和学习心理提供重要依据，为教学评价提供较为全面和完整的信息，克服评估主观性强的缺陷，使教学评价不再是经验式的，而是在大数据基础上的“归纳”，更具说服力和公信力，实现教学评价的客观公正与科学正确，以及教学决策的针对性与时效性。

例如KickUp，它是一个专注教师测评的标准化SaaS工具（见图3-26），测评数据来自教师的自查报告及学年内的各项教学结果的反馈，这些数据可以纵向记录教师的成长历程，提出有待改善的地方。KickUp会依据不同的地区、教师及学生的数量，因地制宜地进行收费（每名教师每月大约交费11美元），目前全美已有超过50个地区的学校使用本款测评工具。KickUp的首席执行官（CEO）兼联合创始人杰里米·罗格夫（Jeremy Rogoff）表示，教师的教学表现对于学生的发展至关重要，KickUp可将教师的培训结果可视化，并从个人教师覆盖至学校乃至整个学区，并依据各项培训的数据，形成可分解且可视化的报告。

(2)实现教学、学习的差异化和个性化

大数据的应用使学习和教学的个性化能够得以体现。例如，美国科罗拉多州的“教育信息系统（Relevant Information to Strengthen Education）”以帮助学校改进教学模式、帮助学生获得学业上的成功为目标，计划收集学校、教师和学生的所有信息。这项工作最关键的一项是将该系统的数据与相关国家机构的记录用信息系统形成联动；运用大数据技术使教师获取的数据信息更全面、丰富，从而通过数据分析形成针对性更强、更高效的教学设计和方法，大幅提升教学质量。

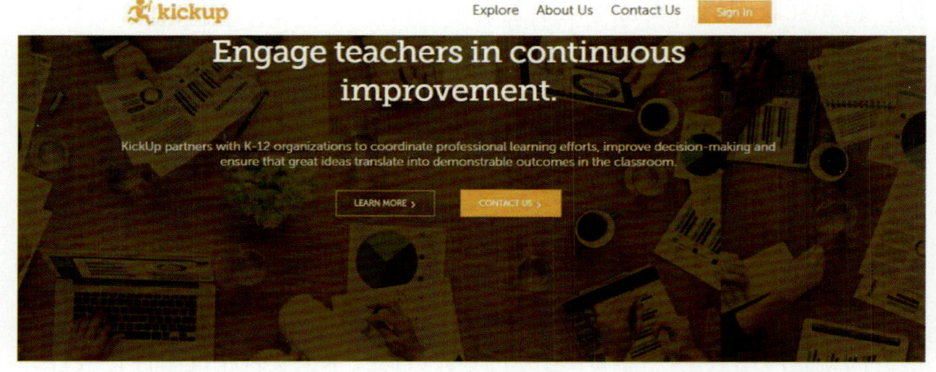

图 3-26　系统页面

（3）加强学校基于数据的管理

大数据对于学校教育管理具有重要的价值，有利于实现教育管理的科学化和精细化。学校管理离不开信息，学校是培养专业人才、传授知识和创造知识的场所，拥有众多的专业学科，学校管理中的各种控制活动和决策（如培养目标的确定、教学计划的制订、教学质量控制、教学评估、教学组织指挥、学生管理、教师管理等）都蕴藏着海量的信息资源，并不断产生各种新的数据。因此，大数据的处理和挖掘对于学校管理具有关键性作用。同时，对于重要管理对象的数据，学校可从不同维度对同一个对象进行数据记录，数据之间可以相互印证，形成多源的大数据管理对象。学校应着眼于过程管理控制、活动管理、管理决策，全面归集管理所产生的大数据，并从中挖掘有用信息。

例如，教学工作诊断与改进服务平台。此平台为学校开展教学质量诊断与改进工作提供丰富的参考知识体系，辅助学校完成提交状态数据、发现教学问题、诊断教学问题、最后解决问题的诊改工作目标，实现将诊改工作转变为常态化专业建设与教学质量提升过程的目的。平台具体功能如下。

①通过建立诊改基础数据中心，学校只需要上传部分基础数据就可自动生成人才培养工作状态数据，减少数据上报工作量，同时也可灵活安排数据采集工作的时间。

②通过设置周密的数据填报逻辑校验和预警规则，帮助学校在进行人才培养工作状态数据上报工作时，尽量保证数据不出现逻辑错误。

③通过构建全方位的数据关联模型、政策资料知识库为诊改过程提供针对化、体系化的参考依据。

④通过系统预置的各类报告模板以及平台提供的协同编制、导出功能，方便学校完成如年度质量报告、教育质量监测报告等各类报告的编写工作。

⑤通过诊改大数据分析中心，以各类直观的图形报表呈现“五横”[①]相关的数据统计分析结果，为改进决策提供支撑。

（4）教育舆情监测与剖析

教育事业关系重大，不仅影响青少年的健康成长，更影响着一个国家未来的发展，因此教育相关的安全、体制、资源权衡等问题历来是社会普遍关注的热点，教育话题一直都是人民生活和网络舆情的焦点。而随着网络活动在人们生活中的比重越来越大，教育网络舆情已经成为关乎教育发展的重要力量，教育网络舆情既可以增加社会公众对教育的公信力，也可能会给教育系统带来严重的负面影响。鉴于教育网络舆情监控与分析对教育决策者的重要性，将教育网络舆情监控和分析系统化、规范化和精准化，对于提升教育治理水平具有重大意义，有助于现代教育改革的推进和发展。技术的进步势必带来生活的改变，师生交流已不限于传统的面对面或一对多的交流模式，更多的网络社交工具出现在校园生活中，这一状况为学校通过大数据技术准确把握师生群体的言论动向，快速预测教育舆情创造了有利条件，教育舆情监测和剖析的系统化运行则

① 教学诊改的五个横向层面是学校，专业课程和学生；与之对应的是五个纵向教学管理层面，即决策指挥、资源建设、支持服务、质量生成和监督控制。

能将这些有利条件充分利用起来。基于大数据的舆情分析系统如图 3–27 所示。

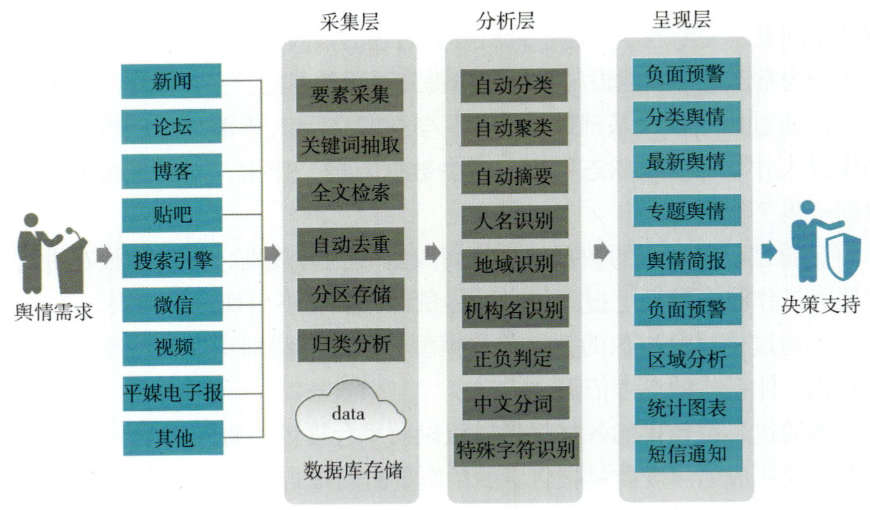

图 3–27　基于大数据的舆情分析系统

3.5.5　教育大数据的挖掘和学习分析技术

近年来，随着大数据的推进与发展，教育大数据处理与分析技术已经成为推动教育改革与发展的驱动力，引起了各国政府和教育行政部门的高度重视。

大数据为海量教育数据的存取提供了技术基础，但原始的教育数据只是教育大数据的基础，相关人员只有对采集到的各种数据进行深度挖掘，构建学习分析模型，发现教育变量之间的关系，并赋予数据相关意义，才能使数据转变为信息；信息进一步经过分析和综合，形成知识，最后通过实践运用，才能上升到智慧层次。因此，教育数据挖掘和学习分析技术是教育大数据领域的关键技术。

（1）教育大数据的挖掘技术

教育数据挖掘（education data mining）技术是综合运用数理统计、人工智能与机器学习和数据挖掘等技术与方法，通过构建数据模型，对教育原始数据进行统计分析处理，对学生的学习效果与学习内容、学习资源和学习行为等变量进行相关的分析，从而有效地预测学生未来的学习趋势的技术；其可为教育工作者、学生、学生家长、教育教学研究者以及教学软件开发者提供支持，帮助我们实现教育系统中教育资源的良性互动，最终提升学习效果。

（2）教育大数据的学习分析技术

学习分析（learning analytics）技术的研究对象是学生及其学习环境，目的是通过对教育海量数据的分析和建模，发现潜在问题，优化和理解学习行为，预测学生在学习中的表现。学习分析技术利用数据挖掘、数据解释与数据建模的优势，对学习平台中积累的大量数据信息进行采集、存储、分析和展示，并分析测量结果以评估、预测和干预学生的学习行为，为个别学生量身定制更有效的教育模式，进而改善和提升教与学的质量与效能，实现改善教学模式和促进学习进步的目的。

除了数据挖掘和学习分析这两大教育大数据关键技术外，近年来，慕课、微课、翻转课堂、社会网络软件、云计算、Moodle 等网络学习开源平台与 Web2.0 技术也逐渐被纳入教育大数据的技术范畴。

3.6 人工智能技术及其教育应用

3.6.1 人工智能技术概念

人工智能（artificial intelligence，简称 AI）既能实现对人类智能的模拟，也是对人类智能的延伸和扩展。人工智能一般包括人工智能理论、人工智能方法、人工智能技术及人工智能应用系统四部分。它是一门综合性学科，涉及计算机科学、哲学和认知科学、数学、控制论、信息论、神经生理学、心理学、语言学等学科。众所周知，科学技术已经能够让机器替代人类进行体力劳动，而人工智能将实现机器对人类脑力劳动的替代。从终极目标来看，人工智能将制造出能像人一样行动、思考的机器。因此，对人工智能的理解可以分为两个方面：一方面，人工就是为特定目标设计出来的、能被人控制的物理过程；另一方面，智能是人工智能的核心概念，对智能的理解将决定人工智能的研究方向和实现途径。但是“智能”从哲学层面来讲，涉及意识、自我、思维等相关概念，很难针对智能得出统一的答案。

当前对“智能”的认识主要有三种观点：一是智能源于大脑神经网络，知识是一种信息，而大脑神经元之间的相互作用是信息传递的关键，也是产生思维的物质基础；二是智能源于知识，智能是大脑抽象思维的产物，表现为知识、语义、推理等过程，因此，知识表示和运用是智能系统的核心；三是从生物进化论的角度看，智能是人或者其他动物在与周围环境的感知和交互中演化而来的，因此，与环境的互动行为才是智能的体现。

人工智能的发展并非一帆风顺，自 20 世纪 50 年代人工智能概念被提出以来，至今主要经历了六个不同的发展阶段，如图 3-28 所示。

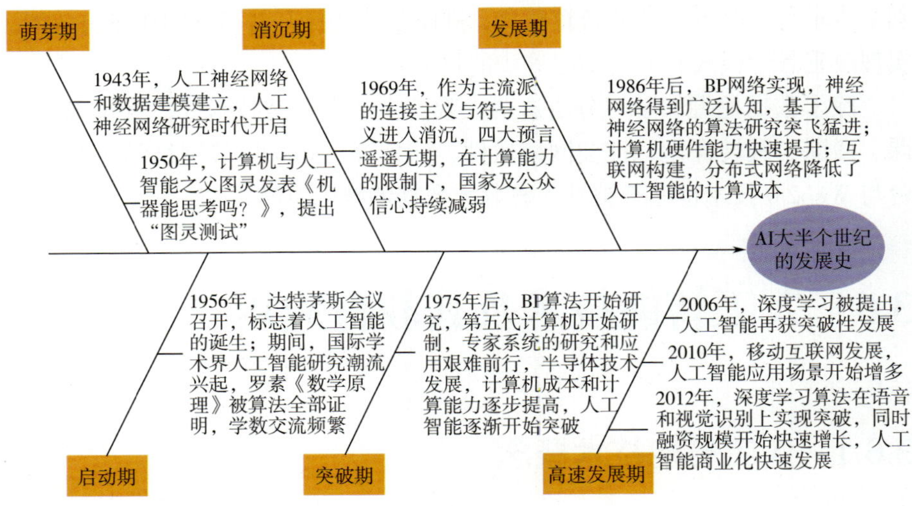

图 3-28　人工智能发展史

3.6.2　人工智能技术的内涵与特征

人工智能已经出现在人们日常生活的方方面面，我们所常见的刷卡感应系统，各种社交软件的语音谈话功能、人脸识别系统、指纹监测系统、机器人保姆等等都涉及人工智能技术的应用，都是人工智能的一部分。如今人工智能应用随处可见，小到我们日常生活中使用的各种人工智能产品，大到足以帮助整个社会进步发展的智能机器人。当代人工智能主要为人类提供了以下几个方面的服务，见图 3-29。

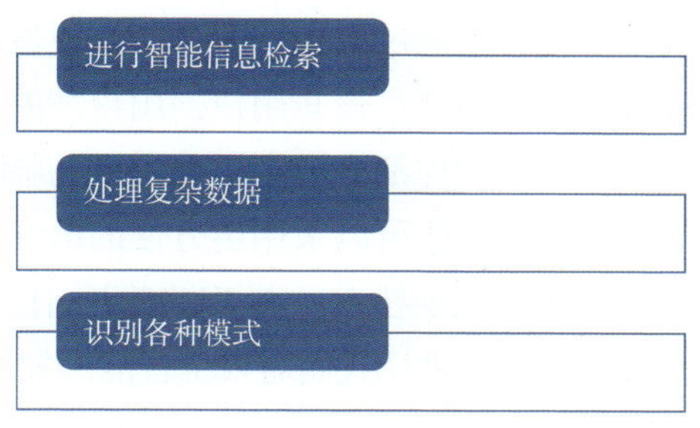

图 3-29　人工智能提供的服务

（1）进行智能信息检索

人工智能可以将信息检索工作智能化。利用人工智能信息检索系统的技术特点，既可以减少人工检索带来的失误，也可以大大提高检索工作效率，使信息获取工作实现精准化、细致化，让原本很难完成的工作在人工智能技术的帮助下得以完成。

（2）处理复杂数据

人们普遍认为人工智能是能够模拟人脑思维活动的一种智能手段，人工智能设备不仅具有强大的记忆能力，还有超强的逻辑分析能力，能够自行处理许多复杂数据的问题。人工智能和人脑一样具有复杂的神经网络结构，一旦遇到棘手的问题，它们就会利用强大的记忆力，对问题进行逻辑推理和智能化分析，快速得到解决问题的方法。目前，人工智能相较于人类本身的思维能力还是略逊一筹的，但人工智能拥有人类无法比拟的强大记忆力和复杂数据的处理能力。著名的谷歌 AlphaGo 以 4∶1 战胜韩国棋王李世石，机器人凭借其无比强大的记忆力对人类已出现过的所有方法进行记忆，进而与人类对战，即使人类思维能力更强，但人工智能设备巨大的数据记忆量和处理复杂数据的能力还是让它在与人类特定环境的比拼中占据了上风。人工智能设备在不断储存知识的同时运用其对复杂数据进行分析和推理证明的能力，帮助人类处理这些大数据，不仅减轻了人类的工作负担，更是让人类处理数据的能力范畴达到了空前的高度。

（3）识别各种模式

自然语言的识别、图像与图形的识别、文字与声音的识别、人脸识别、指纹识别等人工智能识别技术越来越多地出现在人们的视野里，这些功能为人类生活带来了各种各样的便利。现如今，人们越来越多的交流沟通借助网络或电子设备来完成，这就需要通过人工智能将网络或者电子设备上的各种信息进行识别，然后将识别后的信息告知用户，用户才能进行正常的沟通与交流。一些生活中常见的社交软件都会设有语音识别功能，人们网络交流的手段已经不再局限于文字表达，还可以采用更方便的语音识别功能。这个语音识别功能就得益于人工智能识别技术。人工智能识别技术的应用给人们生活、工作带来的便利还有很多，这也让我们对人工智能的发展有了更多的期待。

能称之为“人工智能”的系统应该具有三个方面的特征：从数据或经验中学习的能力、运用知识的能力、处理不确定性的能力。

学习能力：系统需要具备从数据中或过去的经验中学习的能力，这通常需要运用机器学习算法。更进一步，如果系统具备从环境交互中学习，在与用户交互过程中动态学习，具备一个不断进化和进步的学习能力，那么就可能具备更高的智能水平。同时，学习过程应该融入尽可能多的知识类信息，方能够达到支持智能系统的要求。

知识运用能力：知识是智能体现的一个最重要的维度。听说看能力如果不考虑内容的深度，则仅仅是停留在感知智能的层面，只能与环境交互和获取环境的信息，其智能表现的空间就非常有限。只有基于知识的智能系统才能够从根本上趋近人类的逻辑推理等深层次的智慧表现。知识可以归纳为关于客观事物的规律、经验、规则，或者各种常识的描述。人工智能系统应该能够很好地存储与表示、运用知识，并基于知识进行归纳推理。只有将知识与数据融合，逻辑与统计结合，才能够催生真正拥有认知智能能力的智能系统。

不确定性处理能力：在现实生活中任何事情，确定性是相对的，不确定性是绝对的。因此，人工智能系统还应该具有很强的不确定性处理的能力，应该能够很好地处理数据中的不确定性（噪声、数据属性缺失等）、模型决策的不确定性（决策结果的置信度等），甚至模型内部参数的不确定性。例如，无人驾驶系统就需要处理各种各样的不确定性，如环境的不确定性、决策的不确定性；阿尔法围棋（AlphaGo）系统采用强化学习，以概率方式探索不同的落子方法。

3.6.3 人工智能技术在智慧校园中的作用

人工智能技术在校园中的有效运用，对学生、教师以及校园整体的发展产生了质的影响，实现了智慧校园、平安校园以及校园多种智能化服务，为师生带来了诸多的便利和安全。此外，人工智能对于弥补当前教育存在的种种缺陷和不足，推动教育发展改革和教学现代化进程起着越来越重要的作用。人工智能对教育的影响主要概况为：提高教育信息素养、提高教与学的思维能力、提高教学的质量和效率以及提高教学的个性化和交互性等。

（1）提高教育信息素养

人工智能教育让我们能够提高信息获取、加工、管理、呈现与交流等能力，进而提升对信息及信息活动的过程、方法、结果的分析能力。人工智能将知识转化成计算机可以识别的信息进行储存并生成“信息库”，然后模拟 “人类智能”形成“计算机智能”，利用“计算机智能”对“信息库”进行快速、精确、自动、科学的处理。人工智能本质就是对“知识信息”的智能化处理，对知识信息进行形式化的表示、自动化的推理，实现智能化的教学或创造。

（2）提高教与学的思维能力

利用人工智能技术进行教学，一方面可以让学生体验、认识人工智能知识与技术，另一方面可以加深学生对解决非结构化、半结构化问题的理解能力，进而培养学生多角度思维的能力。学生通过了解处理复杂问题的思路和方法从而得到自身思维能力的提升。

（3）提高教学的质量和效率

教育中的人工智能应用可以有效提升教学的质量，有别于传统讲述的教学方式，人工智能可以对学习者需求进行智能分析，向学习者展示大量图文并茂的信息和数据，甚至可以向学习者模拟数据变化的过程和预期的结果，让学习者能够更容易地理解和掌握所学的每一个知识。另外，教育中的人工智能应用还可以提高教学效率。计算机运用人工智能技术可以自动帮助教师完成一些常规性的教学基本工作，让教师把更多的精力关注于教与学的过程和行为方式，通过减少教师的工作量提高教学效率。

（4）提高教学的个性化和交互性

智能代理和智能教学系统的应用，为教学过程的个性化、交互性奠定了技术基础。智能代理技术可以根据需要主动、快速地从网络信息中找寻并收集各种所需信息，有助于解决信息检索精确度要求较低的大范围检索问题。人工智能在教与学的过程中发挥着重要作用，教师通过人工智能技术能够做到因材施教和更高效地进行教学，学生则通过人工智能技术很方便地获取有效知识。传统教学通常是教师一对多的教学模式，全面的个性化和交互性基本无法实现，而人工智能高效精准的特性为个性化和交互性贯穿于整个教学过程奠定了技术基础。

3.6.4 人工智能技术的教育应用

伴随着人工智能的发展，智能机器人在教育领域大放异彩。从只具有一般编程能力和操作功能到更加“人性化”，智能机器人在教育领域中的应用为减轻教师负担，替代教师日常工作中重复的、单调的、程序化的工作，缓解教师各项工作的压力等问题提供了可能性。

在当前的学校教育中，大班化教学仍是主流，教师往往要同时顾及几十个学生，每天花费大量的时间在备课、批改作业上，往往下班之后还要继续工作，也不能及时关注每一位学生的心理情绪变化。大班化的原因主要是学生人数较多，而学校设施配置、教师人员配置跟不上，从而导致教师工作压力大，没有时间和精力为所有学生制定个性化教学方案。人工智能的出现为解决规模化学习环境中减轻教师工作负担提供了新思路。人工智能技术教育应用的需求分析见表 3–7。

表 3–7 各构成体系智慧化对人工智能技术的需求性分析

校园信息化的核心构成体系		人工智能
基础设施与支撑平台体系	校园信息系统安全	需要，例如基于人工智能的数据安全审计
教学环境信息化	实习实训教学服务，包括数字化技能教室、虚拟仿真实训室、互动体验室等仿真实训环境建设	需要，例如人工智能辅助实习实训教学
	仿真实训资源，包括仿真实验软件、仿真实训软件、仿真实习软件等	各类仿真软件的智能化发展
学校管理信息化	决策支持服务中心	需要，比如网络机器人智能客服、智能搜索、用户智能识别
	教学管理服务中心	人工智能辅助教学管理
	学生管理服务中心	人工智能辅助学生管理
	办公自动化服务中心	人工智能辅助办公
	设备资产管理服务中心	人工智能辅助设备资产管理
	后勤信息管理服务中心	人工智能辅助后勤信息管理
	校企合作服务中心	人工智能辅助校企合作管理

续表

校园信息化的核心构成体系		人工智能
校园服务信息化	数字场馆服务，包括数字图书馆服务、职业体验馆服务、数字博物馆服务、数字艺术馆服务、数字科技馆服务等	多维度人工智能应用
	校园生活服务，包括校园一卡通服务、家校互通服务、校园文化与后勤服务以及个性化服务等	多维度人工智能应用
	校园安全服务，包括校园安全教育、校园监控等	多维度人工智能应用
	运维保障服务，包括日常巡视、现场技术保障、维修保养等	多维度人工智能应用
	虚拟校园服务	多维度人工智能应用

（1）学习智能机器人

智能机器人的数据库有知识库和交互数据（见图 3-30）。知识库中有着多门学科的知识，知识库存储的知识可以分为三类：学科知识、学习资源和关系知识。智能机器人能够根据知识库中的数据对作业进行批阅，以保证批阅的准确性。交互数据则储存了给学生批阅作业时的行为数据，收集了学生与智能机器人进行交互的数据，并且通过对这些交互数据的分析，实现对学生的认知诊断。

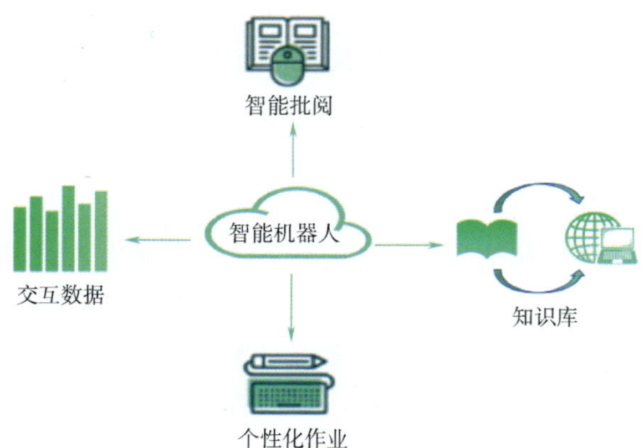

图 3-30　智能机器人的数据库和功能

智能机器人的主要功能有两个：智能批阅和个性化作业。智能批阅是根据知识库中的知识以及知识之间的相互关系对作业进行智能化的批阅，不仅能够批阅客观题，也能够批阅主观题。个性化作业是基于交互数据对学生的认知诊断结果，结合知识库中的知识，智能地为学生定制作业，包括对基础知识的复习、对重难点知识的练习以及对有所欠缺知识模块的巩固复习。

智能机器人能在一定程度上解放教师，替代教师日常工作中重复的、单调的、程序化的工作，缓解教师的压力，使得教师能够处理以前无法处理的复杂事项。智能机器人的批阅过程不受时间、环境等随机因素影响，避免了教师批阅可能产生随机错误的可能性，能记录每个学生的知识掌握情况，为学生提供以前无法提供的个性化、精准的服务。智能机器人使得教师传授知识的效率大幅度提升，有更多的时间与精力去关注每个学生身心的全面发展。但智能机器人目前只能进行简单的批阅与出题，主观题的批阅准确度还有待改进，而且可以处理的数据目前仅针对学生的日常作业，不能全面分析学生的学习情况，距离能够帮助教师教学、教研还有一定的差距。

（2）智能安防系统

《国家中长期改革和发展规划纲要（2010—2020 年）》指出，要“切实维护教育系统和谐稳定，深入开展平安校园、文明校园、绿色校园、和谐校园创建活动，为师生创造安定有序、和谐融洽、充满活力的工作学习环境”。在国家对校园安全如此重视的背景下，如何提供安全的校内外环境、防范犯罪事件发生和健全安全管理制度关系到整个学校的发展。因此，基于摄像头和保安人员巡护的传统校园安防已不能满足如今的需要，而人工智能技术在校园中的应用为解决校园安防中存在的难题提供了可能。

智能安防能提供智能化、定制化等监控管理功能，实时监控整个学校的安全情况，对人和车辆自动识别并且进行定位跟踪，智能推送最佳路线，合理规划安排停车位，最大限度保卫校园安全。

该智能安防系统包括人脸识别门禁系统、车辆出入识别系统、GPS 定位跟踪系统、智能停车系统等子系统。其系统的体系结构如图 3-31 所示。

基于人工智能的智能安防系统能够对来访人和车辆自动识别，既提高了进出校园的效率又增强了安全性，对人和车辆的 GPS 定位跟踪使得系统可以一直跟踪定位外来访客及车辆，或是嫌疑人员，以防造成校园意外事故；能够根据预约信息智能安排停车位，并对违停车辆实行黑名单制，被加入黑名单的车辆将被车辆出入识别系统拒绝进入；能够严格监控进入校园的人以及车辆的行踪，并随时定位。智能安防系统的使用将大大缩减人及车辆入校的时间，还让校园安全程度有增无减，不仅排除安保人员玩忽职守的可能，也减轻安保人员的工作负担，使安保人员有更多的精力应对突发事件，将发生意外的可能性降到最低。

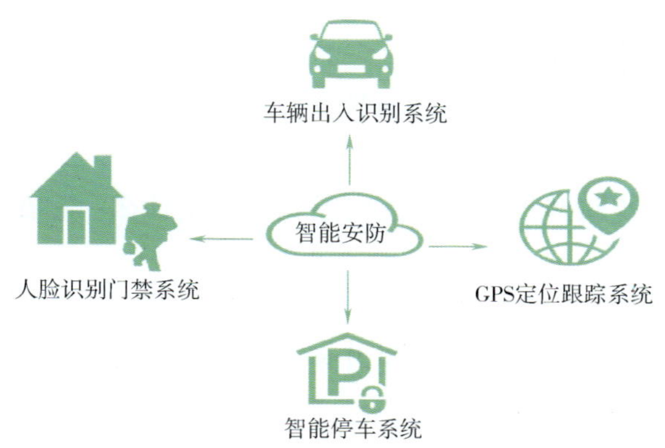

图 3-31　智能安防系统体系结构

本章小结

本章介绍了智慧校园中运用的关键技术，即智慧校园中运用的移动互联网技术、物联网技术、云计算技术、虚拟技术、大数据技术和人工智能技术六项关键技术；给出了智慧校园关键技术的定义，分别论述了智慧校园这些关键技术的内涵与特征，分析了这些关键技术在智慧校园中的不同作用，详细阐述了移动互联网技术、物联网技术、云计算技术、虚拟技术、大数据技术和人工智能技术在教育领域的实践应用，阐释了虚拟现实技术和虚拟仿真技术的含义及其在教育领域特别是在实验教学中的应用。同时，还对这些关键技术的发展动态和对教育的影响作了介绍。

关键词

移动互联网技术；物联网技术；云计算技术；虚拟技术；大数据技术；

人工智能技术；虚拟现实技术；虚拟仿真技术

思考与练习

1. 智慧校园中运用的关键技术主要包括哪些？

2. 什么是移动互联网技术？它的内涵和特征是什么？它在智慧校园中的作用有哪些？其发展动态和对教育的影响又是什么？

3. 移动互联网技术在教育领域的常见应用有哪些？

4. 什么是物联网技术？它的内涵和特征是什么？它在智慧校园中的作用有哪些？

5. 物联网技术在教育领域的常见应用有哪些？

6. 什么是云计算技术？它的内涵和特征是什么？它在智慧校园中的作用有哪些？

7. 云计算技术在教育领域的常见应用有哪些？

8. 什么是虚拟技术？它的内涵和特征是什么？它在智慧校园中的作用有哪些？它的应用模式有哪些？

9. 虚拟技术在教育领域的常见应用有哪些？

10. 什么是虚拟现实技术？在教育领域的常见应用有哪些？

11. 什么是虚拟仿真技术？在实验教学中有哪些具体应用？

12. 什么是大数据技术？它的内涵和特征是什么？它在智慧校园中的作用有哪些？

13. 大数据技术在教育领域的常见应用有哪些？

14. 什么是人工智能技术？它的内涵和特征是什么？它在智慧校园中的作用有哪些？

15. 人工智能技术在教育领域的常见应用有哪些？

4 智慧校园的实施

学习目标

- 了解智慧校园规划与设计的核心内容。
- 掌握智慧校园规划与设计方案的组成要素。
- 掌握智慧校园建设与部署的核心内容与模式。
- 熟悉智慧校园技术系统的部署方式。
- 熟悉智慧校园系统的集成模式。
- 了解智慧校园管理与维护的任务。
- 熟悉并掌握智慧校园运维管理体系。
- 熟悉智慧校园应用与推广的任务与策略。
- 掌握智慧校园评价与反馈的任务。
- 理解并掌握智慧校园的评价指标。

学习要求

按照智慧校园的实施流程，本章分为五个部分：一是规划与设计；二是建设与部署；三是管理与维护；四是应用与推广；五是评价与反馈。通过本章的学习，学习者应熟练掌握智慧校园实施的整体过程，对每个过程的内容、任务、方式或者模式有一个清楚的认识与了解。智慧校园的实施过程如图 4-1 所示。

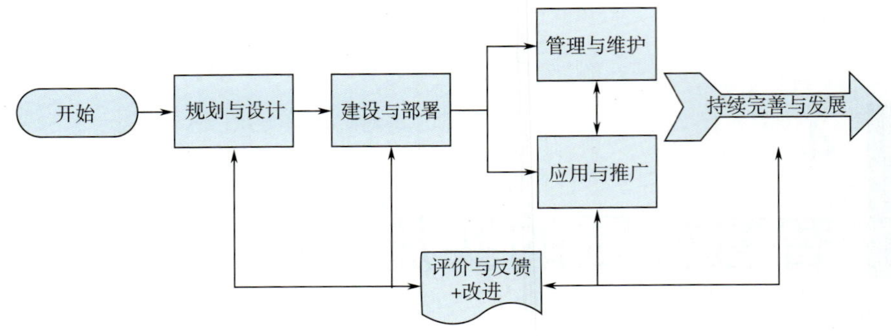

图 4-1　智慧校园的实施过程

4.1　规划与设计

4.1.1　规划与设计的内容

目前，一些信息化基础较好的省市和学校，已经研究制定了智慧教育或智慧校园的发展规划。根据国家建设大数据中国的思想，一些城市将智慧校园融入智慧城市战略规划中。例如：2014 年，江苏省制定了《江苏智慧教育三年行动计划（2015—2017 年）（征求意见稿）》，提出了智慧教育重点建设内容是智慧校园、智慧管理和智慧教学；2015 年 3 月，常熟高新园中等专业学校发布了《“智慧校园”建设规划方案》，其主要内容可概括为：建立一套标准体系、一套安全体系、四个平台（网络基础平台、学校门户平台、统一身份认证平台和共享数据平台）、三个中心（智慧校园管理中心、资源中心和服务中心）和一套管理与维护体系。2017 年华东交通大学发布了《华东交通大学智慧校园建设五年规划》，计划在五年规划期内，完成信息化校园基础平台和数字化综合应用体系建设，最终实现“绿色节能型、平安和谐型、科学决策型、服务便捷型”的智慧校园。

2020 年，武汉市人民政府在《武汉市创建国家“智慧教育示范区”实施方案》文件中，对 2020—2022 年武汉市区域内智慧教育建设提出了整体战略规划，即逐步建成以 5G 网络为基础的区域性智能教育无线网络，全面推进星级智慧校园和智慧教室建设，构建以学习者为中心的智慧校园生态，为创新大数据支持下的教学方式、教学过程和教学评价，实施精准学习分析和教学干预，实现课堂教学结构重组提供基础条件支撑。

由上可知，不同类型的智慧校园规划与设计关注的重点内容不同。按照主导者不同，可有国家、省市、区县、学校的智慧校园规划与设计方案。国家、省市、区县主导的智慧校园规划与设计更宏观，学校主导的智慧校园规划与设计具有个性化特点，更具体、更具有可操作性。在本节中，我们重点介绍学校对智慧校园规划与设计的内容。学校是智慧校园的建设主体，在规划与设计上更加关注智慧校园建设的组织体系设计以及信息化基础设施、智慧教育资源、智慧服务、智慧管理、智慧教学等应用系统方面的规划与设计。

在教育部2020年发布的《职业院校数字校园规范》中，对数字校园规划与设计的内容（包括技术系统和组织体系）给予了说明。笔者在此规范的基础上将智慧校园的规划与设计的内容定义如下：

智慧校园的规划与设计应对其中的服务需求、技术系统和组织体系进行统一规划和顶层设计，确定智慧校园建设目标，选择和制定实现目标的策略和路径，提出服务模式、业务模式、组织体系的改进建议，制定技术系统的总体架构和建设内容，如图4-2所示。

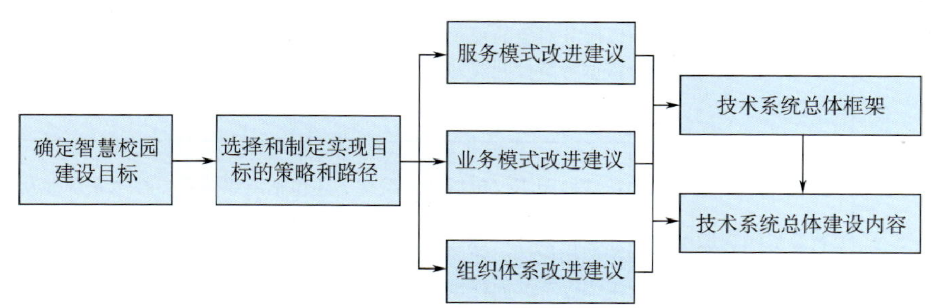

图4-2　智慧校园规划与设计的内容体系

建设智慧校园并非是全部推翻原有的数字校园，而是在数字校园的基础上提升智慧化水平、丰富智慧内涵。当前，数字校园建设已经有很多成功的案例，积累了很多值得借鉴的经验和教训，但智慧校园建设尚处于研究和探索阶段。校园的发展经历了从传统校园到数字校园，再到智慧校园的过程，无论当前学校教育信息化处于什么样的水平，学校都可以充分发挥“自有优势”，高起点研究制定智慧校园战略规划，高标准定位智慧校园，高质量推进智慧校园。

4.1.2 规划与设计方案的要素

智慧校园规划与设计方案的要素应包括：学校发展战略理解、现状分析与诊断、建设目标的确立、业务流程重组和优化、智慧校园顶层设计、建设任务分解、实施策略和保障措施（详见表 4–1）。

表 4–1 智慧校园规划与设计方案的要素

序号	要素	具体内容
1	学校发展战略理解	智慧校园建设内容与目标需要与学校的发展战略规划保持一致，所以学校在制定智慧校园规划与设计方案时需要对学校的发展战略充分理解
2	现状分析与诊断	智慧校园规划与设计方案制定参与者需要对学校的现状进行分析，对学校教学、科研、管理、师生发展、社会服务、产教融合等需要以及当前信息化建设的难点、堵点、痛点问题进行诊断
3	建设目标的确立	根据学校的发展战略及现状，设立以问题为导向、以应用为驱动的智慧校园建设目标
4	业务流程重组和优化	以服务对象的视角，全面梳理各项事务的流程，明确业务目标，依据智慧校园规划与设计目标对业务流程进行优化、再造，使技术系统和组织体系相互匹配、协同推进
5	智慧校园顶层设计	智慧校园不仅包括技术系统，还包括组织体系。技术系统涉及多部门、多系统，需要进行顶层设计，进行数据标准编制和系统架构设计，处理好各系统之间关系。组织体系涉及利益调整、组织变革，同样也需要进行顶层设计，建立良好机制
6	建设任务分解	智慧校园是复杂的系统工程，需通过一系列项目进行推进，不可能一蹴而就。学校对智慧校园建设应该统一规划、分步实施。学校需要对建设任务进行分解，可根据优先次序、轻重缓急、经费投入等一系列因素，确定如何分步实施
7	实施策略和保障措施	实施策略和保障措施是智慧校园顺利实施、平稳运行和持续发展的保障，这部分内容主要考虑体制机制建设以及实施规范建设两个方面

4.2 建设与部署

4.2.1 建设与部署的内容

如图 4–3 所示，智慧校园的建设与部署应总体考虑的内容包括：建设的主体、技术系统部署方式、系统集成模式和信息化组织体系建设。

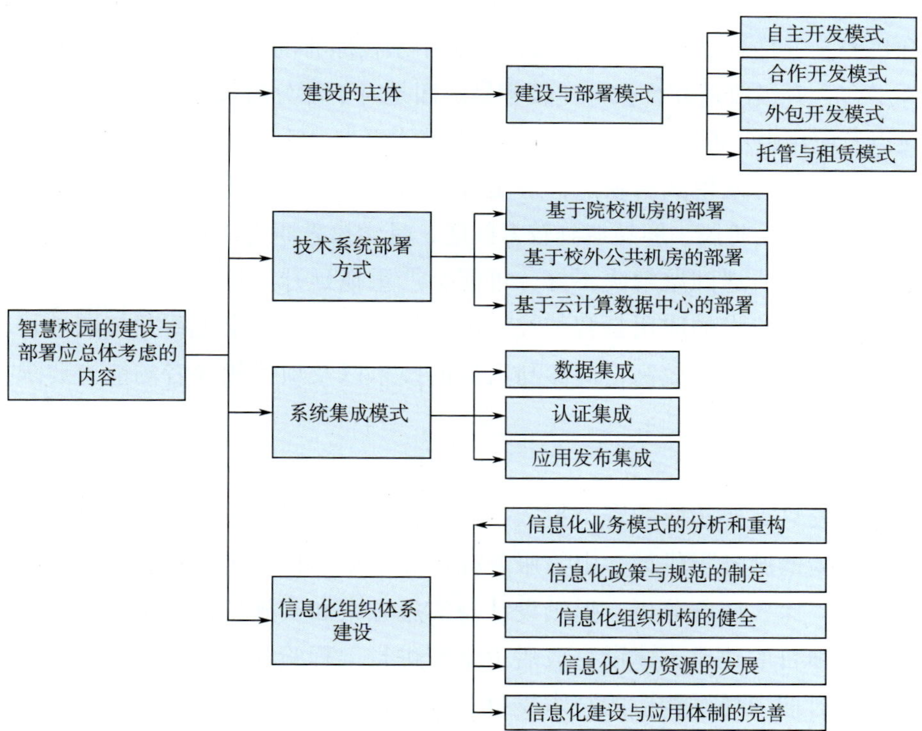

图 4–3　智慧校园建设与部署的内容体系

4.2.2 建设与部署的模式

根据智慧校园建设主体的不同，建设与部署模式一般有四种：自主开发模式、合作开发模式、外包开发模式、托管与租赁模式。

（1）自主开发模式

自主开发模式通常由学校的网络中心或信息管理中心负责主导实施。由学校工作人员作需求调查和分析，得出结果并进行科学规划，从而形成建设方案。依据建设方案建设各类基础设施，组织技术人员编写管理软件并建设服务平台等。这种建设模式要求学校除了有充足的资金还需有技术娴熟的信息技术人员作为支持。

①自主开发模式的优点：一是参与建设的学校教职工对学校自身的实际情况与业务流程比较熟悉，开发出来的系统能够更好、更容易地运用于学校日常的教学与管理、服务。二是自主开发模式可以充分利用学校在信息化建设方面的理论研究优势和实践经验，对本校的信息化队伍进行锻炼和培养。三是自主开发模式能够充分利用学校原有的信息化基础设施和软件平台，升级改造和维护都比较容易。四是对于部分特殊系统，需要在建设以及应用中不断优化改进，自主开发模式更为灵活。

②自主开发模式的缺点：一是开发周期长。自主开发通常是从零开始的，在初始阶段，容易遇到较多问题，且学校教职工项目实践经验通常不足，如果所遇问题解决不好，可能会严重拖延开发进度。二是技术门槛高。新兴技术的应用是智慧校园的特征之一，这决定了智慧校园项目实施的难度本身就较高，对参与人员的技术以及项目领导者的能力要求较高。

（2）外包开发模式

学校只需要相应的资金投入，并根据自身情况，选择一家具有丰富行业经验的服务提供商，由该服务提供商根据学校提出的建设需求和实施要求，深入调查分析，提供设计与实施方案和实施队伍，负责智慧校园所有项目的建设。建设完成后由学校进行工程验收，服务提供商在今后一定时期内提供相应的技术支持和管理，以及技术人员的培训与售后服务。

①外包开发模式的优点：一是开发周期短。由于项目是由专业服务提供商来完成的，因此在技术实现和开发经验方面都有保障。服务提供商所提供的解决方案往往是比较成熟的，而且有开发合同的约束，因此开发周期相对较短。二是技术先进、升级及时。专业服务提供商为了保证自身的

竞争优势，在智慧校园建设方案中通常会采用最新技术。在项目实施时，专业服务提供商会安排专业人员进行研发，可以在短时间内建设好基础硬件和软件平台，支持学校的教学并满足管理机构提出的调整要求，为学校的进一步发展留出较大的空间。

②外包开发模式的缺点，具体表现在建设与应用容易脱节。服务提供商的建设方案虽然在技术功能实现上较为完善，但由于项目实施周期以及项目成本所限，其对于学校的教学管理运作情况了解可能会不够深入，在具体事务处理上往往也不能有效地满足学校教学管理的实际需要，容易造成建设与应用脱节。

（3）合作开发模式

目前大多数高校都采用合作开发模式。在这种模式下，常见的合作方式有校企合作、银校合作及银校企三方合作。例如，目前高校广泛开设的“一卡通”系统通常就采用这种模式，学校通过与银行合作可以大大减轻学校财务管理的压力，提高管理质量和效率。

①合作开发模式的优点：一是可以集合前两种模式的优点，进行学校的信息化建设，吸收提供商在信息化建设中积累的成功经验。二是开发方式比较灵活。学校可以根据自身的能力与系统集成提供商展开不同范围的合作，还可参与到基础设施建设、系统开发和调试的具体工作中，有利于提高学校信息技术人员的水平。三是可避免建设与应用脱节。由于在建设中有了学校技术人员的参与，此种模式能够根据学校教学、科研、管理、服务机构的管理模式进行全方位的开发，能满足学校总体规划的相关要求。

②合作开发模式的缺点：一是不确定因素多，可能会增加建设投入。在建设中由于需要考虑到智慧校园在本校教学、管理、服务工作中应用的需求，因而往往要对项目方案进行修订，从而需要追加投资。二是合作质量影响建设项目的最终效果，双方在项目合作中，必须做到协调一致，否则双方可能会在同一个问题上产生不同甚至于截然相反的观点，影响项目建设的进展。

（4）托管与租赁模式

在智慧校园建设中，前期的资金投入以及后期的运维管理始终是困扰学校信息化建设进一步发展的主要问题。针对这一问题，出现了托管与租赁模式。在此模式下，由服务提供商负责建立网络设施，提供软硬件的出租并负责软件的维护与升级，学校按照使用期限与内容支付一定的费用即可。若不需要该服务，可终止继续付费。

①托管与租赁模式的优点：一是节约投资。由于不需要自身进行网络基础设施以及软件开发的投资，节省了维护的人员投入，只需要像其他租赁服务形式一样，按期交纳租金即可。二是省力省时。智慧校园建设是一项长期、复杂的工程，需要学校投入大量的时间和精力来进行这方面的建设。采用这种模式，学校可以不用过多地投入时间、精力及人员。

②托管与租赁模式的缺点：一是个性化不足。既然是提供商提供的产品，那么它就不可能做到完全结合本校的实际情况，建设与应用脱节的情况会更加明显。二是实际应用不够。由于所有服务都来源于服务提供商，会导致学校信息化建设的发展受到服务提供商的限制，因此在整个智慧校园建设的大潮中学校只能被动地接受服务，没有自己的个性和特色。

4.2.3 技术系统的部署方式

智慧校园技术系统的部署方式指的是院校数据中心与公共服务平台的构建方式。数据中心与公共服务平台是软件和硬件的结合体，它不仅仅包括计算机系统、数据通信连接、环境控制设备、监控设备、各种安全装置以及与计算机连接的硬件设备，还包括了运行在计算机系统上的大量业务软件系统产生的数据。一般分为以下三种。

①基于院校机房的系统。院校自建计算机系统机房，所有服务器和应用服务均部署在院校机房中。

②基于校外公共机房的系统。院校无须自建机房，但需要购置服务器，将服务器和应用服务托管至校外的公共机房中，由外部专业机构做维护管理。

③基于云计算数据中心的系统。院校无须自建机房，无须购置服务器，直接将应用服务部署到专业的、提供云计算服务的数据中心。若由省、市或区县统一建设云计算数据中心的话，各院校也可以不用单独购置公共应用服务。

4.2.4 系统集成的模式

智慧校园系统集成模式一般应在以下三个层面进行。

（1）数据集成

利用公共数据平台，从应用服务数据库中抽取出需要共享的数据，构建全校共享数据库，为相关应用系统提供共享数据访问服务，为在全校范围内进行综合数据分析服务提供完备、有效、可信的基础数据。

（2）认证集成

利用统一用户认证平台，将应用系统中的用户身份信息集成起来，实现单点登录、多系统漫游。

（3）应用发布集成

以公共数据平台中的数据为基础，通过信息门户系统为广大师生提供个性化的综合信息服务，扩展部门级管理信息系统的信息服务能力。

4.3 管理与维护

4.3.1 管理与维护的任务

智慧校园管理与维护主要是针对已经构建的各系统采取相关的管理办法和技术手段，对运行环境和业务系统等进行维护管理，以保障智慧校园稳定运转的工作。智慧校园管理与维护的任务内容体系如图 4-4 所示。

4.3.2 运维管理体系

运维管理体系包含为了达到智慧校园运维管理的目标所建立的方针政策、组织机构、规章制度、流程规范和技术手段等。

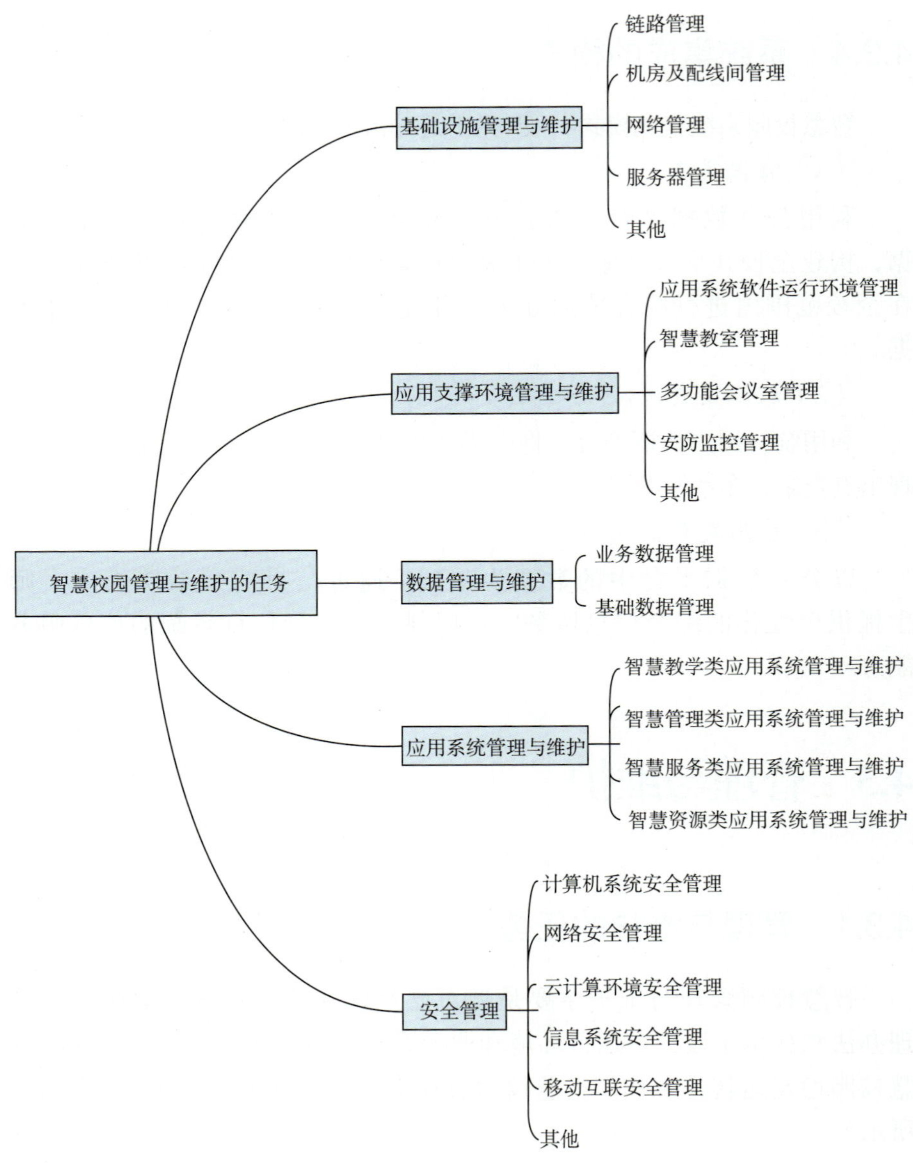

图 4–4　智慧校园管理与维护的任务内容体系

（1）运维管理体系的建设目标

智慧校园运维管理体系的建设目标是建立运维管理的组织机构，制定科学有序的规章制度和管理流程，实施统一的运行维护规范，应用运维管理工具搭建运维管理平台，保障智慧校园的稳定运转。运维管理体系的建设应遵循 ITIL 和 ISO20000 标准。

（2）运维管理体系的内容

智慧校园的运维管理体系包括运维管理的对象、组织结构、规章制度、管理流程及工具等。智慧校园运维管理的对象主要为基础设施和应用支撑环境，包括链路管理、机房及配线间管理、网络管理、服务器管理、应用系统软件运行环境管理、多媒体或智慧教室管理、多功能会议室管理、安防监控管理、数字广播管理、数字电视台管理等。

（3）运维管理的实施

智慧校园的运维管理应明确管理对象，针对不同的管理对象确定管理目标，设立相应的组织机构及人员，制定相关的规章制度，针对运维管理的各环节工作制定标准的管理流程，并采用多种运维管理工具搭建运维管理平台。

（4）运维管理的组织机构

智慧校园运维管理的组织机构分为：信息主管部门、业务部门和第三方服务商。

①信息主管部门中应设置网络运维管理人员、信息系统运维管理人员和数据中心运维管理人员。

②业务部门中应设置专职或兼职的网络管理员和应用系统管理员。

③第三方服务商包括设备厂商、业务系统提供商及运维服务商。

（5）运维管理的制度和流程

①运维管理的制度应包括 IT 资产管理制度、网络管理制度、机房及配线间管理制度、知识管理制度、应用软件管理制度等。

②运维管理流程应包括服务台流程、资产及资源管理流程、知识管理流程、故障和事件处理流程等。

（6）运维管理工具

运维管理工具是指为达到运维管理的目标，促进运维管理的规范化、流程化，提升运维管理的效率，针对运维管理的各项内容所采用的支撑工具，包括服务台、IT 资产管理、IT 项目管理、IT 运行管理、IT 流程或调度管理、IT 系统优化和决策支持等功能的软件系统工具。

4.4 应用与推广

4.4.1 智慧校园应用与推广的任务

智慧校园的应用与推广主要指利用已经构建的技术系统和数字化资源，创新教育教学模式，提升师生的信息素养和职业技能，优化学校的管理流程，提高教育管理和服务质量，深化和拓展信息化应用层次和范围。

智慧校园应用与推广的任务包括师生和管理人员信息化意识和能力的提升、人员培训体系和机制的建设、信息化政策和激励机制的建设、教育技术服务体系的建设。数字校园的系统建设完成后，管理与维护、应用与推广这两个阶段在实践中通常是并行的。

4.4.2 智慧校园应用与推广的策略

智慧校园的应用与推广需要学校内部的管理部门、职能部门的教职工相互协调与配合。在智慧校园的应用上要结合学校自身情况，根据机构设置、政策制度、应用层次、技术体系、使用人群等方面的情况制定对应的推广策略。

（1）建立与强化保障机制

智慧校园在推进过程中，面临最大的阻力往往不是技术，而是管理流程、政策、机制的束缚。因此，学校在加快和保障智慧校园应用与推广的过程中，一定要建立和强化各项保障机制，其中，建立强有力的组织领导体系在应用与推广初期尤为重要。由学校主要领导担任信息化建设领导小组组长，各部门、院系负责人担任信息化推进工作子系统负责人，统一规划，明确职责，加强监督检查，确保智慧校园在运行期间的正常运行和问题的及时反馈。

（2）建立全员信息化培训体系

智慧校园应用与推广运行期间，坚持对学校运维人员、系统与设备具体的管理与使用人员进行集体培训与单独辅导，以培训促应用，以培训促推广，以培训促创新。

学校需要制定信息化建设的培训政策、培训评估体系、培训费用制度、培训绩效考核等一系列与信息化培训相关的制度，保证信息化培训的有序进行。在培训内容上需建立信息化意识、信息化伦理、信息化知识、信息化技能，以及借助信息技术完成业务的能力等多方位的培训内容体系，使教师与学生的信息素养和职业技能得到切实的提升。

（3）加强支持力度，营造良好信息化使用环境

学校可设立信息化建设业务支持小组，在智慧校园应用初期收集教职工及学生的意见，指导协助系统初始数据的分析与录入，针对教职工、学生在应用过程中所遇到的问题及时提供处理意见和方法。

良好信息化使用环境可以给教师与学生带来更好的教与学的氛围，在智慧校园应用与推广过程中，要激发学生及教师对信息化工具的使用兴趣，创造信息化教学、信息化学习、信息化管理的全员参与的积极氛围，切实提升教师与学生的使用满意度。

（4）试点应用，逐一推广

由于智慧校园涉及的人员、业务范围较大，且实施周期较长，学校在智慧校园的应用与推广上，可以统一规划，分批次试点，逐一推广。例如，可在教务管理、学生管理等系统中选定一个或几个功能模块优先推广应用，使教职工与学生能够逐渐熟悉了解系统的操作，切实体会到信息化系统带来的便利后，再逐渐推广系统其他模块，实现由点到线再到面的推进过程，其他覆盖面较小的系统可以直接投入使用。

4.5 评价与反馈

4.5.1 评价与反馈的任务

智慧校园评价与反馈对于促进智慧校园的发展具有重要的作用。采用“以评促建，以评促改，评建结合，促进发展”的原则，通过评价可以及时发现智慧校园建设中的问题，从而能及时给予建设性的指导意见，以促进智慧校园更好地发展，更有效地支持学校各项业务的开展。智慧校园评

价与反馈的任务包括确定评价目标、设计评价指标、建立评价组织，以实现评价程序的规范化和常态化。

4.5.2 评价指标的设置

目前我国各级行政部门与学校已经开始逐步制定和发布智慧校园建设的标准和评价指标体系。举例如下。

①江苏省分别在 2015 年与 2018 年发布《江苏省职业学校智慧校园建设评价指标体系（2015 版）》和《江苏省职业学校智慧校园建设评价指标体系（2018 版）》。其中，2018 版在 2015 版的基础上进行精简，将评价项目分为师生发展、应用服务、数字资源、基础设施、组织保障五个部分，指标共 28 大类 80 小项，评价总分值 300 分。

② 2016 年，广州市发布《广州市中小学（中等职业学校）智慧校园建设与应用标准体系（试行）》，其中，中等职业学校智慧校园建设与应用标准体系分为机制与保障、智慧校园基础支撑环境、智慧教育应用能力、智慧型队伍建设、示范与辐射 5 个一级指标，基础设施、应用系统及数字资源、教学及科研应用等 15 个二级指标。

③ 2020 年 1 月，浙江省发布了《浙江省高校智慧校园建设评价指标体系（试行）》，该指标采用三级指标制，以定性导向为主，坚持定性与定量相结合，注重应用绩效，包括治理体系、智慧环境、智慧教学、网络安全、特色与创新等 5 个一级指标，以及 19 个二级指标、61 个三级指标和 82 个观测点，总分值 1 000 分。

可以看出，不同省、市由于信息化水平以及资金投入情况不一，制定的智慧校园评价指标体系也不相同。在职业教育领域，不同层级的职业院校发展的不均衡，会将高等职业学校和中等职业学校数字校园的评价指标分开设置。

本书按照武汉市职业院校智慧校园建设情况，给出以下用于武汉市中等职业学校智慧校园建设评价指标体系（见表 4-2 和表 4-3），此指标体系由一级、二级指标及其观测点、评价方法构成，总分值 200 分。希望此评价体系可以给其他区域与学校提供参考。

表 4-2 武汉市中等职业学校智慧校园建设评价指标分值分配表（2020 年）

一级指标	二级指标	分值（200 分）
一、师生发展	1. 学生发展	10 分
	2. 教师发展	15 分
	3. 校长信息化领导力	5 分
二、基础设施与支撑平台层建设（25 分）	1. 数据中心机房	5 分
	2. 数据库与服务器	3 分
	3. 网络通信系统	5 分
	4. 感知系统与物联网设施	4 分
	5. 各智慧化应用专属基础设施	2 分
	6. 应用服务集成与校园大数据中心	6 分
三、智慧教学环境建设（25 分）	1. 多媒体教室与智慧教室	6 分
	2. 教学资源共享、网络教学与专业建设服务	10 分
	3. 实习实训教学服务平台	7 分
	4. 远程职业培训服务平台	2 分
四、智慧教学资源建设（20 分）	1. 资源建设规划	6 分
	2. 通用基础资源	8 分
	3. 仿真实训资源	6 分
五、智慧校园管理建设（32 分）	1. 决策支持应用服务	6 分
	2. 教学管理服务	5 分
	3. 学生管理服务	5 分
	4. 教科研管理服务	3 分
	5. 人力资源管理服务	3 分
	6. 办公自动化服务与学校后勤服务	5 分
	7. 校企合作服务	5 分
六、智慧校园服务建设（20 分）	1. 校园一卡通	3 分
	2. 智慧图书馆	3 分
	3. 校园社区服务	6 分
	4. 数字化场馆服务	2 分
	5. 数字通信服务	2 分
	6. 数字安防服务	4 分

续表

一级指标	二级指标	分值（200分）
八、智慧校园保障体系建设（20分）	1. 信息化组织机构与人力资源	6分
	2. 信息化建设政策、规范与机制	3分
	3. 信息化项目实施与运维管理	6分
	4. 信息化安全保障体系	5分
九、特色创新（20分）		20分

表 4-3　武汉市中等职业学校智慧校园建设评价指标体系（2019 年）

一级指标	二级指标	主要观测点	评价方法	分值
一、智慧校园与师生发展（30分）	（一）学生发展（10分）	（1）对于需要学生参与使用的信息化系统，都编写、配备和发布了学生用户的使用及操作说明	查看资料	2
		（2）在课堂教学、实训教学、顶岗实习的教学设计与教学组织中，融入了多媒体教学、虚拟仿真、虚拟现实、在线教学、远程观摩、移动学习、在线评价等信息化教学要素、模式和工具，以通过融合信息化的教学模式来提升学生的信息化知识、技能和熟练度，以及合作与交流的能力	抽查重点建设专业的课程教学教案	2
		（3）学生能够基于已经学习的专业知识和技能，在教师指导下独立或通过合作应用信息技术及工具创作与所学专业知识相关的作品，并形成可以对外展示的成果	查看作品与成果	2
		（4）学校智慧校园平台中的学生参与信息活跃、丰富、持续，且显示正能量，没有不良信息、违法信息，以及侵犯知识产权的行为等	查看平台信息状态	2
		（5）每个学生均拥有一个虚拟的、彼此联通的个人学习空间，能进行个人学习资源管理、网络交流、在线测试、课程选修等各种网络学习活动	查看系统与应用状况	2

续表

一级指标	二级指标	主要观测点	评价方法	分值
一、智慧校园与师生发展（30 分）	（二）教师发展（15 分）	（1）对于需要教师参与使用的信息化系统，都编写、配备和发布了教师用户的使用及操作说明	查看资料	3
		（2）学校针对教职员工建立了校园信息化建设的培训教程及数字资源体系，并且可以通过在线模式进行自主学习，同时形成了定期培训及考核机制	查看成果与使用状况	2
		（3）教师普遍掌握了常用的数字化资源制作技术，能自主开发数字化资源，并在实际教学中加以应用，同时还能够熟练使用网络教学平台辅助课堂教学、开设网络选修课，使用发展性评价系统对学生的学习过程和结果进行科学、合理的评价	查看资源建设成果与平台使用状况	3
		（4）教师都拥有一个虚拟的、彼此联通的个人教学空间，能进行教学资源管理、学习活动设计、教学任务安排等各种网络教学活动，并对教学空间进行个性化设置	查看系统与应用状况	3
		（5）教师在课堂教学、实训教学、顶岗实习的教学设计与教学组织中，融入了多媒体教学、虚拟仿真、虚拟现实、在线教学、远程观摩、移动学习、在线评价等信息化教学要素、模式和工具，在通过融合信息化的教学模式来提升自身的信息化教学知识、技能和熟练度的同时，推动各专业教学模式改革的深入研究、发展与创新	抽查重点建设专业的课程教学教案	2
		（6）有教师在省级以上（含省级）刊物发表教育信息化或数字化教学研究成果，有教师参加市级以上（含市级）信息化教学大赛并获奖，或者是教师指导学生制作或创造的信息化作品与成果获得市级以上（含市级）奖项	查看获奖情况	2

续表

<table>
<tr><th>一级指标</th><th>二级指标</th><th>主要观测点</th><th>评价方法</th><th>分值</th></tr>
<tr><td rowspan="4">一、智慧校园与师生发展（30分）</td><td rowspan="4">（三）校长信息化领导力（5分）</td><td>（1）校长组织制定并实施学校信息化发展战略和规划，且相关战略规划符合国家、教育部以及武汉市相关建设规范与标准的要求</td><td>查看佐证材料</td><td>1</td></tr>
<tr><td>（2）校长在学校的信息化组织结构、信息化政策与规范、信息化人力资源、信息化建设与应用机制、运维管理体系、安全保障体系的建设中，能够做出科学合理的决策，并形成明确的信息化建设评价理念，有根据学校发展持续改进信息化环境的意识</td><td>查看战略规划文件</td><td>2</td></tr>
<tr><td>（3）校长能够熟练使用信息化决策支持体系，对学校的管理水平、教学发展状态进行系统化的判断与诊断，并基于数据分析结果制定改进措施，从而形成校领导基于校园大数据的领导与决策素养</td><td>查看系列文件的存在性、科学性、合理性</td><td>1</td></tr>
<tr><td>（4）校长能够确保学校在校园信息化的资金投入达到武汉市教育局的相关要求</td><td>查看系统与应用状况</td><td>1</td></tr>
<tr><td rowspan="4">二、智慧校园基础设施与支撑平台层建设（25分）</td><td rowspan="4">（一）数据中心机房（5分）</td><td>（1）数据中心机房以国家机房建设标准B级进行建设</td><td rowspan="4">查看现场，查看资产账目</td><td>2</td></tr>
<tr><td>（2）机房进行分区管理，有严格的安全防护措施</td><td>1</td></tr>
<tr><td>（3）机房配备专门的维护人员，机房管理制度建设完善</td><td>1</td></tr>
<tr><td>（4）对于优先选择统建方式，利用区域数据中心或电信数据中心，实现学校与数据中心千兆专线互连，并实现相关服务功能，则本项目满分</td><td>1</td></tr>
</table>

续表

一级指标	二级指标	主要观测点	评价方法	分值
二、智慧校园基础设施与支撑平台层建设（25 分）	（二）数据库与服务器（3 分）	（1）数据库、服务器与存储等设备根据实际需要配备，规模满足学校业务使用需求	查看现场，查看资产账目	2
		（2）数据中心主机（服务器）采用云计算技术实现计算、存储资源的云化部署，规模满足学校业务使用需求		1
	（三）网络通信系统（5 分）	（1）校园网络出口设备选择支持千兆带宽的中高端路由器、防火墙、链路负载均衡器等。设备支持多出口链路，支持 IPv6 分协议	查看现场，查看资产账目	2
		（2）实现校园网络全覆盖、全接入，万兆带宽到楼宇，千兆带宽到桌面，拥有功能完备的网络运维管理平台		2
		（3）配备统一上网行为管理设备，可控制和管理对互联网的使用，并支持全校用户终端同时在线		1
	（四）感知系统与物联网设施（4 分）	（1）建立了校园感知系统与物联网设施建设的总体规划、管理与技术规范体系，并在信息化建设中予以落实	查看文件，查看现场，查看资产账目	2
		（2）学校配备一套物联网管理系统，能够集中管理分布在校园各处的基于物联网的终端设备，并可对这些设备所产生的数据进行统计分析		2
	（五）各智慧化应用专属基础设施（2 分）	（1）在智慧校园规划和建设中，统筹建立了学校公共计算资源、网络通信资源、感知与物联网资源、公共终端设备与设施资源的管理制度与技术规范	查看文件，查看现场，查看资产账目	2

续表

一级指标	二级指标	主要观测点	评价方法	分值
二、智慧校园基础设施与支撑平台层建设（25分）	（六）应用服务集成与校园大数据中心（6分）	（1）建立了学校的校园大数据中心，能够为各类校园应用系统的运行提供数据交换、数据处理、数据服务、支撑平台、统一接口等核心服务与管理功能，并形成了配套的管理、技术、运维和应用规范与制度	查看文件，查看方案，查看系统，查看资产账目	2
		（2）基于大数据中心，智慧校园平台能够实现已有和新建应用服务的集成，包括统一身份认证、统一信息门户、全校应用服务的数据集成与共享		2
		（3）具有能够面向学校各级管理部门、教学单位以及师生个人等的应用系统，按需提供大数据分析数据与分析模型的支持，实现不同层级的评价与决策支持		2
三、智慧教学环境建设（25分）	（一）多媒体教室与智慧教室（6分）	（1）每个教室和满足安装条件的实训室配备一套多媒体教学设备，能实现互动教学功能，满足教学需要	查看文件、查看现场、查看资产账目	2
		（2）建立了多媒体教学设备使用、多媒体教室使用、多媒体教学管理的相关规范与制度，多媒体设备能够集中控制		2
		（3）在智慧教室的规划与建设中，充分考虑了对学校已有建设基础与资源的利用，并且能够体现出智慧教室的智慧化特征		2

续表

一级指标	二级指标	主要观测点	评价方法	分值
三、智慧教学环境建设（25 分）	（二）教学资源共享、网络教学与专业建设服务（10 分）	（1）学校建立了校一级的教学资源共享与网络教学服务平台，且能够面向全校师生实现教学资源共享与网络教学服务这两大核心服务	查看系统功能，查看使用信息，查看共享状况，查看资产账目	2
		（2）基于校级教学资源共享与网络教学服务平台，教师能够实施基于讲授的网络教学服务，以便为日常教学提供辅助性的教学手段		3
		（3）学校或各重点建设专业，针对专业建设项目、德育及素质教育、专业建设指导委员会、名师工作室、现代学徒制、校企合作实训基地、技能大赛、双创教育等专门化方向，按需建立了以资源共享与网络教学服务为主体的专门化信息系统或项目空间		3
		（4）学校的各类教学资源共享与网络教学服务系统，能够实现教学资源与网络课程资源的共享，避免教学资源和网络课程资源的“孤岛”化建设出现		2
	（三）实习实训教学服务平台（7 分）	（1）学校建立了统一的实训教学服务信息化平台，或者是重点专业建立了实训教学服务信息化应用体系或系统	查看系统，查看现场，查看教学文件，查看资产账目	2
		（2）具有实习实训管理功能，支持实习实训单位准入、变更、信息发布，支持实习实训基本信息记录、教学过程管理与绩效评价		3
		（3）每个重点专业至少建设 1 个虚拟仿真实训室		2
	（四）远程职业培训服务平台（2 分）	（1）建立了校一级的远程职业培训系统或远程培训应用体系	查看系统，查看资源，查看使用信息	1
		（2）教师有效参与到面向行业、企业及社会个人的远程培训教学，实现了社会培训的过程化跟踪管理		1

续表

一级指标	二级指标	主要观测点	评价方法	分值
四、智慧教学资源（20分）	（一）资源建设规划（6分）	（1）制定了学校及各专业的资源建设发展规划与计划，学校的数字资源建设标准、建设规范、验收标准、验收规范及项目管理办法等齐全完整、指导性强	查看管理文件，查看培训记录，查看开发现场，查看项目文件，查看资产账目	2
		（2）建立了针对教师的数字资源开发培训教程与在线学习课程，并且每年组织不少于2次的校内培训		2
		（3）学校各重点专业、信息技术类相关专业、名师工作室等，具有自主数字资源技术开发能力，并能够指导校内教师进行自主的资源开发		2
	（二）通用基础资源（8分）	（1）学校建立了公共课资源库，并在教学平台上实现了辅助教学	查看资源库，查看网络课程及其应用，查看资产账目	2
		（2）每个专业都建立了个性化的校本数字资源库，数字资源基本覆盖了专业核心课程，且教学资源类型全面		2
		（3）学校通用基础资源的自主建设和引入资源之间的比例适当，自建的资源要求能够与授课教材配套，能直接服务于日常教学		2
		（4）学校所开发的通用基础资源在远程职业教育培训中得到了应用		2
	（三）仿真实训资源（6分）	（1）重点专业建有仿真实验、仿真实习、仿真实训资源应用的专业场所，与专业教学有效配套与融合，并有实验、实习（训）台账	查看现场，查看资产账目	3
		（2）对无法实际体验、参与或无法实地观察的实验、实习（训）环节，应具有相关的专业实验、实习（训）软件，交互性强		3

续表

一级指标	二级指标	主要观测点	评价方法	分值
五、智慧校园管理（32分）	（一）决策支持应用服务（6分）	（1）决策支持应用服务，实现了决策支持信息综合服务的核心功能要求	查看系统数据、逐项功能测试	2
		（2）决策支持评估指标体系的设置，与教育部职业院校管理水平提升、职业院校教学工作诊断与改进等工作的内容与指标配套		2
		（3）能够面向职业院校决策层、各业务部门、教学单位及教师提供所需的决策支持服务		2
	（二）教学管理服务（5分）	（1）软件系统的应用体系与流程，与学校实际的业务体系与流程匹配	查看系统数据、逐项功能测试	2
		（2）支持教学管理过程的主要环节，包括教学计划、教学任务、排课选课、考试、成绩、毕业审查和教学评价等		2
		（3）具有教学场所信息化管理功能，提供动态预约、数据记录及统计，为相应管理者提供功能教室的数字管理服务		1
	（三）学生管理服务（5分）	（1）软件系统的应用体系与流程，与学生管理的实际业务体系与流程匹配	查看系统数据、逐项功能测试	2
		（2）具有从学生入学、在校学习、校内外实习、就业、毕业离校全过程的信息管理功能		2
		（3）具有评价指标体系的在线设计和管理功能，并能从教务管理系统等应用系统中共享学生学习成果信息；具有学生多维评价、结果比较、评价报告自动生成和管理的功能		1

续表

一级指标	二级指标	主要观测点	评价方法	分值
五、智慧校园管理（32分）	（四）教科研管理服务（3分）	（1）能对校内教科研人员及校外教科研专家的信息进行管理	查看系统数据、逐项功能测试	1
		（2）能对校本教科研项目、校内外合作教科研项目从项目申报、项目立项、项目中期检查到项目结项进行全流程管理，含项目经费管理和协同工作管理		1
		（3）能对教科研计划、教科研成果、教科研活动信息进行管理和发布		1
	（五）人力资源管理服务（3分）	（1）人力资源管理的管理范围全面	查看系统数据、逐项功能测试	1
		（2）能够设置面向教职工的评价分析指标体系，能够基于校园大数据中心的数据支持，形成教职工综合评价档案，并配套有评价档案管理功能		1
		（3）建立了面向全校教职员工的在线校本培训平台，能实现自主学习、在线培训与考核评价		1
	（六）办公自动化服务与学校后勤服务（5分）	（1）学校基于办公自动化软件的流程初始化功能，完成了与学校实际流程相符的流程初始化	查看系统数据、逐项功能测试	2
		（2）实现日常行政事务管理功能的日常应用，包括收发文、文件流转督办、信息发布、公文审批等		2
		（3）能提供物业、修缮、饮食信息的管理、查询与统计功能		1
	（七）校企合作服务（5分）	（1）建立了校企合作、产教融合的统一信息门户，且可以通过互联网进行访问，信息量丰富，提供在线调查服务功能	查看系统数据、逐项功能测试	2
		（2）实现了校企合作项目管理信息化，并且企业及行业专家等可以通过信息化手段参与到学校专业建设的多方面工作之中		1
		（3）学校或重点专业建设有顶岗实习管理与教学服务系统，并得到了有效应用		1
		（4）能够实现在线的校企合作评价分析、毕业生跟踪与评价分析		1

续表

一级指标	二级指标	主要观测点	评价方法	分值
六、智慧校园服务（20分）	（一）校园一卡通（3分）	（1）完成了校园一卡通建设，取得了良好的应用效果	查看系统数据、查看现场	1
		（2）校园一卡通的相关数据、计算和基础设施资源，纳入了智慧校园各类资源的统筹管理与应用中		2
	（二）智慧图书馆（3分）	（1）智慧图书馆应包含电子期刊、电子图书、视频和音频等不同的数字化资源，资源涵盖学校全部专业，有不少于1个中文数据库或数字资源检索平台	查看系统，查看资源，查看资产账目	2
		（2）智慧图书馆通过物联网、云计算等技术实现智慧化的服务和管理		1
	（三）校园社区服务（5分）	（1）建立了家校互通服务体系，构建了学校与家长的网络化交流环境	查看系统数据，查看主体功能，查看资产账目	2
		（2）能够实现毕业生跟踪与评价分析		2
		（3）建立了校园安全教育服务体系，提升了学校处理安全事务的能力		1
	（四）数字化场馆服务（3分）	（1）进行了学校数字化场馆建设的整体发展规划	查看方案，查看系统和资源	2
		（2）重点专业开始进行数字场馆的小规模试点建设		1
	（五）数字通信服务（2分）	（1）建设了基于校园网的数字通信服务	查看现场，查看资产账目	2
	（六）数字安防服务（4分）	（1）学校配备一套智慧校园安防系统，能够与当地公安部门的安全防范系统联网，有专门的维护管理人员	查看现场，查看资产账目	2
		（2）安防系统以校园网为传输平台，实现对校园视频监控、入侵报警、出入控制、电子巡更、电子监考、消防报警、紧急呼叫（求助）报警、紧急广播系统的统一管理和控制		2

续表

一级指标	二级指标	主要观测点	评价方法	分值
七、智慧校园应用终端（8分）		（1）学校各部门、系（部）、教科研机构至少配备2套含打印机、复印机、扫描仪、数码照相机、数码摄像机等在内的常用数字设备，至少配备一台办公用电脑	查看现场，查看资产账目	2
		（2）学校主要公共服务区域（图书馆、活动室、行政楼等）至少配备一套公用终端，如大屏幕触控一体计算机		2
		（3）学生数与学生用计算机比例保持3∶1；教师数与教师用计算机比例达到1∶2		4
八、智慧校园保障体系建设（20分）	（一）信息化组织机构与人力资源（6分）	（1）学校设立了信息化工作领导小组，由校长或主管副校长任组长	查看文件	1
		（2）单独设置中层管理机构（信息化办公室或教育信息中心），职能明确并常态化开展工作，信息化专业人员结构合理、队伍稳定、待遇落实	查看现场，查看人员资料	2
		（3）学校各业务部门负责且能够提出业务系统的需求、制定信息化政策、推进业务系统的应用，业务部门领导应主持部门信息化建设，且有教师承担信息化建设协调员的职责	查看建设规划，查看项目资料	1
		（4）每年对学生开展信息化应用培训与指导服务，每年开展2次以上教师信息技术（技能）培训；定期开展校内软件应用、数字资源、信息化教学创新交流、研讨、比赛活动	查看培训方案，查看培训与交流记录	2
	（二）信息化建设政策、规范与机制（3分）	（1）制定了学校的信息化战略规划，且战略规划需符合国家、教育部以及武汉市相关建设规范与标准的要求	查看规划文件	1
		（2）学校应设立常态化的智慧校园建设与应用专项资金，形成制度化的可持续经费投入机制	查看资产账目	2

续表

一级指标	二级指标	主要观测点	评价方法	分值
八、智慧校园保障体系建设（20分）	（三）信息化项目实施与运维管理（6分）	（1）制定科学有序的智慧校园运行维护规章制度和管理流程体系，并在全校范围实施统一的运行维护规范	查看运维管理文件	2
		（2）搭建了校级运维管理平台，配备了智慧校园运营维护所需的必备软硬件运维管理工具，包括网络管理系统、用户管理系统、网络安全设备及配套工具软件等	查看现场，查看资产账目	2
		（3）全年无重大智慧校园运行维护事故发生	查看事件记录	2
	（四）信息化安全保障体系（5分）	（1）智慧校园安全保障体系建设遵循《GB/T22239—2019 信息安全技术 网络安全等级保护基本要求》《GB/T28448—2019 信息安全技术 网络安全等级保护测评要求》《GB/T25070—2019 信息安全技术网络安全等级保护设计要求》	查看管理文件，查看建设资料，查看资产账目，查看事件记录	3
		（2）建立了由主管校领导和信息部门负责人、校级智慧校园运维团队、各业务部门信息化建设负责人或协调员等构成的三级智慧校园安全保障体系		1
		（3）建立了智慧校园安全保障的规章制度体系，包括安全制度、安全策略和安全操作规范等三个部分		1
九、特色创新（20分）		（1）形成了建设规划、管理与运维服务领域的创新，并产生了实际成效和理论研究成果	查看建设资料，查看技术性成果，查看应用情况，查看理论性成果，查看第三方评价	1. 每形成一项创新，加5分； 2. 特色创新部分的总分值不超过20分

续表

一级指标	二级指标	主要观测点	评价方法	分值
九、特色创新（20分）		（2）基于教育部对职业院校管理水平提升、职业院校教学工作诊断与改进的工作要求，进行自主或校企合作的针对性创新，并产生了实际成效和理论研究成果	查看建设资料，查看技术性成果，查看应用情况，查看理论性成果，查看第三方评价	1. 每形成一项创新，加5分；2. 特色创新部分的总分值不超过20分
		（3）在智慧校园信息共享、数据共享、资源共享领域进行模式和技术创新，并产生了实际成效和理论研究成果		
		（4）在智慧校园服务于专业建设与教学、各级评价体系建设领域进行创新，并产生了实际成效和理论研究成果		
		（5）在智慧校园服务于校企合作、家校互动、校校合作、社会服务等领域进行模式和技术创新，并产生了实际成效和理论研究成果		
		（6）其他特色创新点		

本章小结

本章对智慧校园的实施流程进行了论述。智慧校园的实施过程分为规划与设计、建设与部署、管理与维护、应用与推广、评价与反馈五个阶段。在每个阶段的实施过程中都应该有效果评价，并需要将实施效果及时反馈给各个相关部门以便随时加以改进。我们需要熟悉智慧校园的每个实施流程及其所要完成的任务、采用的具体模式和方法，高度重视评价与反馈的重要性，正确解读智慧校园评价指标体系。

关键词

规划与设计；部署模式；集成模式；管理与维护；运维管理体系；应用与推广；评价与反馈；评价指标

思考与练习

1. 智慧校园实施的基本流程有哪些？
2. 智慧校园规划与设计的内容是什么？
3. 智慧校园规划与设计方案构成要素有哪些？
4. 智慧校园建设与部署的内容有哪些？
5. 智慧校园建设与部署的模式有哪些？
6. 智慧校园技术系统部署方式有哪些？
7. 智慧校园系统集成模式有哪些？
8. 智慧校园管理与维护的任务是什么？
9. 智慧校园运维管理体系包含哪些内容？
10. 智慧校园运维管理体系常用的工具有哪些？
11. 智慧校园应用与推广的任务是什么？
12. 为了更好地实现智慧校园的应用与推广，有哪些可以使用的策略？
13. 智慧校园评价与反馈的任务是什么？
14. 请试着设计一套符合您所在区域情况的中等职业学校智慧校园的评价指标体系。

5

智慧校园的实践探索与发展展望

学习目标

➢ 通过典型案例的分析，了解中等职业学校智慧校园的建设与应用情况。

➢ 通过典型案例的分析，了解高等职业学院智慧校园的建设与应用情况。

➢ 通过典型案例的分析，了解应用型本科院校智慧校园的建设与应用情况。

➢ 了解和掌握智慧校园发展的主要趋势。

➢ 理解并掌握智慧校园未来发展的重点内容和表现形式。

学习要求

本章内容包括两大部分：一是智慧校园的实践探索。本章在中等职业学校、高等职业学院和应用型本科院校中各选择一个典型案例对智慧校园的建设与应用情况进行总结分析。二是智慧校园的发展展望。本章研究了智慧校园发展的主要趋势，分析了智慧校园未来发展的重点内容和表现形式。通过对智慧校园典型案例和未来发展的总结分析，学习者应了解我国目前中等职业学校、高等职业学院和应用型本科院校在智慧校园建设与应用中的实践探索情况，了解并掌握智慧校园发展的主要趋势、重点内容和表现形式。

5.1　智慧校园的实践探索

5.1.1　典型案例一——以河北某中等职业学校为例

河北某中等职业学校校长带领学校领导和相关技术人员参加了河北省教育信息化工作研讨会，探索信息化环境下校企合作新型教学模式、网络学习空间应用模式、数字化校园建设机制与应用模式。随后多次召开领导班子会议，研究和探讨智慧校园建设专项工作，成立了专项工作团队，通过多方考察，选择优质服务提供商，采用外包开发模式开展智慧校园建设与部署工作。

（1）宏观规划

学校在本期智慧校园建设中，重点利用“物联网 + 云计算 + 大数据”，构造智慧化的校园学习、生活、环境。将教学、管理与校园生活进行充分的融合，实现校园管理智能化、校园生活一体化、校园设施数字化、课堂教学生动化、家校沟通无缝化。学校“智慧校园”的总体架构设计如图 5–1 所示。

①建成智慧校园网络全覆盖。校园网规划设计的目标是建设一个高性能、高可靠性、高安全性、灵活性强、扩展性好的技术领先的高效网络平台，要保持在今后 5 年内满足学校教学工作的要求和学校管理需求，同时满足多个校区互联的需求，为全校师生员工提供一个功能完善的教学、科研、管理的数字化工作环境，为学校提高教学、科研、管理水平奠定坚实的基础。

②形成促进办学的信息服务支撑环境。传统系统建设周期长、IT 投资成本高、运维成本高，通过云平台建设，利用云平台统一设备管理、低维护成本、易扩展性、资源部署周期短等优势，面向全业务服务，把学校投入到传统 IT 建设与维护的核心资源释放出来，聚焦学校核心业务。

③有效推进各主要办学业务应用系统的建设。加快数字化教学资源建设，构建学科齐全、标准统一、种类丰富的校本资源库和共建共享的资源管理平台。实现校务管理的数字化、智能化，建设功能强大的公共信息和管理系统，提高学校教育管理的功能和效率。实现教育教学的数字化、个性化，推动基础课程与信息技术的深度融合，满足学生自主、便捷、高效、个性化的学习需要。

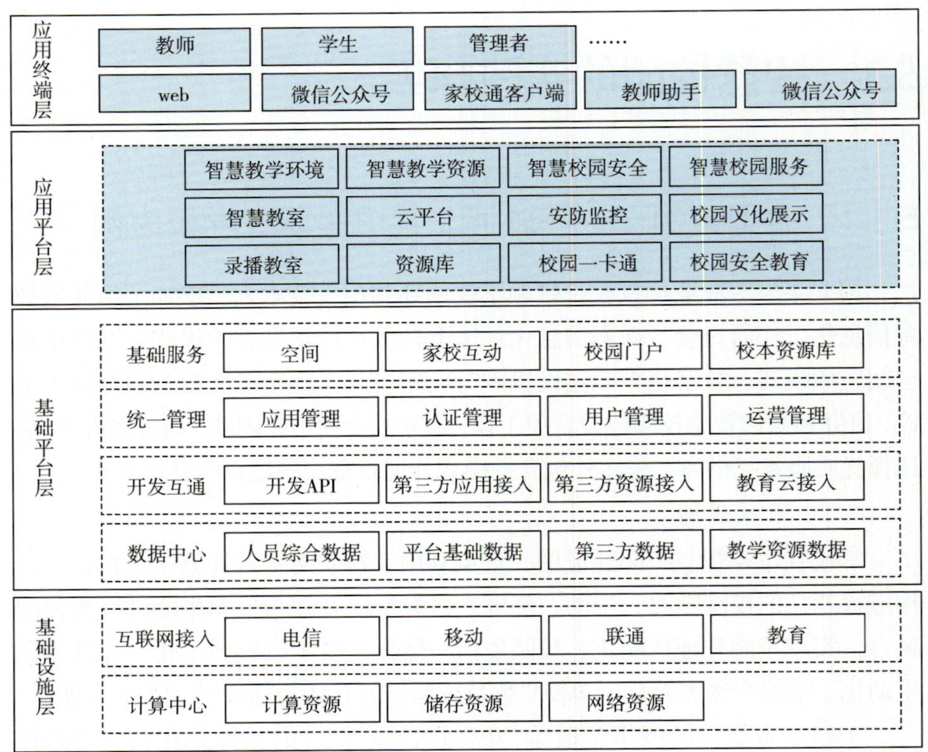

图 5-1　智慧校园架构

（2）具体设计

①校园网络基础设施建设。在已有的校园网基础上，对校园网进行进一步的整合，建设一个性能高、灵活性强、扩展性好、安全性高的技术领先的高效网络基础设施平台。在保证满足校园业务、应用系统业务的同时，要体现出网络系统的先进性。在为校园建设有线 / 无线基础网络以及智慧校园物联网时，要把先进的技术与现有的成熟技术和标准结合起来，充分考虑网络应用的现状和未来发展趋势。无线网络拓扑图如图 5-2 所示。

②信息标准建设。信息标准建设是当前智慧校园建设的重点之一，对推进学校信息化建设有着重要的意义。学校将制定与国家以及教育部相关信息标准规定相兼容的信息化标准，该数据标准在全校范围内作为数据编码的依据和标准，为数据库设计提供类似数据字典的作用，为信息交换、资源共享提供基础性条件。

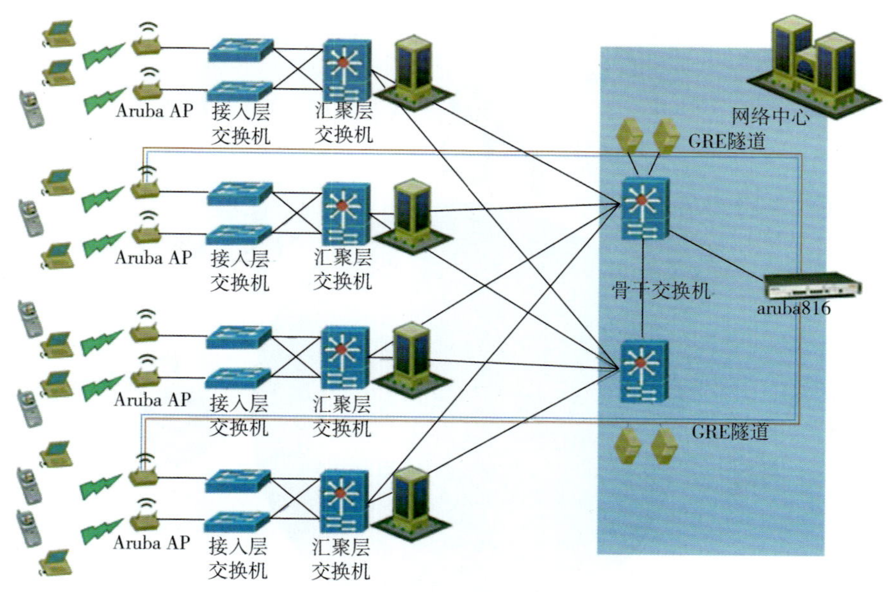

图 5-2　无线网拓扑图

③统一身份认证平台建设。随着学校 IT 应用的迅速发展，各种业务系统和用户数量在不断增加，网络规模也逐渐扩大，访问控制和信息安全问题愈见突出，原有分散的“独立认证、独立授权、独立账号管理”的模式已经不能满足学校目前及未来发展的要求。因此，构建一个完整统一、高效稳定、安全可靠的集中身份认证和管理平台是本期学校智慧校园建设的重要目标。

统一认证平台通过建立学校权威的用户信息，基于 Oauth2.0 协议，对学校已有的应用系统进行集成。集成后的各个应用系统不需要取消原有的用户管理体系和登录方式，不影响原有系统的正常运行，用户采用一套用户名和密码即可访问不同的应用系统。在 web 应用中，用户登录数字化校园时，须经过统一身份认证平台的身份验证，通过验证后用户进入数字化校园门户以及其他应用系统，无须重复登录即可在应用间进行漫游。统一认证系统在保证系统整体安全性、可靠性的同时，为各级用户使用软件功能和信息资源带来很大便利。统一身份认证流程如图 5-3 所示。

④数据交换平台建设。数据交换平台是为了解决学校各应用系统中存在的信息孤岛现象而产生的。数据交换中心是在平台内搭建一个面向应用的安全、便捷、规范统一、可扩展的数据平台，实现各独立系统与共享数据交换中心之间的数据交换和共享，从而既可以为学校的管理提供有效的

管理平台，又可满足校内各类人员的查询要求。

图 5-3　统一身份认证流程

数据交换平台的内容包括公共数据中心、数据集成和交换平台、数据管理服务以及数据综合服务。

公共数据中心对数字化校园中的各种结构化数据进行统一建设和管理，实现统一数据安全控制、统一备份与恢复和数据管理。

数据集成和交换平台采用符合 SOA（面向服务的架构）规范建立的数据传输与数据交换规范，可实现不同部门、不同应用系统间的数据交换，具有良好的扩展性。数据交换平台用图形化的操作界面管理数据交换、数据抽取、数据访问，并进行数据交换的监控管理。

数据管理服务是指对公共数据库中的数据提供管理功能。用户可对权限范围内的数据进行处理工作，系统自动记录用户操作日志，支持手工录入、手工导入和程序录入等数据转入方式。

数据综合服务是在公共数据中心的基础上提供各类数据的查询统计分析和通过数据分析模型进行深层次数据挖掘，为领导层提供智能决策支持。

⑤应用系统建设，具体包括以下子系统：

第一，综合信息门户系统。综合信息门户系统是指将分散、异构的应用和信息资源进行聚合，在统一身份认证平台的支持下，通过统一的访问入口实现各种应用系统的无缝接入和集成，提供支持信息访问、传递以及协作的集成化环境的系统。

第二，综合教务管理系统。综合教务管理系统包含了教学过程管理的所有功能部件，如招生管理、学籍管理、排课管理、教学计划管理、选课管理、考试管理、成绩管理、师资管理、教学建设管理、教学评价和教材管理等诸多功能模块，是一体化、综合化的教务信息管理系统。

第三，招生迎新系统。招生迎新系统以信息化手段对招生迎新各个环节进行管理，涵盖招生计划的制订、网上报名、录取通知书打印、报到卡打印、学生分班等功能，同时还可实现学校领导在迎新期间和迎新结束后对新生入学和报到情况进行跟踪。

第四，学生管理系统。学生管理系统通过提供学生学籍管理、考勤管理、奖惩管理、奖（助）学金管理、勤工俭学管理、保险理赔管理、心理健康管理、综合素质管理及毕业管理等多方位服务，帮助学校、老师全方位掌握学生在校情况，节约学生管理成本。

第五，宿舍管理系统。面向学校学生宿舍业务，提供多样化的宿舍管理模式，可根据实际情况进行分宿舍区、分楼宇、分楼层管理。

第六，办公管理系统。办公管理系统帮助学校实现规范审批流程、加强文件管理、促进信息流通、提高办公效率、实现全局监控，包括决策过程科学化、工作流程顺畅化、办公行为规范化、业务数据集成化。

第七，综合实训管理系统。除了能对实训场地、设备等进行管理之外，也能实现在综合实训阶段对学生的实训过程、实训成果进行监督、控制和辅导。

第八，专业教学资源库。专业教学资源库是实现专业建设、课程建设、在线教学、资源共享的整个体系；解决了学校在这方面的数字化管理问题，并完美实现了在线教学的功能，提供了教与学的新方式。

⑥移动智慧校园建设。移动智慧校园将师生随时随地需要使用的功能迁移到智能手机端，给教师教学、学生学习、管理工作、校园服务等带来极大的便利。同时在技术上，移动智慧校园采用目前较为先进的组件式开发模式，可以引入第三方平台，例如微信、钉钉、腾讯直播课堂等，使整套系统极具扩展性。移动智慧校园界面如图 5–4 所示。

图 5-4　移动智慧校园界面

⑦中等职业学校教学诊断与改进服务平台。以诊断与改进的工作方式，推进诊改服务平台（见图 5–5）建设，为学校开展教学质量诊断与改进工作提供丰富的参考知识体系，辅助学校完成提交状态数据、发现教学问题、诊断教学问题直至最后解决问题的诊改工作目标，实现将诊改工作转变为常态化专业建设与教学质量提升过程的目的，具体设计如下：

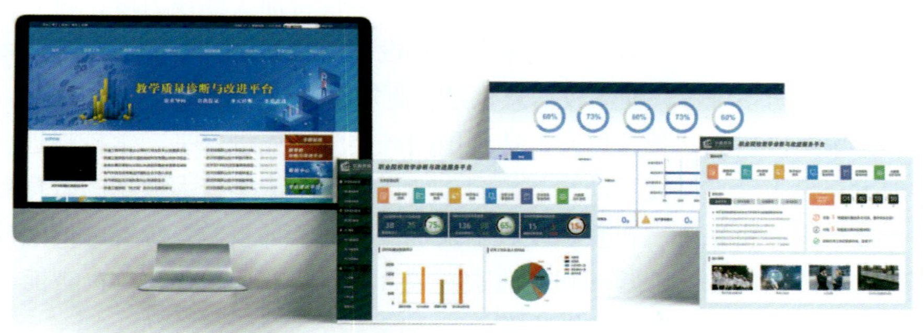

图 5–5　教学诊断与改进服务平台系统界面

第一，建立诊改基础数据中心，学校只需要上传部分基础数据就可自动生成人才培养工作状态数据，减少数据上报工作量，同时也可灵活安排数据采集工作的时间。

第二，设置周密的数据填报逻辑校验和预警规则，保证人才培养工作状态数据上报不出现逻辑错误。

第三，构建全方位的数据关联模型、政策资料知识库，为诊改过程提供针对性、体系化的参考依据。

第四，通过系统预置的各类报告模板以及平台提供的协同编制、导出功能，协助教师完成如年度质量报告、教育质量监测报告等各类报告的编写工作。

第五，通过诊改大数据分析中心，以各类直观的图形报表呈现“五横”相关的数据统计分析结果，为改进决策提供支撑。

（3）实施举措

学校建设智慧校园内容多且涉及面广，各个环节相互关联，需要整体规划，分步实施，并且在实施过程中不断优化、完善与提升。学校根据各个部门的需求和业务流程的特点，有计划、有步骤、有策略地将项目分三步进行，并制定以下的分步实施规划。

①第一阶段："智慧校园"初步成形。学校将进一步优化有线基础设施，建设无线网络全校覆盖，在建设信息化标准的基础上，建设数据交换中心平台与统一身份认证平台。对学校现有的教务管理系统、网络教学平台等已有平台进行升级改造。新建教学诊断与改进服务平台、一卡通综合应用系统和校园网络安全体系等。

②第二阶段："智慧校园"基本完善。学校将加大建设力度，建立基于移动互联技术的移动智慧校园平台，建设基于物联网技术的绿色节能系统与智能安防系统等，使学校信息化建设更加凸显智慧性与融合性。

③第三阶段："智慧校园"达到国内同类学校先进水平。学校将进一步加大建设力度，开展移动智慧校园二期，建设基于学校大数据的教育管理智能决策分析系统、智慧思政教学系统、仿真实训教学系统等，使学校信息化与师生的教学、管理和生活紧密融合，逐步实现一体化的高智能、高效率、低耗能的学校信息化环境。

（4）效果分析

在本案例中，这所中等职业学校在智慧校园建设项目中取得了如下建设性成果。

①按照信息化标准规范，建成先进的智慧校园应用支撑平台和数据交换平台，为后期扩展与教学决策提供基础。

②升级学校现有教务管理系统、网络教学平台、门户管理平台。建立移动智慧校园服务平台，使学校师生通过无线网络与移动设备就可访问本校各类应用系统，实现信息应用的即时性与泛在性。

③新建感知校园平台包含一卡通综合应用系统、智能安防系统、绿色节能系统等，将物联网与校园网相结合，为学校的资源规划及资源合理调度提供了可靠依据，使各种管理更加及时、有效、直观和智能。

智慧校园建设是推动学校信息化建设的重大举措，它是一个持续性的工作。本案例中的智慧校园建设仍然处于起步阶段，还应在以下方面继续完善：

第一，大数据中心的建设与优化，为学校的教学、科研和管理提供更精确、更智能的决策支持体系。

第二，以教学为核心优化教学环境，突出职业教育特点，促进学生创新能力培养。

5.1.2 典型案例二——以湖北某高等职业学院为例

（1）宏观规划

本案例中的武汉某高等职业学院是一所非常重视信息化建设的学校，从2013年起，学校就开始建设数字化校园平台，并逐步建成和完善了一批管理信息系统，这些平台和系统极大地提高了业务部门的工作效率。多年过去，随着信息化的发展，学校需要从数字校园向智慧校园转变，而智慧校园依靠的不仅是高速稳定的网络设备，更需要在优秀的校园网络基础上，搭建高兼容性、高实用性、高可扩展性、高升级潜力的智慧校园全生命周期服务平台。

①建成先进实用的智慧校园网络基础。进一步完善和整合校园有线网、无线网、有线电视网、物联网、专网，建设高性能校园网基础设施，实现网络间无缝融合，推进校园天网视频监控、节能监控、校园卡系统等系统的建设，强化校园网安全，实现一体化运维监控，为智慧校园应用提供高速、泛在、稳定、全覆盖的校园网基础环境。

②形成促进办学的信息服务支撑环境。以云计算、云存储等先进技术为基础条件，统一管理和协同校园网的计算和存储资源，为各类信息化应用提供公共的运行支撑环境，提供智能的、统一的、高效的按需服务。建设内容为公共机房、统一身份认证系统、数据交换平台、统一信息门户、云服务平台、数据容灾备份、各业务软件支撑平台等。

③建成信息、数据和资源智能服务平台。构建智能的、全方位的，以事务服务为中心的一站式服务大厅和移动门户，提供教学服务、科研服务、管理服务、生活服务、师生综合数据服务、科学决策服务、图书文献资源服务、教学资源服务、数字档案服务等，推出服务自动推送、主动消息服务、自助服务等个性化服务方式。

④有效推进各主要办学业务应用系统的建设。在学校智慧校园的整体规划框架下，明确发展重点，应用需求驱动，逐步推进学生工作、招生就业、后勤服务、国际化办学、校园建设等主要业务的信息化建设工作，业务应用系统基本覆盖教学、科研、管理和服务各业务部门，为整合和共享各业务系统的数据和资源提供良好的基础，提升教育管理信息化水平。

⑤全面整合集成各应用系统的数据与资源。参照教育部教育信息数据标准，完善学校数据标准和数据交换标准，建立各应用系统的数据共享与

交换机制、协同工作机制，进行以“人”“事”“物”“部门”等为中心的数据资源建设，建立学生、教师、校友等以“人”为中心的主题数据中心，以及科研、财务、资产、图书、档案、一卡通、节能等以“事”或“物”为中心的主题数据中心，统一数据平台的应用建设，提高数据管理和应用水平。

⑥全面推动信息技术与各业务的深度融合。以创新人才培养模式为核心，突出提高教育质量，大力推进网络教学平台、实践教学、优质课程资源等建设，创造学生自主学习的信息化条件；建设科研创新支撑平台，推进图书文献资源共享服务，融合文化宣传、数字档案、绿色校园、平安校园等服务，大力推动信息技术与教育的深度融合。

⑦建成长效智慧校园保障机制。充分利用学院自有资源和各类社会资源，建立并完善组织、资金、人员和制度等关键因素的保障体制，在本期智慧校园的建设过程中，逐步建成与学院信息化水平相匹配的组织保障机制、专项经费保障机制、队伍建设保障机制、规章制度保障机制和科学合理的激励机制，强力保证智慧校园进程的顺利推进。

（2）具体设计

①基础网络建设。一直服务于教务教学的校园网络设施为学院的高速发展提供了有力支持。但由于学院业务系统的增多、教师教学方式的变革、学生对学习环境和校园生活服务要求的提高、信息技术的更新以及原有设备的损耗等因素，现有的校园网络已不能满足目前的需要。

学校将在不改变主体架构的前提下，实现对学校网络的平滑升级与扩容。建设统一的网络出口，将现有的办公网以及学生宿舍、教职工宿舍网出口进行整合。实现有线网络与无线网络的统一实名认证，对流量进行精细化管理。网络整体逻辑拓扑图如图 5-6 所示。

②系统平台建设。具体包括以下两方面：

第一，建立统一数据标准。信息标准化建设应首先满足《教育管理信息化标准》的要求，然后根据学校实际情况进行选择与扩展。其次，要保证《信息管理标准集》中的各种标准之间能够相容且具有可扩展性。《教育管理信息化标准》可以为建立统一的数据平台提供明确的规范和标准，将带动教育管理信息存储、访问、更新、传递方式的变革，进一步减轻学校人力资源和财政管理的负担。标准制定的实施过程如图 5-7 所示。

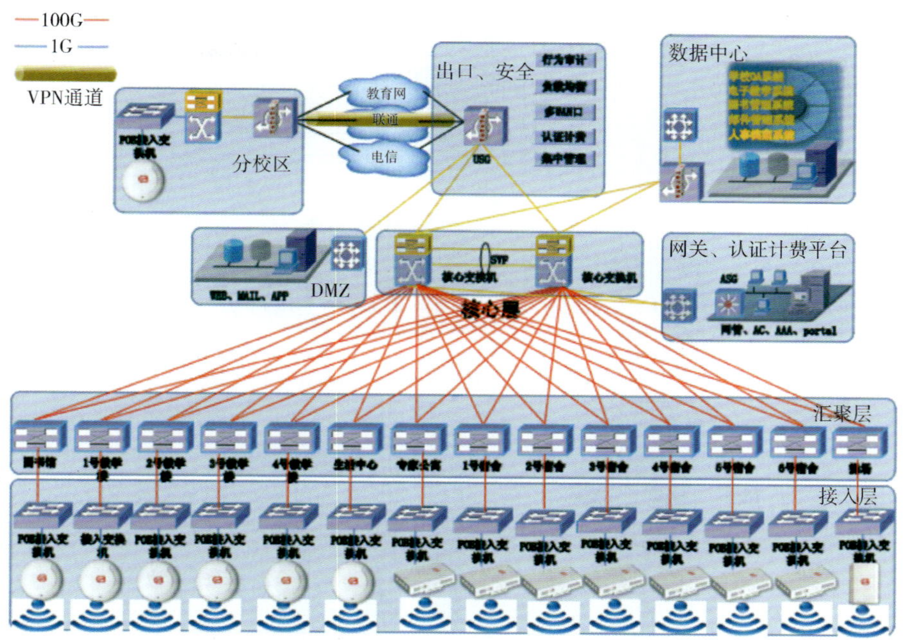

图 5-6　网络整体逻辑拓扑图

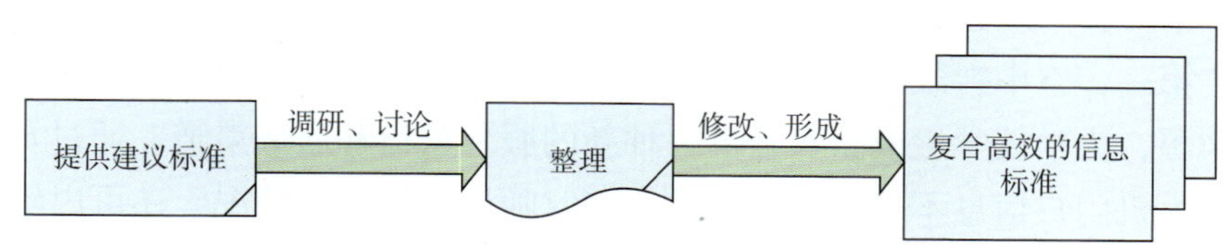

图 5-7　数据标准建设实施流程

第二，建立三大基础平台。三大基础平台包含统一数据平台、统一身份认证平台和统一信息门户平台。以《学校信息化数据标准》为基础，建立学校的统一数据中心平台，实现异构信息系统之间的数据交换和共享，明确业务系统与数据中心平台的接口规范；身份认证系统为各应用系统提供集中的身份认证服务，实现所有新建系统用户认证的统一集中化管理，做到真正意义的集中认证；建设面向校内外的信息服务网站（统一信息门户平台），及时发布学校各类信息。对社会公众和校内师生提供不同的信息服务和进入相应校园信息管理系统的入口。统一数据中心架构如图 5-8 所示。

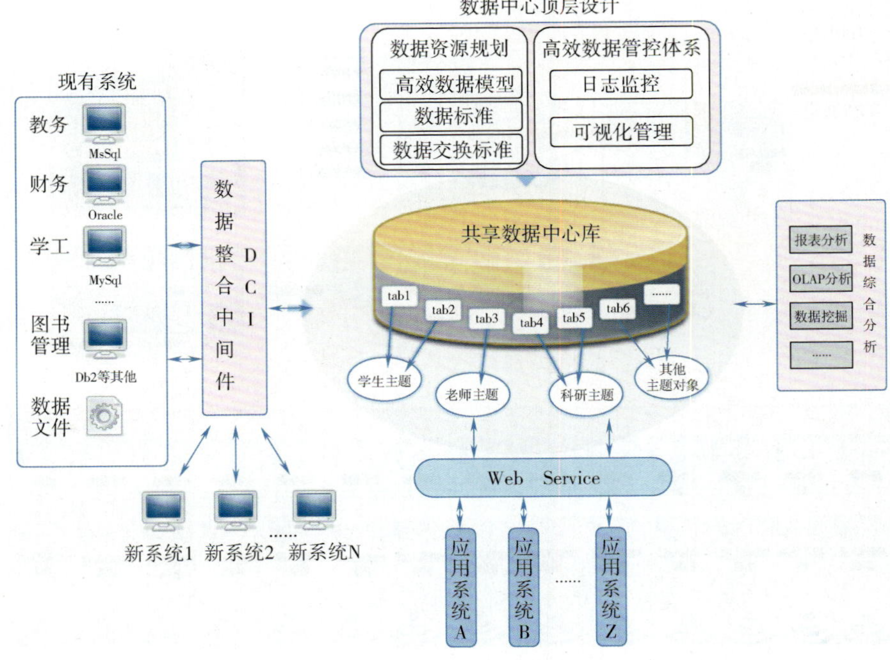

图 5-8 统一数据中心架构图

③业务系统建设，具体包括以下几方面：

第一，空中智慧校园平台。空中智慧校园平台以中心数据库为核心数据来源，为学校学生或家长开辟一种新的服务窗口和服务渠道。通过及时收发手机门户信息不仅能够帮助学生随时随地了解在校情况，还可以给家长提供学生在校学习与生活状况，而且能够个性化地对学生本人的学业与就业指导提供帮助，减轻了辅导员与班主任的负担，加强了学校的管理工作，获得家长的好评与支持。

第二，综合信息查询系统。综合信息查询系统主要任务是建立一个统一的平台完成对全校所有信息的综合查询，对学校的综合性事务做出全面的掌控。综合信息查询系统能够整合学校现有各个子系统的数据，做到学校各个相关部门之间数据交互便捷顺畅，领导或相关工作人员通过一个查询系统可以看到包括办公、校务、人事、学生学籍、后勤、资产、师资、就业、财务、基础设施等各项学校日常性事务的数据，大大提高办公效率和信息获取速度。

第三，学生在校学习周期业务服务体系。学生服务系统面对学生处、指导教师、任课教师、班主任和全体学生，为学生从入校到离校提供全周期的信息化服务，包括招生就业管理系统、迎新报到管理系统、学工管理系统、宿舍管理系统、教务管理系统、实习管理系统、离校管理系统、校友系统（见图 5–9）。

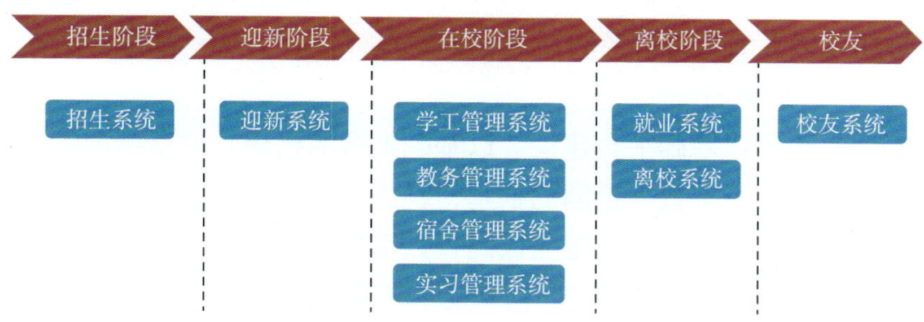

图 5–9　学工系统功能设计

第四，教师管理与服务业务服务体系（见图 5–10）。教师管理与服务业务服务体系包含办公管理系统、人事管理系统、科研管理系统、评教管理系统、教材管理系统等，主要为教师提供信息化的服务。

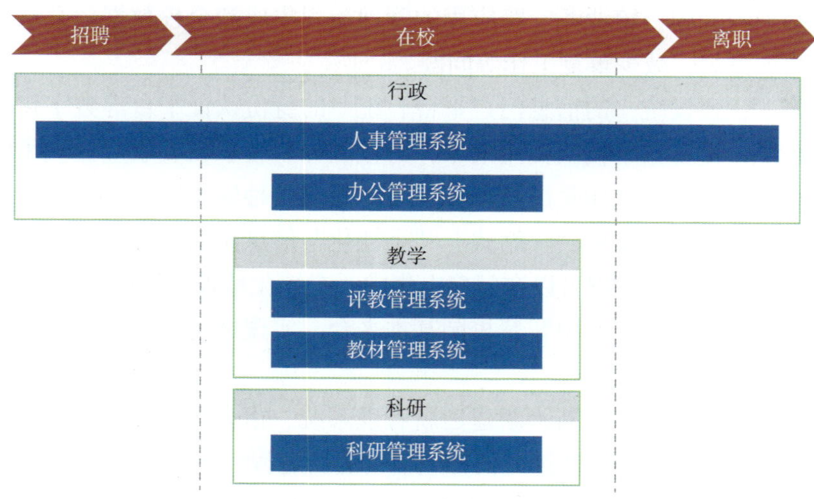

图 5–10　教师管理与服务业务服务体系

④信息安全建设。数字证书管理系统为实现校园内各用户安全通信提供电子认证。在校园内外网中，使用数字证书实现身份识别和电子信息加密。数字证书中需含有密钥（对所有者的识别信息），通过验证识别信息

的真伪实现对证书持有者身份的认证，保证校园内外的信息安全。

为了便于校园用户透明、跨网络访问校园网资源，能安全、便捷地实现移动办公，学校提出了虚拟专网的需求。学校要求使用相关网络协议提供数据加密，保证数据在公网上传输的安全，同时与统一信息门户相结合，能够使用户在校园网外通过 SSL VPN 顺利访问内网资源，保证全校师生可以通过任何标准的浏览器实现远程安全接入。

（3）实施举措

①第一阶段：基础平台建设。以基础平台的搭建、信息标准的统一为建设核心，通过打牢数字校园的根基，稳固支撑学校未来发展。并且，通过平台的工具支撑能够快速地完成高校数字校园的框架搭建，整合学校现有信息资源，使学校在最短时间内就能够初步看到效果。

第一，完成基础网络设施建设，搭建 VPN 等安全设施，保障外网访问校内资源的安全便捷。

第二，制定统一的信息标准，建设统一的数据中心、统一的数据清洗与整合平台，解决信息孤岛问题。实现业务系统到共享数据中心的集成；实现系统间的数据同步交换，保证不同系统关联数据的自动同步，准确一致；实现跨部门、跨业务、跨应用的管理流程集成和全校数据信息共享；解决管理漏洞，减少重复工作等问题。

第三，建设统一的信息门户平台、统一的身份认证平台等数字化校园平台系统，提升数字校园使用效果，为校领导、教职工、学生提供集中化的信息服务。提供应用集成与单点登录，提供各种应用服务入口，实现一站式访问；为用户提供“一站式”“个性化”信息访问服务，以前分布在各个系统的信息与数据可以在门户上集中、个性化地提供给用户。

第四，通过搭建空中智慧校园基本平台，实现通过短信群发方式提供跨越空间的信息服务。

第五，实现数字迎新，新建迎新管理系统、宿舍管理系统，并且将其与空中智慧校园结合，通过短信方式辅助迎新过程。

②第二阶段：学生管理应用建设及整合。在基础平台基础上，围绕学生在校学习周期，实现学生迎新到离校的全过程管理，完善学生在校学习周期管理系统。并且通过学生应用系统的建设和整合，实现以人为本的教学服务环境，提升教学质量，对师生实现智能化的学习管理和服务，具体包括以下几方面：

第一，建设学工管理系统、评教管理系统、离校服务系统、就业管理系统，实现学生业务的贯通。

第二，平台的进一步扩展，实现学生、老师在信息门户上的教学互动，以及课程学习等教学环节信息化。

第三，实现对学生数据的分析和挖掘，建立可以为整个学校综合查询和决策支持提供所需的基本校情分析系统，为学校的管理与决策支持系统提供分析数据。

③第三阶段：高校人、财、物应用建设及整合。在基础平台基础上，面向教师建设科研、人事、办公、服务的信息化系统，完善教师信息化服务和管理，建立相应的管理和服务系统，最终形成学校人、财、物等多方面的跨部门服务和管理，具体包括以下几方面：

第一，通过科研管理系统建设，可以极大地提高管理效率，为领导的决策提供较科学的依据。

第二，通过人事管理系统的建设，系统促进人事管理部门业务流程规范化，进一步提高工作效率和质量。同时为全校的信息管理系统提供重要的教职工基础数据。

第三，通过协同办公系统的建设，以管理、业务工作流为核心，以协同工作和知识管理为重点，强调通过执行力促进平台系统的实施进而改进高校的管理流程和业务流程。

第四，面向学校人、财、物，新增对人事、办公、科研、设备、资产等跨部门的综合决策服务。

（4）效果分析

①为学生达到的效果。从学生的角度出发，为学生从入校到在校学习生活再到毕业离校等各个阶段的、满足学生个性化需求的信息服务。例如：学生关注的新闻通知公告等校内信息，学生的选课、成绩、学分、缴费、贷款等与学生密切相关的信息化服务。学生可以利用空中智慧校园平台来完成这些业务，而不用像原来一样需要往返各个部门进行业务的处理，极大地方便了学生，也为学生节省了很多时间。

②为老师达到的效果。从教职工的角度出发，提供满足其工作、生活等需要的全面信息化服务。例如，通过统一的信息门户平台，为教职工提供一站式的信息查询（如教职工个人的办公、教务、财务、科研等的信息化）服务。通过空中智慧校园平台，老师可以直接完成日常工作，并不需要通

过进入其他部门的系统进行工作。遇到需要几个部门参与的工作时，可以一次性完成，不需要来回奔波。

③为管理者达到的效果。站在学校全局的层面，将学校视为一个有机统一的整体，基于教学、科研、管理、服务等各个领域，为学校提供涵盖整个校园的相关信息化、智能化服务。领导需要部门相关信息时，直接通过空中智慧校园平台就可以获取所需信息，不需要像以前一样到各个部门去索要。同时若需要对一些请示进行批复，同样可以在这些平台上完成，极大地方便了领导办公。

5.1.3 典型案例三——以宁夏某应用型本科学院为例

（1）宏观规划

学校前期已完成了大部分的管理信息化软件建设，各部门也基本都有一个或多个软件系统辅助日常工作，但由于前期在系统建设过程中，对系统的复杂性和业务的发展缺乏充分的预估，导致系统与当前业务的贴合度不是很高，访问系统的媒介还停留在电脑端，导致系统的使用度不高；另外，前期以业务部门为主题的建设模式，使学校的信息化建设缺乏统一标准与规划，导致目前在学校层面无法通过系统得到准确的数据，数据孤岛现象十分显著。

学校计划本期项目在完成统一数据标准、统一校级平台、统一资源管理的建设基础上，利用信息化平台将教学、科研、数据分析、综合管理、校园生活等活动，统一到一个基于数字网络的环境下，提高工作效率，提升人才培养的质量以及科学研究实力，对学校进行下一步的规划与决策起到指导作用，并最终实现智慧目标。

①智慧型人才培养。人才培养是学校的根本任务，智慧型人才培养是校园信息化建设的第一发展目标。随着移动互联与大数据等技术的快速发展，基于线上线下融合的智慧型人才培养模式必将逐步成为主流。

在智慧校园中，依托知识管理、校园社交网络、在线教育等信息化平台的支撑，教师备课摆脱了时间、空间和个人知识孤岛的局限性，能够基于本校和其他学校历年积累的教学教研资料以及学生学习反馈的数据有针对性地准备教案；学生摆脱了传统的课本学习和统一课堂灌输的被动学习模式，利用移动设备进行虚拟仿真式的学习，以及教授—考核反馈模式的教学互动，可以在海量的教学资源中自由学习并在基于数据分析后能够寻求适时、贴切的个性化指导；师生交流可以随时随地随意，利用声音、视频、文字、图像等各种交流工具随需而动，交流过程还可自动记录并根据需要回放复习；教学评价不再是纯粹的主观打分，而是基于师生教学互动和学生学习过程的数据开展多维、动态、全面、智能的教学评价，并指导学校按照客观规律不断改善教学内容、方法、手段和模式；因材施教和个性化人才培养模式成为主流，学生的职业发展、就业引导与人生指导也将综合其个性特点与社会发展而更加科学、合理。

②智慧型业务管理。建设以业务为主线的完整的生命周期管理平台，打造信息服务中心。管理信息化的建设需要打破部门的界限，以业务的发展为主线，确保数据的完整性、流通性与统一性。利用信息化为学校各部门、各专业开展教学、教研活动提供人、财、物管理的整合统一、深入广泛的信息化支撑和协同的校务管理支持，实现校系间、部门间业务协同；提供全面的信息服务，为师生个人的信息关联、学校各级管理部门间业务协作提供有力的信息技术支持，为全校师生提供个性集成、多维度、全方位的贴心信息服务。基于校内信息标准的建设，指导学校的信息化建设，为管理信息化长期发展奠定基础；基于“顶层设计”的思想，借鉴先进的设计理念和优秀的业务实践，为学校搭建整体管理的统一高效、互联互通、信息共享的管理平台，实现学生工作、教职工管理、教务教学、后勤资产等一体化管理，为提高师生服务能力和优化管理过程，不断改进和升级应用系统与管理服务提供服务。

③智慧型社会服务。学校作为一个知识聚集之地，其社会服务职能大都是基于知识的，而信息技术对于跨时空的知识传播天生就具有优势。因此，更好地支撑学校服务社会的职能也是校园信息化的发展目标之一，可从以下三个方面来推进：

第一，积极利用信息化手段，推进产学研用结合，加快教科研成果转化，提高学校服务经济社会发展的能力。

第二，依托信息技术，面向社会公众开展学科教育、科普教育和人文教育，提高公众科学素质和人文素质，推动学习型社会建设。

第三，利用积累的海量数据资源和数据分析技术，深入开展政策研究，积极发挥学校的思想库和智囊团作用，为国家和地方各级政府科学决策、民主决策做贡献。

④智慧型文化传承创新。文化传承创新已经成为学校的第四大职能，近年来越来越得到各方的重视。在当前移动互联和社交网络充分发展的情况下，如何推动学校文化的传承与创新已成为一个具有挑战性的问题。对于学校发展信息化来说，可以从以下方面来推动：建立有吸引力的校园网上虚拟社区，加强学生思政教育，广泛进行思想与文化交流，创新、繁荣健康向上的校园网络文化，发展先进文化，创新学校网络思想政治教育阵地建设，促进文化传承创新。

⑤智慧型管理决策。利用学校已有的信息资产和基础数据，构建基于学校层面的智慧型决策数据中心，以盘活学校现有的数据资产，提供更加深入的数据服务，为学校的决策提供有效支撑。通过构建业务主题模型，支撑学校教学、科研、财务、资产等业务的即时查询、综合报表、分析、预测、预警、评估等功能，为学校各用户提供数据服务，为校领导提供科学的决策支持，为各部门日常业务管理及对外数据上报提供统一的、分级分类授权的统计报表，为学校教育教学质量提高、高素质人才培养、高端人才引进、学术科研创新等战略管理决策提供科学的数据支持，为学校的战略发展、信息化智能分析和决策支持，构建校情动态分析和智能决策支持平台。

⑥智慧型生活服务。从服务师生的角度，以师生校内生活为核心，整合校内各种生活服务资源，拓展校外生活服务资源，打通公共生活服务和互助生活服务，构建“一站式”校园信息化生活服务空间，为师生提供随时随地、随需而动的校园信息化生活服务。从支撑后勤的角度，充分利用物联网技术和智能感知技术，建立智慧型校园后勤管理与服务信息化支撑平台，实现对建筑大楼节能、实验室安全监测、校园环境监控、车辆交通管理的信息化支撑，提高学校后勤服务能力与水平。

加强校园信息化建设是一个持续优化和完善的过程。要将校园信息化建设作为推动教育现代化工作的重要抓手，切实落实学校建设的主体责任，高度重视、科学规划、认真实施。同时，制订工作推进方案，结合政府教育主管部门的配套支持政策，推动学校信息化建设走上规范化、科学化轨道，确保建设任务顺利完成，建设目标圆满实现。

（2）具体设计

智慧校园架构如图 5-11 所示。

学生 教师 领导 家长 校友 企业 公众
PC 智能手机 自助终端 PAD VR/AR
交互层
分析统计 师生画像 决策支持
数据挖掘 教学质量 任课老师缺口 校情分析 教师考研 招生质量 ……
校园工作诊断 办学理念 教学工作状态 师资队伍建设状态 资源建设状态 制度建设与运行状态 需求方反馈
大数据应用 学生生活历程 学生预警 任教能力 学业趋势 教师成长空间 ……
全景层
统一数据中心
主题分类 基础信息 学生 教师 校情 资产 教学 安全 校企
数据接口 API Websorvice Https View
数据架构 ODS 数据仓库 Hbase Hive Hadoop NoSQL
集成清洗 ETL 数据复制 Websrvice JOBC配置器 Sqoop Flume 搜索引擎
数据源 结构化数据源 业务系统数据库 非结构化数据源 文本 图像 音频 视频 日志
数据管控 元数据管理 主数据管理 数据流向管理 数据权限管理 数据质量管理 运行监控管理 安全监控管理
数据层
信息安全保护系统
智慧运营体系
管理 教学 教辅 教助 生活
服务 招生 迎新 宿舍 团委 就业 高校 校友 学生事务 教师事务 公共服务 学籍 课务 考务 成绩 教材 评教 毕业 招聘 薪资 自媒体 在线学习 教研 校企 活动 征订 社团 办公 会务 各类信息 个人中心 校园生活
管理 学生工作管理系统 综合教务管理系统 综合人事管理系统 后勤管理系统 资产管理系统 教科研管理系统 办公系统 一卡通系统 教案管理系统 组织管理系统 资源库 网络教学管理系统 考试管理系统 站群管理系统 图书管理系统 财务管理系统 校友管理系统 档案管理系统
业务层
枢纽 综合门户 身份认证 流程管理 移动应用 校内标准 统一支付 消息服务
平台层
智慧空间
智慧教学空间 智慧教室 智慧实训室 智慧实验室
智慧教辅空间 智慧图书馆 心理指导 智慧报告厅
教助空间 智慧办公室 服务大厅 智慧会议室
全景呈现空间 预警空间 信息空间 决策空间
智能场域 智能楼宇 智能食堂 智能宿舍
基础设施（IaaS） 基础网络 一体化数据中心机房
智能设施 安防监控 数据中心 一卡通 校园位置 物联网 云中心
基础层

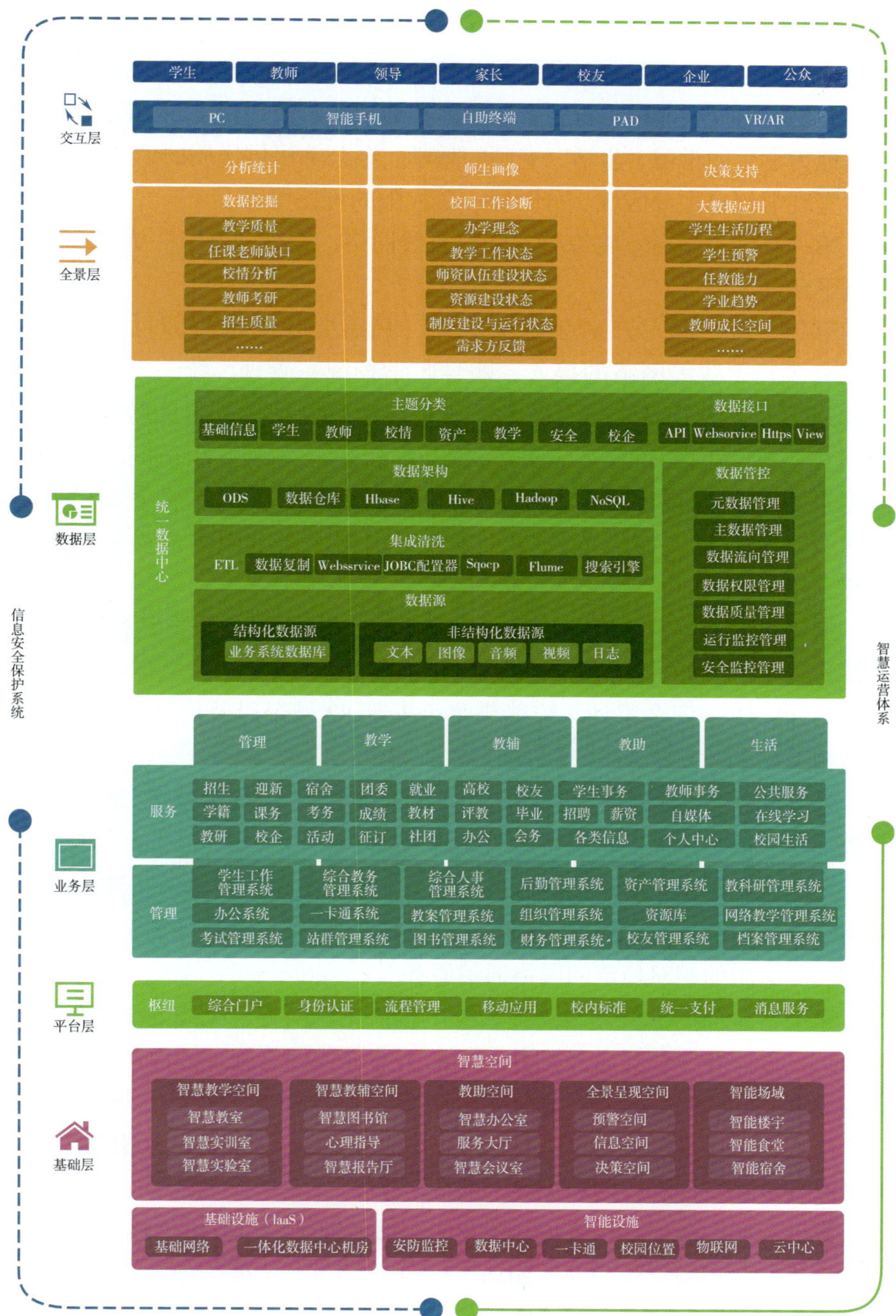

图 5-11　智慧校园架构

①基础网络建设。通过此次全校有线 / 无线网络的一体化建设，改变学校现有网络无法满足信息化建设步伐的现状，为广大师生提供更加快速、稳定、便利的校园网接入方式，让学生和老师随时随地都可以访问校园网，更好地为学生的学习、生活，老师的教学、办公等提供优质的信息化服务，同时实现学校自主分区域、分时段、分权限的可控可管。

第一，统一平台。将综合布线、有线网络、无线网络统一为一个基础网络平台。

第二，统一账号。对于师生用户，只需要一个账号即可轻松实现我校有线、无线等网络的接入。账号归学校统一管理，统一以学生学号（教师工号）为登录账号，同时需与相应运营商账号进行关联绑定才可访问相应运营商的网络。若未关联运营商账号，则不能访问互联网，但可自由访问校内网资源；用户需能够自由地在各宽带服务提供商之间进行切换，且在校园范围内各师生用户在无线上网时能做到无感知漫游。

第三，统一监管与服务。坚持校方主导，对统一平台进行管控及服务监管。

第四，统一安全审计。应能满足公安部 82 号令以及信息安全等级保护的相关要求。

第五，侧重实际应用。覆盖校园内大部分区域（包括宿舍楼、教学楼），为教学和学习生活提供切实可用的无线网络环境。

第六，采取通行的网络协议标准。目前无线局域网普遍采用 802. 11 系列标准，因此校园无线局域网将主要支持千兆 802. 11ac 标准，从而提供可供实际应用的相对稳定的网络通信服务。

第七，全面的无线网络支撑系统（包括无线网管、无线安全，无线计费等），以避免无线设备及软件之间的不兼容或网络管理的混乱而导致的问题。

第八，保证网络访问的安全性。支持 802. 1x、web-portal、MAC 快速认证，并且此次需要实现有线网和无线网的统一认证。

第九，制定集安全、管控、优化于一体的网络出口解决策略。

第十，采用扁平化的网络构架（见图 5-12），方便管理和扩展，迎合未来网络的发展趋势。

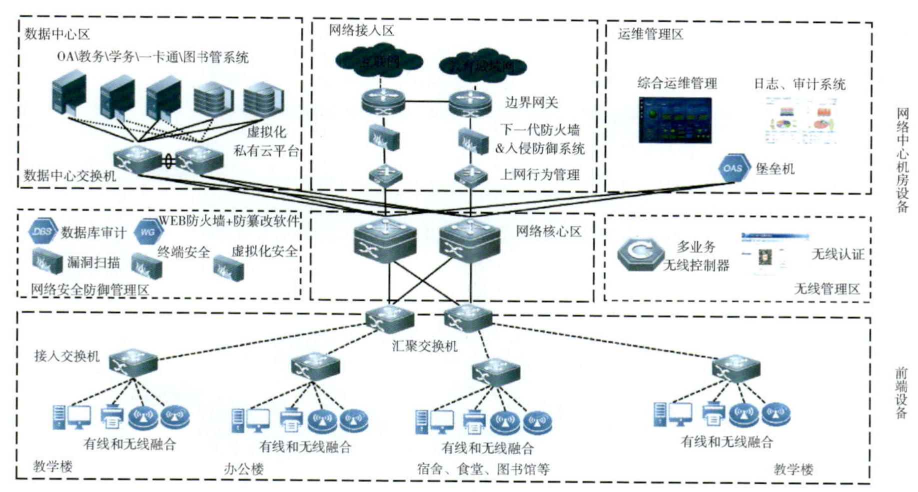

图 5–12　网络拓扑图

②智慧平台建设。智慧平台的建设需要基于同一技术架构、环境与标准，在此基础上对学校各业务部门所使用的应用与系统进行整合，利用现有资源，统一信息标准；完成以数据中心为核心的信息化建设的统一规划，确定基础数据的产生和使用权限，解决信息孤岛问题；整合各系统的用户，将其集中至校内统一身份认证平台进行管理；构建以综合信息服务为目标的应用门户，实现信息的集中共享及服务的个性化，从而实现学校系统与应用间达到资源共享，进一步达到高开放的、协同运行的支撑环境，提升校园信息化水平。

第一，数据标准平台，包含校标管理和基础信息资源管理。校标管理提供国标、行标及校定基础信息标准数字字典维护功能；基础信息资源管理包括基础数据维护、教职工基本信息、学生基本信息、院系负责人信息、班主任辅导员信息、资格限定器、分班分学号、新闻公告等功能。

第二，应用服务门户平台，通过门户将各种系统及应用进行配置和集成，把分散的功能有机地组织在一起，为不同权限的不同角色的用户提供一个统一的入口，通过这个入口，用户可以访问到所需的任何信息及服务。

第三，统一身份认证平台（见图 5–13），集中管理校园信息化应用系统内的用户，实现每一个用户在访问各个应用系统时更加方便可靠。在学校工作人员进行了调动、调级、调职等变更后，或者学校体制改革、组织机构变动后，可以进行统一管理，使用户的身份和权限在各系统之间协调同步，降低用户登录系统的复杂度，提高校园信息化应用系统的安全性。

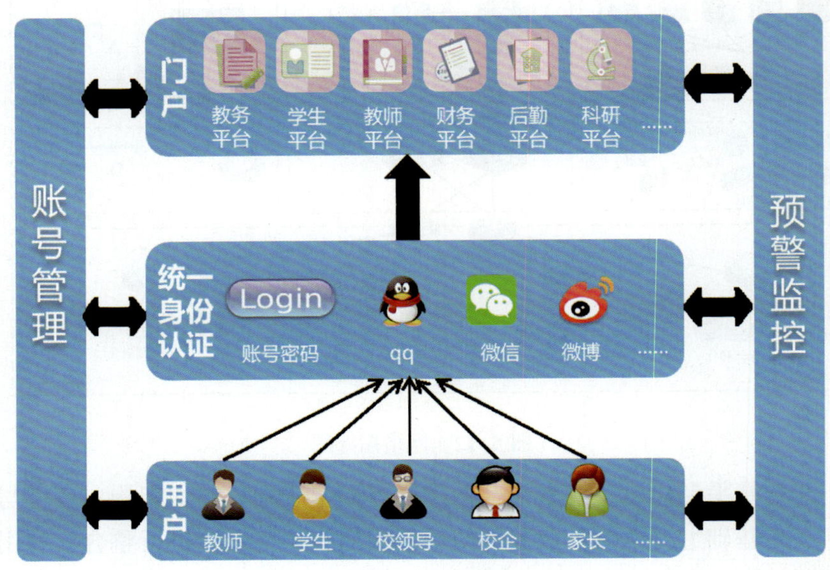

图 5-13　统一身份认证平台

第四，大数据中心平台（见图 5-14），作为校内统一的公用数据资源存储与系统间数据请求交换平台，对校园信息化建设中的各种结构化数据进行统一管理，实现智慧校园数据共享，为深层次数据挖掘、数据分析提供基础平台。

③管理与服务，具体包含以下平台：

第一，招生就业管理平台，包含招生服务、迎新服务、就业服务三大模块。其中，微信招生是利用自媒体打造的一个可以双向互动的招生应用，可以及时和生源沟通信息，各取所需，提高招生宣传的效率和效果。同时扫码推广、在线报名、实时统计等应用将大大减轻招生工作的难度与复杂度。迎新管理模块通过先进的网络技术和数据共享的理念，用新型的身份认证模式取代手工填写表格，用信息状态的变化及信息流动代替实物表格的流动，以信息共享和交换代替手工操作，改变了落后的迎新模式。就业管理模块包括就业信息配置、就业指导、办事指南、校企招聘服务、创业政策、就业意向、毕业去向服务、档案信息服务、毕业跟踪调查、毕业审核管理。

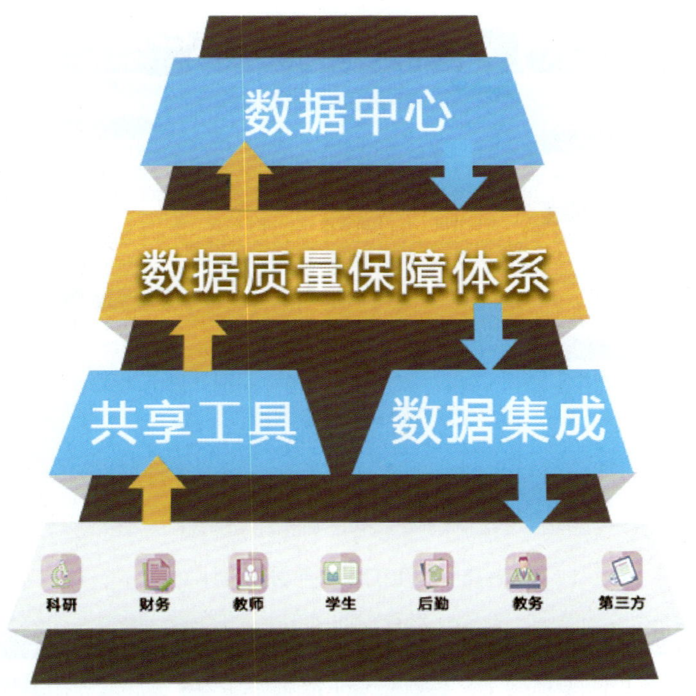

图 5-14　数据中心平台

第二，学生工作平台，包含宿舍服务、资助服务、评奖评优服务、违纪处分服务、学生请假服务、档案管理、心理健康、保险管理、重点学生关注、安全工作、离校服务等模块，如图 5-15 所示。

第三，学生素质管理平台，包含学生行为、学生考勤、宿舍考评、班级考评、校园卫生、学生综合素质等模块。

第四，班主任管理平台，包含班主任信息、班主任工作、班主任考核等模块。

第五，教务管理平台（见图 5-16），围绕教学业务，主要包括以下核心功能：基础数据管理、学籍管理、教学资源管理、课程库管理、培养方案管理、开课管理、教务日常运行管理、考务管理、成绩管理、评教管理、教材管理、顶岗实习、竞赛管理、职业技能鉴定等。

第六，人事管理平台，包含教工信息管理、新进人员管理、教职工招聘管理、教工合同管理、校内调动管理、教工离校管理、教工离退休管理、学习进修管理、薪酬管理、考勤管理、考核管理模块。

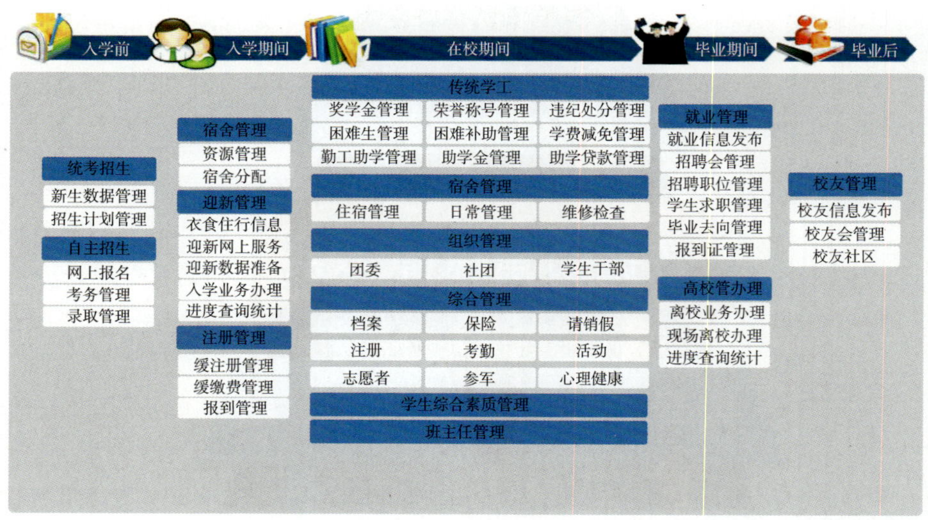

图 5-15　学生工作服务功能设计

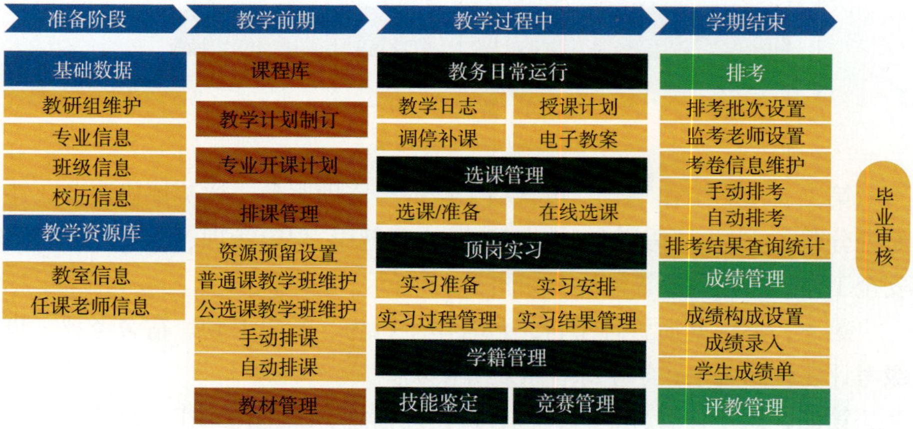

准备阶段

- 基础数据
  - 教研组维护
  - 专业信息
  - 班级信息
  - 校历信息
- 教学资源库
  - 教室信息
  - 任课老师信息

教学前期

- 课程库
- 教学计划制订
- 专业开课计划
- 排课管理
  - 资源预留设置
  - 普通课教学班维护
  - 公选课教学班维护
  - 手动排课
  - 自动排课
- 教材管理

教学过程中

- 教务日常运行
  - 教学日志
  - 授课计划
  - 调停补课
  - 电子教案
- 选课管理
  - 选课/准备
  - 在线选课
- 顶岗实习
  - 实习准备
  - 实习安排
  - 实习过程管理
  - 实习结果管理
- 学籍管理
  - 技能鉴定
  - 竞赛管理

学期结束

- 排考
  - 排考批次设置
  - 监考老师设置
  - 考卷信息维护
  - 手动排考
  - 自动排考
  - 排考结果查询统计
- 成绩管理
  - 成绩构成设置
  - 成绩录入
  - 学生成绩单
- 评教管理

毕业审核

图 5-16　教务管理平台功能设计

第七，教科研管理平台，提供对教科研项目的维护管理功能，不同类型的教科研项目可以设置不同的审核流程，记录提交人可以设置获奖维护和鉴定维护。

第八，校企合作平台，包括合作企业信息、合作项目、活动开展、事件记录、对外培训项目管理等模块。

第九，后勤资产平台，主要用来管理固定资产、物料易耗品等传统物料，优化业务流程，实现数据共享，对各类业务流程进行整合。主要功能包括固定资产管理、材料物品管理、后勤维修管理、食堂物资管理。

第十，团委管理平台，提供各类社团活动的维护管理功能，如团情维护、学生组织管理、社团管理、志愿服务管理、校园活动管理、校园讲座管理、活动场地管理等。

第十一，OA 办公平台，主要用来优化校内办公流程，实现无纸化办公，将学校里大量的文档与资料进行分类，分权限进行管理，保障了数据的安全。主要功能包括公文管理、日常办公、个人办公、公共信息、流程与表单、系统管理。

④移动应用。面向各类用户提供可靠的、个性化的移动应用服务；建立适应师生需要并与校园日常工作相结合的互动网络平台；通过移动网络加强学校与公众联系能力，增强社会辐射力；实现校园门户的拓展，借助自媒体的营销传播性扩大学校的影响力。移动应用界面如图 5–17 所示。

图 5–17　移动应用界面

微校园打破了传统校园管理系统的建设理念，它是以广大师生日常工作学习中的业务模型为基础，推翻传统系统大而全的设计理念，以场景化、细粒度分解各项业务，提供碎片化的服务。它依托于微信平台，贴近移动互联网用户日常使用习惯，提供多种应用服务供用户选择使用，注重操作的易用性、高效性。

⑤基于物联网技术的能耗管理与控制平台。能耗管理与控制平台是一个综合性的控制系统，可涵盖照明、门禁、空调、地暖、新风、节能等各种远控功能，可以通过手机、Pad、PC 等多种方式进行控制和管理，也可以在环境传感器和逻辑编程控制器的作用下，自动执行各种任务，给学校师生带来全方位的安全舒适、健康节能的智能生活体验。其整体架构如图 5-18 所示。

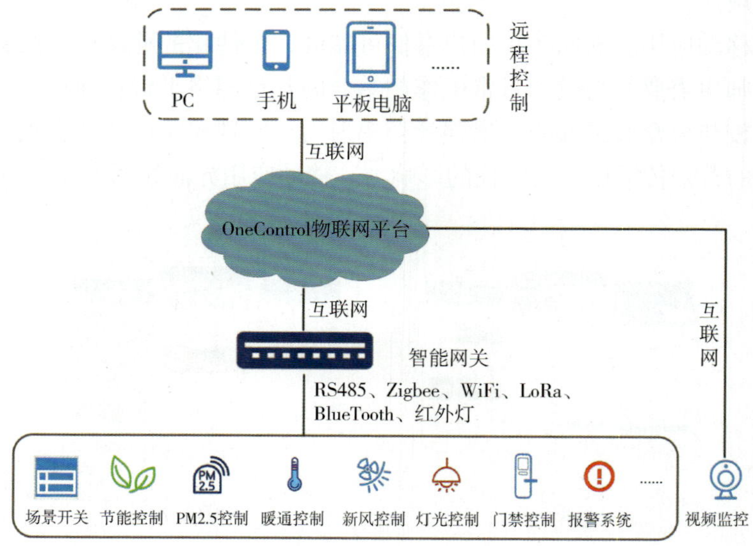

图 5-18　能耗管理与控制平台系统架构

对学校水电能耗的管理与监控，主要通过安装布置智能插座、智能电表、智能水表等来进行。通过将普通开关、插座替换成智能开关、智能插座，实现对用电的精准管控，准确获取每个用电端口的数据信息，并可实现远程送 / 断电控制（如图 5-19 所示）；通过加装智能水表，可以实时获知教室内用水情况及实现远程开关控制，并通过 OneControl 系统准确获取相关历史信息，为学校能源决策提供数据依据。

⑥基于云计算技术的虚拟化实现。建设虚拟桌面和虚拟应用服务，既方便师生使用又方便系统维护，显著降低总拥有成本（TCO），并实现多种模式跨平台部署。虚拟应用与虚拟桌面如图 5-20 所示。

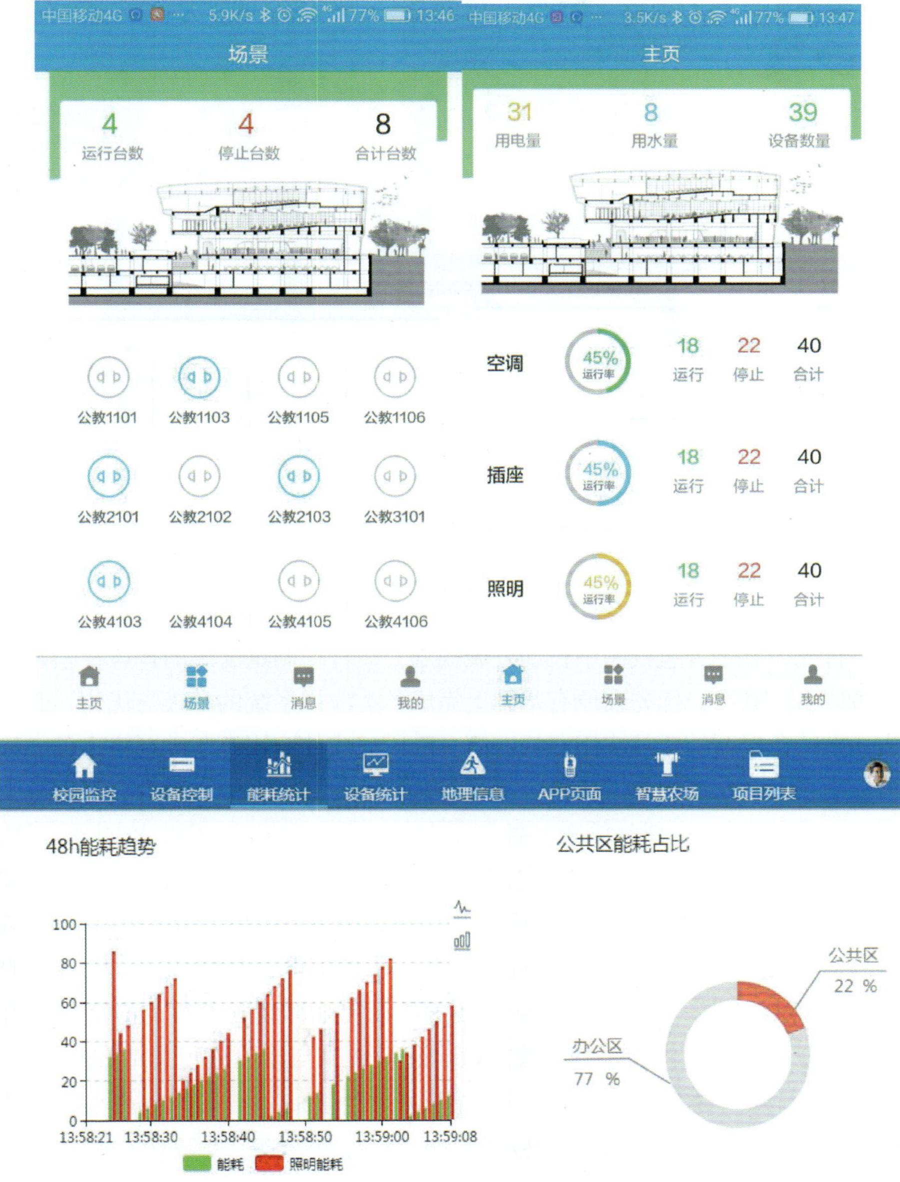

图 5-19　远程用电监控界面图

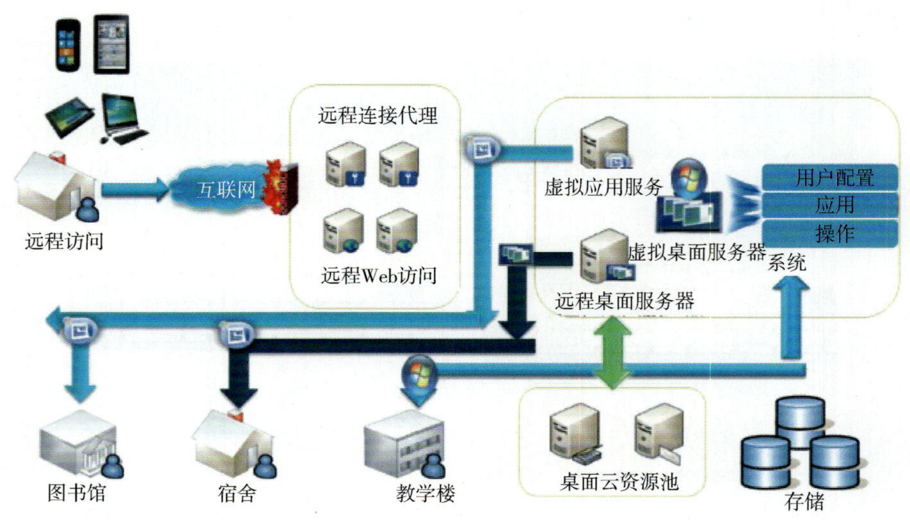

图 5-20 虚拟应用与虚拟桌面

（3）实施举措

①第一阶段：智慧化建设阶段。以应用为导向分析学校目前的痛点与难点，首先，制定智慧校园中长期发展规划，设计与制定配套的智慧校园建设保障体系。其次，优先在原有基础上完成各类应用系统的升级与优化，并形成一批特色鲜明的智慧应用样板。第一阶段完成的应用有基础网络建设、数据标准平台、应用服务门户平台、身份认证平台、数据中心平台、管理与服务平台、移动应用、能耗管理与控制平台、智能安防系统、虚拟校园平台等。

②第二阶段：拓展应用与总结推广阶段。在第一阶段完成后，对各类应用进行评价与调整，并在此基础上扩展应用服务范围，新增大数据决策平台、智慧图书馆、教学辅助机器人等。在满足学校基础教学、管理、服务的基础上，进一步尝试使用新兴技术建设更能体现智慧性的应用，提升师生智慧校园使用体验，并将智慧校园建设成果与经验进行总结推广。

（4）效果分析

①完成标准建设。站在学校的高度进行规划设计，结合国标、部标、行业标准以及省市标准建设符合学校使用的校内标准。后期建设的所有信息化系统必须遵照校内标准。

②完成平台搭建。为了防止各个系统重复开发学校所需的基本功能，对于各个业务模块需要公用的基本功能，使用统一平台，保证不重复建设，

并确保核心服务的稳定性和可靠性。建设核心数据平台，实时从各系统中抽取共享数据供整个信息化建设使用；建设身份认证平台，有效接入异构系统，实现通过统一登录入口即可访问所有系统。构建教师、在校生、新生、家长、社会人员的门户平台，为不同角色的用户创建不同的应用集。

③完成核心服务建设。结合前期学校所建设的管理系统，对使用较好的系统进行集成并适当优化，扩展其使用媒介，对已无法满足现在业务而不再使用的系统，进行应用重构。结合学校特点构建学校整体运营的管理支撑平台，满足学校整体需求，服务人群覆盖学校师生、业务职能部门与各级领导。打破以往的部门边界，对以往分段的业务流程进行重组，以碎片化服务方式进行呈现，提高流程执行的效果和效率。核心服务可以使师生直接受益，是信息化建设效果的直观体现。

④深化应用。充分利用智慧感知工具，结合核心服务使用的情况与校内发展的需求，对已有应用进行优化改进；对未建的应用着力打造，目标是建设面向学校个性化的协同办公、校务管理、资源共享、在线学习、校园文化建设、综合服务体系，形成完整的软件信息化建设。实现校级的综合应用，使应用的使用更方便、更贴近、更简单、更智能。

⑤数据利用。以各级应用积累的数据为基础，重点构建学生综合素质测评、教师综合能力测评、基本校情分析、院系竞争力分析、师资力量分析、专业建设分析、能耗分析、校园安全指数等方面的数据模型，进行数据挖掘与综合利用。

⑥统一运行管理。为了系统稳定可靠运行，系统基于统一的运行监控平台，提供日志记录、多重权限等运维功能，确保系统在运行过程中有效审计和保障。

⑦建设配套保障体系。在信息化软硬件建设的同时，完成配套管理规范建设中的支持、培训、运维保障等建设内容，保障校园信息化稳固发展。

5.2 智慧校园的发展展望

在 2017 年教育部发布的《国家教育事业发展“十三五”规划》文件中首次明确提出了“支持各级各类学校建设智慧校园”，随后在 2018 年 6 月 7 日正式发布国家标准《智慧校园总体架构（GB/T 36342—2018）》，对智慧校园建设提供了明确的指导。这也标志着我国校园信息化建设由“数字校园”建设阶段正式迈向“智慧校园”阶段。而移动互联、物联网、云计算、大数据、虚拟技术在校园信息化建设中的逐步应用与推广，也让智慧校园从一种新概念转为现实。

基于以上背景，本书从服务于中等职业学校、高等职业学院和应用型本科院校的教师、管理人员、相关专业的学生以及参与建设和维护智慧校园的工程技术人员的角度出发，对智慧校园的发展背景、基本内涵和主要特征，以及智慧校园与数字校园的内在联系等进行介绍；也详细阐述了智慧校园的基本架构和核心内容、涉及使用的关键技术以及智慧校园的规划、设计、评价和实践探索等。

对于智慧校园建设的发展，根据目前校园信息化建设实际情况，以及结合智慧校园相关研究的热点，未来我国智慧校园发展的重点将主要表现在以下几个方面。

5.2.1 智慧校园与智慧城市衔接融合

2012 年我国开始智慧城市试点建设，在智慧城市建设工作任务规划中将智慧教育建设也纳入其中。截至 2017 年底，根据数据统计，我国超过 500 个城市已提出或正在建设智慧城市，智慧城市建设的浪潮给智慧校园建设提供了良好的基础。学校在进行智慧校园规划与建设时应与智慧城市相衔接并进行深度融合，积极探索在现有信息化条件下的智慧校园建设新路径。另一方面，智慧校园的建设方案也可以说是智慧城市建设方案的雏形。例如，西班牙马拉加大学致力于“智慧校园”的研究及其概念延伸，将大学校园转变为小型智慧城市，以支持有效的区域管理和创新的教育、研究活动[①]。政府可以发挥智慧校园规模优势以及技术优势，将其作为智慧城市的“样板房”，助力推动智慧城市的建设。

5.2.2 推进资源差异化供给和智能化服务

在智慧教育资源建设方面，一是需要对校内外各类教学资源进行整合，建设智慧教学资源的生态体系，构建共享开放的教学资源与课程平台，满

① 李易俞，陈金华 . 国内外智慧校园研究热点 / 发展趋势与异同比较究［J］. 现代教育技术 ,2020（03）：88–94..

足用户多样化需求，避免资源的重复建设，提高使用率，将智慧资源与智慧教学环境进行深度融合；二是“以学习者为中心”，利用自适应学习资源支持个性化学习，通过分析学习者的学习偏好、能力、认知状态和思维框架，有针对性地推送高质量的课程资源，提高学习者学习效果；三是全媒体教材的应用与推广，满足新时代学习者个性化的学习需求，优化升级学习者的学习方式；四是建立数据资源库，使资源、课程、业务从独立走向协同，实现全员覆盖、精准推送和智慧化应用。

5.2.3 建立全时空的立体化智慧教学环境

在智慧教学环境建设方面，一方面可以将传统学习空间（如教室、实训室、图书馆等）建设成为集学、练、研为一体的共享学习空间，同步对教学模式进行创新改革；另一方面，基于信息化 2.0 时代的背景，我们可以进一步扩展学习空间，建设与学校实体学习空间互补的虚拟学习空间（包括网络课程、直播课程、虚拟仿真实训室等），考虑到职业教育的特殊性，将教学活动扩展到校园外的工厂、车间、宾馆、医院等职业活动场所中，依托智慧校园建设，构建跨越学校、企业和社会的全时空立体化智慧学习空间。

5.2.4 以服务师生为目的，构建完善技术应用体系

智慧校园建设是以应用为导向的，智慧校园的建设目的就是为学校师生在教学、学习、管理、科研、生活等方面提供便利服务。未来的智慧校园，将继续在移动互联网、大数据、云计算、物联网、人工智能、5G、VR/AR、区块链等技术的支持下，深入探索智慧运维、智慧场馆、智慧安防、智慧餐厅、移动校园等方面，构建完整的智慧校园技术应用体系。

5.2.5 建立规范的智慧校园建设规范与评价指标体系

智慧校园是数字校园的进一步发展和提升，是教育信息化的更高级形态，我国的智慧校园建设还处于起步阶段，目前国家仅发布了智慧校园总体架构，尚未发布更为具化的智慧校园建设规范与评价指标体系。虽然已有省市发布了各自的智慧校园建设标准与评价体系，但从全国城市占比

来看，发布智慧校园建设标准与评价体系的省市还是少数。智慧校园建设规范与评价指标体系的设计是否合理将会直接影响学校智慧校园建设的成败，那么未来对于此方面的研究将必然成为一大趋势。智慧校园的建设是需要学术界、政府、企业、学校合力逐步实现的，所以智慧校园建设规范与评价体系的设计也是需要集思广益的。在国家层面需要制定广泛认同的智慧校园建设规范与评价体系，在各省市要根据自身情况进一步落实、具化其内容，学校需参考规范与指标建设符合自身发展需要的、可推广的智慧校园样板。

正如前文所言，我国的智慧校园建设才刚刚开始，未来的路还很长。各类学校需以信息化实际需求为基础，以国家教育信息化发展规划为指导，将数字校园建设视为发展过程，以智慧校园建设为发展目标，以此为激励，在教育信息建设的征途上继续前进。

本章小结

本章着重介绍了中等职业学校、高等职业学院和应用型本科院校在智慧校园建设与应用中的典型案例，详细分析了它们的宏观规划、具体设计、实施举措和实施效果情况。研究和阐述了未来智慧校园的发展趋势，以及未来智慧校园重点开展的研究领域和表现形态。

关键词

实践探索；发展趋势；典型案例；云网端；数据

思考与练习

1. 在中等职业学校智慧校园建设与应用的典型案例中，它的宏观规划如何？

2. 在中等职业学校智慧校园建设与应用的典型案例中，它的具体设计内容有哪些？实施举措和实施效果如何？

3. 在高等职业学院智慧校园建设与应用的典型案例中，它的宏观规划如何？

4．在高等职业学院智慧校园建设与应用的典型案例中，它的具体设计内容有哪些？实施举措和实施效果又如何？

5．在应用型本科院校智慧校园建设与应用的典型案例中，它的具体设计内容有哪些？

6．在应用型本科院校智慧校园建设与应用的典型案例中，它的实施举措有哪些？实施效果如何？

7．未来智慧校园发展的主要趋势是什么？

8．未来智慧校园的建设将在哪些领域开展重点研究？

9．未来智慧校园的表现形态将在哪些方面发生重要改变？

综合练习

第一套综合练习题

1. 建设智慧校园的背景是什么？
2. 智慧校园的基本内涵是什么？
3. 智慧校园有哪些主要特征？
4. 什么是数字校园？其特征有哪些？
5. 如何理解数字校园与智慧校园的内在联系？
6. 智慧校园与数字校园有哪些主要区别？
7. 为什么说智慧校园是数字校园智慧化建设的产物？
8. 智慧校园的主要作用有哪些？
9. 画出智慧校园标准化的基本架构，并对此架构进行说明。
10. 评价智慧校园的目标是什么？
11. 如何评价智慧校园的建设情况？
12. 智慧校园的评价指标有几级？一级指标和二级指标各有哪些？
13. 如何理解智慧校园的发展趋势？
14. 谈谈云计算技术在教育领域中的具体作用。

15. 请以某中等职业学校为例，依据本书建设智慧校园的规划、设计与评价等内容，按照下列建设目标，为该校规划设计一套《某中等职业学校智慧校园建设方案》，并根据评价方法和评价指标体系进行模拟评价。

建设目标：早在2010年，该中等职业学校就根据学校教育信息化的发展趋势和发展规划，拟订了智慧校园的建设目标。第一，构建智慧校园的环境。以物联网作为智慧校园的基础条件，打造一个教学、科研和生活一体化的智慧校园的环境。第二，提供全方位的信息服务。为全校师生及其他员工能够第一时间获取校内各类人员、设施等资源信息，以及更好地学习工作提供高质量的服务。第三，提升管理水平。在智慧校园的平台上实现业务流程优化和管理方法的改进，为学校开展体制机制创新提供技术支撑。第四，提高决策水平。决策水平的提高要依靠数据的汇聚与准确性，智慧校园可以提供智能化的数据汇聚与分析功能，为科学决策提供数据保障。第五，提高资源共享效率。智慧校园将不同的平台系统有效地联系在一起，实现全校各类信息和资源的共享，并能提高信息和资源的传输速度和效率，提高学校办学水平。

第二套综合练习题

1. 可以从哪些方面理解智慧校园是数字校园发展的必然趋势？

2. 通过对您所在学校教育信息化发展的现状分析，指出数字校园智慧化建设对智慧校园的产生与发展有哪些价值？

3. 智慧校园中的基础设施层、支撑平台层、应用平台层、应用终端层、信息安全体系、条件保障体系各部分的核心建设目标是什么？

4. 智慧校园的教学环境、智慧校园的教学资源、智慧校园的管理、智慧校园的服务、智慧校园的信息安全的核心应用有哪些？

5. 移动互联网技术的特征是什么？请列举具体应用案例予以说明。

6. 物联网技术在智慧校园中的作用有哪些？请列举具体应用案例予以说明。

7. 云计算技术应用模式有哪些？请列举具体应用案例予以说明。

8. 虚拟技术在智慧校园中的作用有哪些？请列举具体应用案例予以说明。

9. 大数据技术在智慧校园中的作用有哪些？请列举具体应用案例予以说明。

10. 人工智能技术在智慧校园中的作用有哪些？请列举具体应用案例予以说明。

11. 智慧校园规划的主要流程和核心要素是什么？

12．智慧校园设计包含哪些内容？这些内容的设计要点分别是什么？

13．智慧校园的评价方法有哪些？

14．你觉得智慧校园的发展有哪些趋势？

15．请以满足高等职业学院的专业教学需求为项目背景，按照下列建设目标，并参考本书中相关内容，设计一套《高等职业院校智慧教学建设方案》。在建设方案中应尽量多地使用本书中所提到的智慧校园关键技术。

建设目标：首先，搭建智慧校园的教学环境。高等职业院校在智慧校园的教学环境搭建中，重点应放在多媒体教室建设、数字化资源共享与网络教学应用体系建设、实习实训环境智慧化建设、远程职业培训体系建设上。其次，教学资源建设与应用。在方案中需重点考虑资源制作、资源库、资源应用等内容，这些内容与智慧校园的教学环境建设是相辅相成的，需要方案设计者综合考虑。在高等职业院校中除了通用基础资源如PPT课件、电子教案、教学视频资源外，还需考虑仿真实训资源建设与应用。

附录

附 A　全媒体数字教材《智慧校园基础》图标索引

看书学习（基于视频教材）

听书学习（基于音频教材）

各章节目的文本朗读

微课讲解

名词解释

图表说明

字词读音

附B　全媒体数字教材《智慧校园基础》微课一览表

序号	微课名称	页码
1	5G 时代的教育发展	
2	从多级建设角度进行智慧校园建设案例分析	
3	大数据技术的定义和作用	
4	大数据技术的教育应用	
5	大数据技术及其应用	
6	大数据在智慧校园中的应用和作用	
7	大数据中心	
8	基础设施层	
9	教育从融入“智慧”走向创造“智慧”	
10	教育大数据的关键技术	
11	人工智能技术对教育的影响	
12	人工智能在智慧校园中的应用和作用	
13	数字校园发展中存在的问题	
14	数字校园及其特征——样例	
15	物联网及其生活应用	
16	物联网在智慧教育中的典型应用	
17	现代人工智能技术	
18	现代移动互联的常见技术及其特性	
19	校园的智慧化建设	
20	信息安全体系设计基本思路	
21	信息化时代的智慧校园变革	
22	虚拟技术的教育应用	
23	虚拟技术的内涵与特征	
24	虚拟技术在智慧校园中的应用和作用	
25	虚拟现实技术	
26	移动互联网技术	
27	移动互联网技术对教育的影响	

续表

序号	微课名称	页码
28	以《智慧校园总体架构》为例解读国家智慧教育标准	
29	应用平台层	
30	云计算服务模式	
31	云计算技术	
32	云计算特点	
33	云计算在智慧校园中的典型应用	
34	怎样让校园充满智慧	
35	智慧服务的设计与建设	
36	智慧教学环境的设计与建设	
37	智慧教学资源	
38	智慧教学资源的设计与建设	
39	智慧教育的特征	
40	智慧教育教学的改革与创新	
41	智慧教育评价体系的具体应用——智慧校园评价体系	
42	智慧校园的基本架构之用户终端层	
43	智慧校园的基本架构之支撑平台层	
44	智慧校园的技术保障	
45	智慧校园的评价方法	
46	智慧校园发展之路	
47	智慧校园服务	
48	智慧校园高等职业学院建设案例	
49	智慧校园管理	
50	智慧校园管理的设计与建设	
51	智慧校园建设思路	
52	智慧校园建设之价值	
53	智慧校园教学环境建设	
54	智慧校园里无处不在的智慧	
55	智慧校园应用型本科院校建设案例	
56	智慧校园战略规划	
57	智慧校园中的网络信息安全	
58	智慧校园中等职业学校建设案例	
59	智慧校园主要特征	
60	走进智慧校园	

附 C　全媒体数字教材《智慧校园基础》学习帮助

附 C-1　利用移动端进行学习

1. 扫描课程二维码，并点击关注《智慧校园基础》，屏幕出现课程学习平台首页画面。

2. 点击“学习形式”栏目，学习者可以选择“听书学习”学习形式，也可以选择“看书学习”学习形式，但二者只能选择其一。

（1）如果学习者选择“听书学习”学习形式，屏幕将出现可以自由选择听书学习内容的目录树导航画面。这里需要指出的是，本书是按照听书学习的需要，以章、节、目为单元进行录音制作的。学习者可以选择以章为单位进行学习，也可以选择以章的节为单位进行学习，还可以选择以章节的目为单位进行学习。如果选择章或节进行学习，计算机程序将自动认为是聆听本章或本节下的全部内容，除非学习者实施干预，否则学习不会停下来。听书学习时，除了有文本朗读的声音外，还可以听到对一些名词术语的解释或对一些图表的说明，以及对一些多音字或多义词的界定。

当听书学习的内容结束后，程序会自动跳转到上一次选择学习内容时的界面。

（2）如果学习者选择“看书学习”学习形式，屏幕将出现可以自由选择看书学习内容的目录树导航画面。学习者可以选择以章为单位进行学习，也可以选择以章的节为单位进行学习，还可以选择以章节的目为单位进行学习。这里需要指出的是，全书对教材的所有文本进行了数字化处理，并提供了必要的微课讲解、名词解释、图表说明、字词读音等辅助媒体，以帮助学习者看书学习。看书学习时，学习者除了可以阅读所选择的章或节或目的文本内容外，还可以点击相关的微课讲解、字词读音进行收听、收看，对一些名词解释和图表说明也可以进行点击收听、收看。

当看书学习的内容结束后，学习者可以控制程序，使其自动跳转到上一次选择学习内容时的界面。

附 C-2　利用固定端进行学习

1. 将二维码关联的课程网址输入到浏览器地址栏内，执行后进入《智慧校园基础》课程学习平台。屏幕出现课程学习平台首页画面。

2. 点击课程学习平台上的“学习形式”栏目，学习者可以选择“听书学习”学习形式，也可以选择“看书学习”学习形式，但二者只能选择其一。

由于“听书学习”和“看书学习”的操作方法与利用移动端进行学习的操作方法相同，在这里我们就不再赘述，省略不讲。

参考文献

［1］桑新民 . 学习科学与技术：信息时代大学生学习能力培养［M］. 北京：高等教育出版社 , 2004:24.

［2］黄荣怀，张进宝，胡永斌，等 . 智慧校园 : 数字校园发展的必然趋势［J］. 开放教育研究 ,2012（14）:12-14.

［3］祝智庭，贺斌 . 智慧教育：教育信息化的新境界［J］. 电化教育研究，2012，33（12）：5-13.

［4］黄荣怀 . 智慧学习环境重塑校园学习生态［EB/OL］.［2014-06-12］. http://www.ict.edu.cn/forum/huiyi/n20140612_13981.shtml.

［5］刘丽芝，徐平 . 高职院校教师信息化技术应用能力现状与提升策略分析［J］. 中国多媒体与网络教学学报，2019（05）：82-83.

［6］汪然 . 浅议职业院校智慧校园移动应用的研究［J］. 中国培训，2018（06）：77-79.

［7］哈斯高娃，张菊芳，凌佩 . 智慧教育［M］.2 版 . 北京：清华大学出版社，2017.

［8］胡英君，滕悦然 . 智慧教育实践［M］. 北京：人民邮电出版社，2019.

［9］樊铁成，蒋磊宏 . 高等学校智慧校园应用案例集（第一辑）［M］. 北京：清华大学出版社，2017.

［10］李凌云，王海军 . 网络虚拟实验系统研究现状与发展趋势［J］. 现代教育技术，2008（04）：111-114.

［11］尹湛华，朱海洋 . 虚拟仿真技术在高职实践教学中的比较优势［J］. 南昌高专学报，2008（04）：152-154.

［12］马程，闫俊均，徐践 . 基于 VR 的虚拟校园漫游系统研究与建设软件［J］. 2019，40（03）：104-112.

［13］罗敏杰 . 中职汽修虚拟仿真实训教学研究［D］. 杭州：浙江工业大学，2011.

［14］陈瞳．大数据技术在构建智慧校园中的应用［J］．电子技术与软件工程，2019（07）：189.

［15］李海峰，王炜．国际领域“人工智能＋教育”的研究进展与前沿热点：兼论我国“人工智能＋教育”的发展策略［J］．远程教育杂志，2019，37（02）：63–73.

［16］王运武，于长虹．智慧校园：实现智慧教育的必由之路［M］．北京：电子工业出版社，2016.

［17］吴德进，林毅惠．浅谈中等职业学校“智慧校园”的规划与建设：以厦门信息学校为例［J］．职业教育，2017（17）：28–30.

［18］杨现民，田雪松．互联网＋教育：中国基础教育大数据［M］．北京：电子工业出版社，2016.

［19］毕瑞．大学生信息素养教育现状调查及对策研究［J］．科教导刊（上旬刊），2014（07）：240，254.

［20］曹文钢，王锐，张红旗，等．应用虚拟现实技术的人机交互仿真系统开发［J］．工程图学学报，2010（01）：145–149.

［21］陈光海，汪应，黄华．“互联网＋智慧校园教学资源基础支撑平台”的立体架构及应用［J］．教育探索，2018，314（02）：61–65.

［22］陈瞳．大数据技术在构建智慧校园中的应用［J］．电子技术与软件工程，2019（07）：189.

［23］程宏图．高职院校智慧校园规划与设计［D］．大连：大连交通大学，2017：15–48.

［24］崔迪．浅谈云计算技术在智慧校园设计中的应用［J］．科技创新导报，2013（11）：44，46.

［25］董乐．人工智能在教育领域的思考［J］．科研信息化技术与应用，2018，9（02）：17–30.

［26］杜玉林，陈爱华．高职院校云计算实训室建设的分析与实现［J］．芜湖职业技术学院学报，2018，20（03）：7–10，19.

［27］高杨，郭晖．探究大数据技术在高校智慧校园中的应用［J］．中国新通信，2019，21（02）：101.

［28］何克抗．智慧教室＋课堂教学结构变革：实现教育信息化宏伟目标的根本途径［J］．教育研究，2015（11）：76–81.

［29］黄荣怀．智慧教育的三重境界：从环境、模式到体制［J］．现

代远程教育研究，2014（06）：3-11.

［30］贾文潇，刘婷．浅析物联网在高校智慧校园建设中的应用［J］．电子测试，2016，3（11）：70-79.

［31］蒋东兴，付小龙，袁芳，等．高校智慧校园技术参考模型设计［J］．中国电化教育，2016（09）：108-114.

［32］康晓丹．构建第三代图书馆的技术思考：以上海大学图书馆为例［J］．大学图书馆学报，2014（01）：82-86.

［33］李海峰，王炜．国际领域“人工智能＋教育”的研究进展与前沿热点：兼论我国“人工智能＋教育”的发展策略［J］．远程教育杂志，2019，37（02）：63-73.

［34］李凌云，王海军．网络虚拟实验系统研究现状与发展趋势［J］．现代教育技术，2008（04）：111-114.

［35］李玉顺，武林，顾忆岚．基于学习对象的教学资源设计及流程初探［J］．中国电化教育，2012（01）：78-85.

［36］刘丰年．高职院校智慧校园的建设与应用研究：三门峡职业技术学院智慧三职院建设为例［J］．漯河职业技术学院学报，2018，17（05）：48-51.

［37］刘海阳．智慧校园下中职信息化建设的实践与思考［J］．通讯世界，2017（23）：349-350.

［38］刘李飞．智慧校园中大数据及云计算技术的应用［J］．电脑编程技巧与维护，2019（03）：74-76.

［39］刘雍潜．信息化环境下的中小学教师能力建设研究［J］．现代教育技术，2010，20（12）：57-61.

［40］全国数字校园建设与创新发展高峰论坛组委会．人工智能、教育大数据与智慧校园：第九届全国数字校园建设与创新发展高峰论坛即将举行［J］．现代教育技术，2018，28（04）：1.

［41］尚俊杰，蒋宇．云计算与数字校园［J］．中小学信息技术教育，2015（01）：27-30.

［42］邵文莎．教育信息孤岛问题的对策研究：基于学分银行的视角［J］．新疆广播电视大学学报，2018，22（03）：43-45.

［43］宋善德，杜毓，欧阳星明．面向对象的交互式虚拟实验平台的设计与实现［J］．计算机工程与科学，2005，27（08）：54—59.

［44］孙利宏．大数据背景下的高校智慧校园建设研究［J］．科技视界，2019（04）：77–79.

［45］孙鑫．高职院校智慧校园设计与实施［D］．威海：山东大学，2014：15–23.

［46］唐立江，张双狮．面向大数据的智慧校园建设研究［J］．武警学院学报，2018，34（09）：87–92.

［47］田雨阳．论人工智能在校园中的应用［J］．科技资讯，2018，16（21）：6，8.

［48］汪然．浅议职业院校智慧校园移动应用的研究［J］．中国培训，2018（06）：77–79.

［49］王改花，张军智，屈小军，等．智慧校园 APP 的设计与实践［J］．微型电脑应用，2017，33（09）：24–26.

［50］王燕．智慧校园建设总体架构模型及典型应用分析［J］．中国电化教育，2014（09）：88–92，99.

［51］伍海波，匡静，朱承学，等．基于 MVC 的教学资源管理系统的设计与实现［J］．计算机技术与发展，2014（07）：214–217，222.

［52］辛蔚峰，刘强．利益相关者导向的学校教育信息化绩效评估：基于绩效三棱镜方法［J］．现代教育技术，2014，24（06）：12–18.

［53］邢丽刃，徐博．基于云计算的网络教学资源平台建设研究［J］．武汉大学学报（理学版），2012（S1）：159–161.

［54］许楠，杨华东．人工智能技术在智慧校园建设中的应用［J］．电子技术与软件工程，2019（04）：234.

［55］杨虎民，余武．当代大学生信息素养的现状调查与思考：以皖北地区高校为例［J］．教育研究与实验，2014（02）：73–78.

［56］杨现民．信息时代智慧教育的内涵与特征［J］．中国电化教育，2014（01）：29–34.

［57］杨雪峰．试谈云计算技术在智慧校园设计中的应用［J］．电脑编程技巧与维护，2017（24）：52–53，56.

［58］尹睿．“互联网 +”时代学习环境重构：技术后现象学的视角［J］．现代远程教育研究，2016（03）：16–25.

［59］尹湛华，朱海洋．虚拟仿真技术在高职实践教学中的比较优势［J］．南昌高专学报，2008（04）：152–154.

［60］于长虹，王运武，马武．智慧校园的智慧性设计研究［J］．中国电化教育，2014（09）：7–12.

［61］张成光．信息素养落地：高职学生信息素养现状调查分析及培养策略［J］．中国信息技术教育，2014（01）：21–22.

［62］祝智庭，贺斌．智慧教育：教育信息化的新境界［J］．电化教育研究，2012（12）：5–13.

［63］宗平，朱洪波，黄刚，等．智慧校园设计方法的研究［J］．南京邮电大学学报（自然科学版），2010，30（04）：15–19，51.

［64］左智科．5G 时代应用型高校教学模式探讨［J］．丝路视野，2017（15）：117.

［65］贺志强，庄君明．物联网在教育中的应用及发展趋势［J］．现代远程教育，2011（02）：77–80.